ENZYKLOPÄDIE
DEUTSCHER
GESCHICHTE
BAND 69

HERAUSGEGEBEN VON
LOTHAR GALL

IN VERBINDUNG MIT
PETER BLICKLE
ELISABETH FEHRENBACH
JOHANNES FRIED
KLAUS HILDEBRAND
KARL HEINRICH KAUFHOLD
HORST MÖLLER
OTTO GERHARD OEXLE
KLAUS TENFELDE

ENZYKLOPÄDIE
DEUTSCHER
GESCHICHTE
BAND 69

DIE AUSSENPOLITIK DER DDR

VON
JOACHIM SCHOLTYSECK

R. OLDENBOURG VERLAG
MÜNCHEN 2003

Bibliografische Information der Deutschen Bibliothek

Die Deutsche Bibliothek verzeichnet diese Publikation in der Deutschen Nationalbibliografie; detaillierte bibliografische Daten sind im Internet über <http://dnb.ddb.de> abrufbar.

© 2003 Oldenbourg Wissenschaftsverlag GmbH, München
Rosenheimer Straße 145, D-81671 München
Internet: http://www.oldenbourg.de

Umschlaggestaltung: Dieter Vollendorf
Umschlagabbildung: Nikita Chruschtschow (li.) besuchte am 17. 1. 1963 die Staatsgrenze der DDR in Berlin. Zwischen ihm und Walter Ulbricht (re.) kam es zu einem heiteren Wortwechsel, wer die Eintragung in das Gästebuch der Stadtkommandantur vornehmen solle. ADN Zentralbild; Bundesarchiv; Bild 183/B0117-0010050
Gedruckt auf säurefreiem, alterungsbeständigem Papier (chlorfrei gebleicht)
Gesamtherstellung: R. Oldenbourg Graphische Betriebe Druckerei GmbH, München

ISBN 3-486-55748-3 (brosch.)
ISBN 3-486-55749-1 (geb.)

Vorwort

Die „Enzyklopädie deutscher Geschichte" soll für die Benutzer – Fachhistoriker, Studenten, Geschichtslehrer, Vertreter benachbarter Disziplinen und interessierte Laien – ein Arbeitsinstrument sein, mit dessen Hilfe sie sich rasch und zuverlässig über den gegenwärtigen Stand unserer Kenntnisse und der Forschung in den verschiedenen Bereichen der deutschen Geschichte informieren können.

Geschichte wird dabei in einem umfassenden Sinne verstanden: Der Geschichte in der Gesellschaft, der Wirtschaft, des Staates in seinen inneren und äußeren Verhältnissen wird ebenso ein großes Gewicht beigemessen wie der Geschichte der Religion und der Kirche, der Kultur, der Lebenswelten und der Mentalitäten.

Dieses umfassende Verständnis von Geschichte muss immer wieder Prozesse und Tendenzen einbeziehen, die säkularer Natur sind, nationale und einzelstaatliche Grenzen übergreifen. Ihm entspricht eine eher pragmatische Bestimmung des Begriffs „deutsche Geschichte". Sie orientiert sich sehr bewusst an der jeweiligen zeitgenössischen Auffassung und Definition des Begriffs und sucht ihn von daher zugleich von programmatischen Rückprojektionen zu entlasten, die seine Verwendung in den letzten anderthalb Jahrhunderten immer wieder begleiteten. Was damit an Unschärfen und Problemen, vor allem hinsichtlich des diachronen Vergleichs, verbunden ist, steht in keinem Verhältnis zu den Schwierigkeiten, die sich bei dem Versuch einer zeitübergreifenden Festlegung ergäben, die stets nur mehr oder weniger willkürlicher Art sein könnte. Das heißt freilich nicht, dass der Begriff „deutsche Geschichte" unreflektiert gebraucht werden kann. Eine der Aufgaben der einzelnen Bände ist es vielmehr, den Bereich der Darstellung auch geografisch jeweils genau zu bestimmen.

Das Gesamtwerk wird am Ende rund hundert Bände umfassen. Sie folgen alle einem gleichen Gliederungsschema und sind mit Blick auf die Konzeption der Reihe und die Bedürfnisse des Benutzers in ihrem Umfang jeweils streng begrenzt. Das zwingt vor allem im darstellenden Teil, der den heutigen Stand unserer Kenntnisse auf knappstem Raum zusammenfasst – ihm schließen sich die Darlegung und Erörterung der Forschungssituation und eine entsprechend gegliederte Auswahlbibliografie an –, zu starker Konzentration und zur Beschränkung auf die zentralen Vorgänge und Entwicklungen. Besonderes Gewicht ist daneben, unter Betonung des systematischen Zusammenhangs, auf die Abstimmung der einzelnen Bände untereinander, in sachlicher Hinsicht, aber auch im Hinblick auf die übergreifenden Fragestellungen, gelegt worden. Aus dem Gesamtwerk lassen sich so auch immer einzelne, den jeweiligen Benutzer besonders interessierende Serien zusammenstellen. Ungeachtet dessen aber bildet jeder Band eine in sich abgeschlossene Einheit – unter der persönlichen Verantwortung des Autors und in völliger Eigenständigkeit gegenüber den benachbarten und verwandten Bänden, auch was den Zeitpunkt des Erscheinens angeht.

Lothar Gall

Inhalt

Vorwort des Verfassers

Gab es eine eigenständige Außenpolitik der Deutschen Demokratischen Republik? Diese Frage nach den Handlungsmöglichkeiten hat am Anfang jeder Darstellung zu stehen, die sich mit den Außenbeziehungen der DDR in den Jahren zwischen 1949 und 1990 beschäftigt. Konrad Adenauers Diktum aus der Frühphase der Bundesrepublik, man sei in außenpolitischer Hinsicht „einstweilen Objekt und weiter nichts", galt in weit stärkerem Maße für die DDR, deren Souveränitätsbeschränkungen unvergleichlich weitgehender waren als diejenigen, die die Bundesrepublik zu akzeptieren hatte.

Die eingangs gestellte Frage erscheint um so gerechtfertigter, als man bei der Beschäftigung mit den auswärtigen Beziehungen der DDR mitunter den Eindruck gewinnt, sich fast ebenso viel mit der Außenpolitik der Bundesrepublik und der Sowjetunion auseinandersetzen zu müssen. Tatsächlich ist dieser Eindruck nicht falsch, war die DDR in ihrer vierzigjährigen Geschichte doch mit dem Problem konfrontiert, dass ihre Außenpolitik einerseits – gezwungenermaßen – Deutschlandpolitik war und andererseits an die Politik der UdSSR gebunden blieb. Diese einzigartige politische Konstruktion war ein weitgehend von der Sowjetunion abhängiges Gebilde, das sich lediglich in engen Grenzen Freiräume schaffen konnte. Nur punktuell agierte der „zweite deutsche Staat" autonom: In der Zeit der Berlin-Krise war es beispielsweise die SED-Führung, die einen Mauerbau forderte und gegen anfängliche sowjetische Bedenken schließlich durchsetzte. Trotz mancher außenpolitischer Eigenmächtigkeiten sollte die DDR ein solches Maß an Entscheidungsfreiheit allerdings nie wieder erreichen. Stets blieb die ostdeutsche Diktatur in vielfacher Weise von äußeren Einflüssen abhängig: in erster Linie von den Wünschen Moskaus, daneben von den Interessen der sozialistischen „Bruderländer" und nicht zuletzt von den Notwendigkeiten, die gegenüber Westdeutschland beachtet werden mussten. Eingebettet war die DDR wie alle anderen Akteure in die Bedingungen der internationalen Politik in den Zeiten des Kalten Krieges, der Détente und schließlich des „Zweiten Kalten Krieges". Ihre Beziehungen zur Außenwelt stellten zudem insofern einen Sonderfall dar, weil eine Außenpolitik unter marxistischen Vorzeichen einen radi-

kalen Bruch mit bisherigen Traditionen in der deutschen Geschichte
bedeutete.

Die auswärtige Politik der DDR ist von der Historiografie nach
1990 zunächst eher stiefmütterlich behandelt worden. Diese Gering-
schätzung ist inzwischen allerdings, nicht zuletzt angestoßen durch die
breite internationale Forschung zum Kalten Krieg, einem neuen Interesse an Fragen zum europäischen und internationalen Staatensystem
gewichen. Insofern möchte dieser Abriss auch einen aktuellen Beitrag
für die Forschung zu den internationalen Beziehungen liefern.

Dem Herausgebergremium, besonders dem verantwortlichen He-
rausgeber des Bandes, Herrn Prof. Dr. Klaus Hildebrand, bin ich zu
besonderem Dank verpflichtet. Er hat das Manuskript der kritischen
Lektüre unterzogen und eine Vielzahl wertvoller Hinweise gegeben.
Mein Dank gilt auch dem Hauptherausgeber Prof. Dr. Lothar Gall. Für
Hinweise, Ratschläge und anregende Diskussionen danke ich den Mitarbeitern meines Lehrstuhls, besonders den Wissenschaftlichen Mitarbeitern Stephen Schröder M.A. und Thomas Freiberger M.A. Für Lite-
raturbeschaffung danke ich Frau Stephanie Contzen, für mannigfache
Hilfe bei der Fertigstellung des Manuskripts Frau Gudrun Peters. Die
Freunde und Kollegen Dr. Harald Biermann und Dr. Christoph Studt
haben das Manuskript gelesen und zahlreiche Anregungen gegeben.
Auch Ihnen gilt daher mein Dank.

I. Enzyklopädischer Überblick

1. 1945 bis 1949: Voraussetzungen für eine Außenpolitik der DDR

Mit dem Ende des Zweiten Weltkrieges gerieten nicht nur weite Teile Ostmittel- und Südosteuropas, sondern auch Deutschlands unter sowjetische Herrschaft. Die UdSSR verfolgte bis 1945 zunächst das Ziel, Deutschland zu bestrafen und es jeder zukünftigen Möglichkeit zu berauben, einen neuen Krieg zu entfesseln. Allerdings rückte Josef Stalin, der im Kreml über fast uneingeschränkte Macht verfügte, nach dem Sieg der Alliierten in Europa überraschend von der ursprünglichen Maxime ab, die Schwächung des Feindstaates genieße höchste Priorität. Dagegen führte er im April 1945 realpolitisch-ideologische Gründe für eine künftige europäische Neuordnung an: „Dieser Krieg ist nicht wie in der Vergangenheit; wer immer ein Gebiet besetzt, erlegt ihm auch sein eigenes gesellschaftliches System auf. Jeder führt sein eigenes System ein, so weit seine Armee vordringen kann." Wenig später, am 4. Juni 1945, ließ er gegenüber deutschen Vertretern der ehemaligen Komintern erkennen, dass er eine Teilung Deutschlands für möglich halte. Der KPD-Führer Wilhelm Pieck notierte sich: „Perspektive – es wird zwei Deutschlands geben – trotz aller Einheit der Verbündeten." *(Deutschlandpolitische Ziele der UdSSR)*

Die Doppelgleisigkeit der Deutschlandpolitik Stalins erklärt sich aus drei Grundbedingungen: erstens der beharrlichen ideologischen Verfolgung der leninistisch-marxistischen Dogmen, die ihn letztlich nach der kommunistischen Weltherrschaft streben ließ; zweitens der Kontinuität russisch-sowjetischer Großmachtpolitik, die an manche traditionellen Ziele des Zarenreiches erinnerte; drittens der Sorge vor der Aggressivität des Westens, dem er eine ähnliche Haltung unterstellte, wie er sie selbst an den Tag legte. Ideologischer Determinismus, traditionelle Machtpolitik und ein Minderwertigkeitsgefühl gegenüber dem Westen verbanden sich in dem Bestreben, durch die Umgestaltung der Länder Ostmitteleuropas zu „Volksdemokratien" die Sowjetunion zu arrondieren und einen Satellitengürtel für die als unvermeidlich angesehene Kraftprobe mit dem Westen zu schaffen. Das hieraus resultie- *(Drei Grundbedingungen der Politik Stalins)* rende Nebeneinander von offensiven und defensiven Elementen wurde niemals eindeutig aufgelöst und beeinflusste maßgeblich die Entstehung der DDR.

Diese Unentschiedenheit Stalins zeigte sich in seiner Deutschlandpolitik, die er als „realpolitische Besitzstandswahrung" (Jan Foitzik) betrieb. Niemals im Detail ausformulierte Maximal- und Minimalziele, die der Diktator mit gewissen Variationen seit den Jahren des Zweiten Weltkrieges bis zu seinem Tod verfolgte, standen dabei nebeneinander. Idealerweise war die politisch-wirtschaftliche Vorherrschaft über Gesamtdeutschland ein Ziel: ein vereinigtes und von westlichen Einflüssen befreites Deutschland, das sich eng an die Sowjetunion angelehnt hätte. Wenn eine gesamtdeutsche Lösung im sowjetischen Sinn jedoch nicht in Aussicht stand, sollte in Ostdeutschland ein kommunistisches System aufgebaut werden, das derartig attraktiv auf die Deutschen im Westen wirken sollte, dass perspektivisch eine gesamtdeutsche Lösung nach sowjetischem Muster vorstellbar sein würde. Die UdSSR stützte sich in dem von ihr beherrschten Gebiet, der Sowjetischen Besatzungszone (SBZ), auf deutsche kommunistische Kader, die zumeist im Moskauer Exil auf die Chance für einen Neubeginn gewartet hatten und mit denen bereits seit dem Februar 1944 Gespräche über die Zukunft Deutschlands geführt worden waren. Die Gründung der Sowjetischen Militäradministration in Deutschland (SMAD) am 9. Juni 1945 im sowjetischen Okkupationsgebiet war Voraussetzung für eine organisatorische Kontrolle des Besatzungsgebiets und zugleich auch der ostdeutschen Kader, die Zug um Zug in Schlüsselpositionen plaziert wurden. Die SMAD, die nicht zuletzt wegen der komplexen hierarchischen Verhältnisse in Moskau keine stringente Politik zu verfolgen in der Lage war, zeigte sich erst nach knapp einem Jahr voll arbeitsfähig. Das Wunschziel der Schaffung eines sozialistischen Gesamtdeutschland sollte mittels der KPD als „Partei der Werktätigen" erreicht werden. Um deutschlandweit Einfluss zu gewinnen, ließ die SMAD schon 1945 wieder Parteien zu, wobei sich die KPD als zugleich linke und nationale, um breite Akzeptanz bemühte „Volkspartei" zu geben hatte. Die Sympathien der Deutschen sollten durch einen scheinbar parlamentarischen Regierungsaufbau gewonnen werden.

Nach der weitgehend erzwungenen Vereinigung der SPD und KPD am 21./22. April 1946 erhielt die bald ihre Macht konsolidierende Sozialistische Einheitspartei Deutschlands (SED) einen beschränkten politischen Einfluss, unterstand aber ausdrücklich der Besatzungsmacht. Sie führte die zumeist als „Empfehlungen" gegebenen sowjetischen Anweisungen aus, die vielfach jedoch von den ostdeutschen Ka-

Marginal notes (left column):

Maximal- und Minimalziele

Sowjetische Militäradministration in Deutschland (SMAD)

Beschränkter politischer Einfluss der SED

dern als eigene Interessen empfunden und nach außen präsentiert wurden. Die Sowjetisierung der SBZ folgte damit ähnlichen Abläufen wie in den anderen Staaten Ostmitteleuropas, die sich unter Berücksichtigung nationaler Besonderheiten und zu unterschiedlichen Zeitpunkten mit einer Mischung von Einschüchterung, Terror und Manipulation vollzog.

Eine spezifische Note erhielt die Sowjetisierung jedoch durch die ausdrückliche Berufung auf einen „antifaschistischen" Neuanfang, der von werbenden Bestrebungen um eine „fortschrittliche" soziale Umgestaltung begleitet war und auf manchen in Deutschland und aus der Emigration Zurückkehrenden attraktiv wirkte. Freilich war der Erfolg begrenzt, weil das Verhalten der Sowjets in ihrem Einflussgebiet scharf mit dem der anderen Besatzungsmächte kontrastierte und es der SED nicht gelang, eine breite Zustimmung der Bevölkerung zu erreichen. Obwohl der Vorsitzende der SED, Otto Grotewohl, beispielsweise den Parteivorstand im Oktober 1946 in Erinnerung an die norwegischen Kollaborateure im Zweiten Weltkrieg dazu ermahnte, dass auf keinen Fall der Eindruck entstehen dürfe, „dass wir etwa Quislinge" sind, wurde, einer Beobachtung Wilhelm Piecks aus dem März 1948 zufolge, die SED schon bald als „so genannte offizielle Russen-Partei" angesehen.

Die Widersprüche der Besatzung – Soldateska nach Kriegsende, Bestrafungsaktionen und andauernde Demontagen einerseits, „antifaschistisches" Bekenntnis und Werbung für den Sozialismus andererseits – wurden auch nicht aufgelöst, als sich die SBZ durch die normative Kraft des Faktischen in ein immer selbstständigeres Gebilde verwandelte und schließlich, nach einer vierjährigen Übergangszeit, die DDR als Konsequenz der zügig betriebenen Ausrichtung auf die Einparteiherrschaft im Rahmen eines nicht immer linear verlaufenden und doch kontinuierlichen Verselbstständigungsprozesses entstand. Der faktische Ablauf mochte dabei nicht durchgehend den Intentionen Stalins entsprechen, war aber angesichts der sowjetischen Politik im Kalten Krieg trotz aller möglichen Alternativen die wahrscheinlichste Entwicklung, weil die SBZ letztlich machtpolitisch von der Sowjetunion für erforderlich gehalten wurde.

Bei den formal nach parlamentarischem Muster stattfindenden Wahlen des Jahres 1946 suchte die aus dem Hintergrund operierende SMAD den Ablauf der politischen Prozesse nach ihren Vorstellungen zu steuern. Sie schuf ein Sonderverhältnis zur SED und war bemüht, diese nun auch zur Staatspartei aufzuwerten und deren Wahlsiege sicherzustellen. Zugleich wurden mit Enteignungen und einer Bodenre-

Sowjetisierung

Widersprüche der Besatzung

Einflussnahme der SMAD

form die Transformation in ein sozialistisches System eingeleitet und die ökonomischen Voraussetzungen für eine dauerhafte Umgestaltung in einen „Arbeiter- und Bauernstaat" geschaffen, der die „Diktatur des Proletariats" ermöglichen sollte.

Das Scheitern der hochfliegenden Pläne, die SBZ zu einem attraktiven Modell zu entwickeln, wurde jedoch offenkundig, als die Deutschen der Ostzone 1946/47 in Massen die Flucht in den Westen antraten. Seit den nicht im Sinne der SED ausfallenden Wahlen im Herbst 1946 wurden, angestoßen durch die SMAD, die letzten Reste von Parlamentarismus und Föderalismus im Sinne des sog. demokratischen Zentralismus in Ostdeutschland zerstört. Die ostdeutschen Delegierten verließen zudem die vom 5.–7. Juni 1947 in München stattfindende Konferenz der Ministerpräsidenten der deutschen Länder. Seit dem Herbst 1947 wurde die SED zur „Partei neuen Typs" umstrukturiert und die Verwaltung der SBZ an sowjetischen Vorbildern orientiert. Zugleich überlegte man auf sowjetischer Seite, eigene Streitkräfte der SBZ aufzustellen.

Bereitschaft zur Installation eines sozialistischen Separatstaats

Als der SED-Führung bewusst wurde, dass sie aus eigener Kraft selbst in ihrem Einflussbereich bei freien Wahlen keine Chance haben würde, eine Mehrheit zu erringen, war sie um so mehr bereit, einen sozialistischen Separatstaat zu installieren. Otto Grotewohl wies im Oktober 1946 vor dem Parteivorstand auf die Notwendigkeit hin, das internationale Gewicht der SED zu stärken, und sprach im Vorfeld der Moskauer Außenministerkonferenz vom Januar 1947 davon, die SBZ in internationale Vereinbarungen einzubinden. Auf dem in außenpolitischer Hinsicht bedeutenden II. Parteitag der SED im September 1947, bei dem erstmals auch Parteidelegationen anderer Staaten vertreten waren, erhob die SED-Führung den Anspruch auf eine eigenständige außenpolitische Orientierung. Sie bemühte sich dabei jedoch aus ideologischen und realpolitischen Erwägungen, grundsätzlich keinen Gegensatz zu den sowjetischen Vorgaben entstehen zu lassen, so dass Widersprüche ostdeutscher und sowjetischer Konzeptionen kaum erkennbar wurden. Den Erinnerungen von Milovan Djilas zufolge war Stalin von der Strategie der SED zumindest zeitweise überzeugt: „Der Westen wird sich Westdeutschland zu eigen machen, und wir werden aus Ostdeutschland unseren eigenen Staat machen."

Wendung nach Osten

Die SED vollzog nach dem II. Parteitag eine bewusste Wendung nach Osten und versuchte, spätestens seit eindeutigen Hinweisen Stalins auf die Unwiderruflichkeit der bestehenden Grenzen Ende Januar/ Anfang Februar 1947, das aufgrund der territorialen Fragen problematische Verhältnis zu Polen und der Tschechoslowakei zu entlasten. Bereitwillig distanzierte sich die SED-Führung im Sommer 1948 zudem von Jugoslawien, als Josef Tito vom Kreml als Abweichler gebrandmarkt wurde.

Die SED-Führung sah das endgültige Auseinanderbrechen der Kriegsallianz in erster Linie als günstige Gelegenheit, die eigene Position zu festigen und die Blockzusammengehörigkeit des Ostens zu stärken, wie bereits auf der 10. Tagung des Parteivorstands der SED am 12. Mai 1948 erklärt wurde. Die von Stalin am 24. Juni 1948 angeordnete Berlin-Blockade sollte den Westen von den Planungen zur Gründung eines demokratischen deutschen Staates in den Westzonen abbringen, die SBZ stabilisieren und im günstigsten Fall ganz Berlin als „Gewinn" in die eigene Zone integrieren. Über die Erfolgsaussichten der Blockade zeigte sich die SED-Führung zunächst optimistisch. Sie begrüßte jedoch letztlich die sowjetische Entscheidung, auf dem Weg zur Schaffung eines ostdeutschen Separatstaates konsequent fortzuschreiten, als sich herausstellte, dass sich die Ziele, die mit der Blockade Berlins erreicht werden sollten, nicht realisieren ließen.

Berlin-Blockade 1948

Ende 1948 erteilte Stalin der SED-Führung den Auftrag, die Proklamierung eines eigenen Staates vorzubereiten. Zu diesem Zeitpunkt waren die stalinistischen Verwaltungsstrukturen bereits so perfektioniert, dass sie recht problemlos in einen ostdeutschen Staat überführt werden konnten. Grundsätzlich bestätigte sich damit ein weiteres Mal, dass die SED nur dann „Freiräume" nutzen konnte, wenn sie mit dem sowjetischen Kalkül nicht kollidierten. Nicht zuletzt die einhellige Ablehnung des Marshall-Plans durch die SED zeigte, dass dieser Mechanismus des vorauseilenden Gehorsams in der Regel funktionierte, ohne dass von seiten der Sowjetunion Druck ausgeübt werden musste. Die Geschichte der SBZ muss trotz aller Eigeninteressen der SED-Führung letztlich „im wesentlichen als Handlungsgeschichte der sowjetischen Besatzungsmacht in Deutschland" (Stefan Creuzberger) verstanden werden.

Geringe „Freiräume" der SED

2. 1949 bis 1953: Die Außenpolitik der DDR zwischen Gründungseuphorie, Stalin-Note und der Nachfolge Stalins

Nach der am 7. Oktober 1949 vollzogenen Gründung der DDR betonte Wilhelm Pieck, der erste Präsident des neuen Staates, den Wunsch, die „Wiedervereinigung unseres zerrissenen Vaterlandes" zu

DDR als „Satellit der Sowjetunion"

erreichen. Und der erste Ministerpräsident, Otto Grotewohl, führte aus, die Gründung der DDR diene überhaupt nur dem „Kampf für die Wiedervereinigung". Trotz aller Lippenbekenntnisse zur Einheit war die SED-Führung – die mit der Staatsspitze der DDR von Anbeginn bis 1990 im Wesentlichen identisch war – jedoch entschlossen, als Voraussetzung für alle gesamtdeutschen Bemühungen zunächst das eigene Staatswesen zu konsolidieren. Daher stellte sie seit Anfang der fünfziger Jahre immer offener ihre Souveränität heraus und demonstrierte besonders im östlichen Bündnis Eigenständigkeit. Freilich war ihre Lage zunächst durchaus prekär, weil sie „ein Satellit der Sowjetunion" war und nur „begrenzte außenpolitische Bedeutung" (Hermann Weber) besaß.

DDR „aus der Konfrontation erwachsen und in die Konkurrenz geboren"

Ganz grundsätzlich hatte sich der „zweite deutsche Staat" zudem von Beginn an dem Dilemma zu stellen, „aus der Konfrontation erwachsen und in die Konkurrenz geboren" (Alexander Troche) zu sein. Von der Bundesrepublik und vom Westen wurde er völkerrechtlich ignoriert; solange Stalin am Glauben festhielt, ein Gesamtdeutschland sei zu seinen Bedingungen möglich, musste die SED-Führung überdies befürchten, gegebenenfalls zur Disposition gestellt und als Verhandlungsmasse für zukünftige Regelungen benutzt zu werden.

Sowjetische Kontrollkommission (SKK)

Nach der Auflösung der Sowjetischen Militäradministration wachte vom 5. November 1949 an die Sowjetische Kontrollkommission (SKK) mit weitgehenden Vollmachten über die Entwicklung der DDR. Die spezifische Abhängigkeit von der sowjetischen Führungsmacht, die sich wie ein Ariadnefaden durch die Geschichte der DDR ziehen sollte, wurde freilich von den ostdeutschen Akteuren unter Verweis auf die gemeinsamen ideologischen Ziele bewusst ignoriert und der Aufbau des Staatsapparats fortgesetzt. Da sich die Befugnisse der DDR im Wesentlichen auf die Ausführung sowjetischer Weisungen beschränkten, blieb trotz aller Bemühungen zur Initiierung eigener Aktivitäten der Status des ostdeutschen Staates vorerst provisorisch.

Provisorischer Status der DDR

Schon im April 1949 hatte die SED eine „Kommission für außenpolitische Fragen" eingerichtet. Die UdSSR hatte der entstehenden DDR wenig später ein eigenes Außenministerium zugebilligt, das allerdings kaum Entscheidungskompetenz besaß. Die personelle Besetzung der einzelnen Posten wurde im sowjetischen Außenministerium auf der Basis von SED-Vorschlägen formuliert und in letzter Instanz von Stalin höchstpersönlich bestätigt. Nach den Verhandlungen zur Bildung einer Provisorischen Regierung übernahm Georg Dertinger, als Generalsekretär der Ost-CDU ein Außenseiter, anstelle des zunächst vorgesehenen Lothar Bolz die Leitung des am 7. Oktober 1949 gebildeten Ministeriums für Auswärtige Angelegenheiten (MfAA), dem allerdings ohne sowjetische Zustimmung außenpolitisch relevante Schritte zu tun nicht möglich war. Beispielsweise konnte die DDR in dieser Phase nur zu den kommunistisch regierten Staaten Bulgarien, Tschechoslowakei, Polen, Ungarn, Rumänien und China diplomatische Beziehungen aufnehmen. Innerhalb des ersten Jahres ihrer Gründung folgten schließlich Nordkorea, Albanien und die Mongolische Volksrepublik. Am 29. September 1950 wurde die DDR in den „Rat für gegenseitige Wirtschaftshilfe" (RGW, Comecon) aufgenommen. Durch diese ökonomisch erforderliche Ausrichtung nach Osten verstärkte sich noch die Bindung an die Nachbarstaaten unter sowjetischem Einfluss. Die Handelsaktivitäten innerhalb des RGW vervielfachten sich, so dass im Jahr 1954 drei Viertel des DDR-Außenhandels mit den sog. Volksdemokratien abgewickelt wurde.

Ministerium für Auswärtige Angelegenheiten (MfAA)

Die ersten Jahre der DDR waren durch die Paradoxie gekennzeichnet, ein Staat auf Bewährungsprobe zu sein und zugleich als selbstbewusster Gegenpol zur Bundesrepublik auftreten zu müssen. Im Oktober 1950 nahm die DDR an der Außenministerkonferenz der UdSSR und ihrer Verbündeten in Prag teil. Hier wurden die Vorstellungen über die zukünftige Gestalt Deutschlands präzisiert: Abschluss eines Friedensvertrages, Abzug der Besatzungstruppen binnen Jahresfrist und Einsetzung eines paritätisch von der DDR und der Bundesrepublik zu besetzenden „Gesamtdeutschen Konstituierenden Rates" zur Vorbereitung einer „Provisorischen Republik". Mochten die Unterschiede zwischen Deutschland- und Außenpolitik naturgemäß unbestimmt bleiben, so wurde doch erkennbar, dass die DDR selbstbewusst auf die Umgestaltung der gesellschaftlichen Verhältnisse in der Bundesrepublik zielte, um eine Wiedervereinigung unter eigenen Vorzeichen zu ermöglichen; sie war aber für den wahrscheinlicheren Fall eines Misserfolgs ebenso entschlossen, statt dessen den Weg zur Eigenstaatlichkeit fortzusetzen.

Wiedervereinigung unter eigenen Vorzeichen oder Eigenstaatlichkeit

Die gesamtdeutschen Appelle der SED scheiterten immer wieder an den Bedingungen und den Modalitäten für freie Wahlen, die, wenn sie wirklich zugelassen worden wären, das Ende des SED-Regimes bedeutet hätten. Folglich war diese Frage nicht verhandelbar und förderte vielmehr die Integration des „zweiten deutschen Staates" in den östlichen Rayon, selbst wenn die Anfang 1951 selbstsicher artikulierten Ost-Berliner Wünsche nach Ausweitung der staatlichen Selbständigkeit von der Sowjetunion noch überhört wurden.

Das Problem freier Wahlen

Gegenüber ihren östlichen Nachbarn konnte die DDR Statur gewinnen, weil sie ihre Politik des Verzichts auf territoriale Revisionen

Verzicht auf territoriale Revisionen

fortsetzte. Nach der Anerkennung der DDR durch Warschau wurde am 6. Juni 1950 der Görlitzer Vertrag mit Polen geschlossen und am 6. Juli 1950 die Warschauer Deklaration verabschiedet, die die Oder-Neiße-Grenze anerkannte. Die endgültige Sanktionierung der Grenzregelung zerstörte alle Revisionshoffnungen, die selbst bei manchem SED-Mitglied noch vorhanden gewesen waren. Die von der UdSSR geforderten und von der SED-Führung akzeptierten Gebietsabtrennungen zugunsten Warschaus zielten darauf ab, den Antagonismus zwischen Polen, der Tschechoslowakei und Ungarn einerseits und der DDR andererseits zu fixieren und die Staaten Ostmitteleuropas zur ständigen Anlehnung an die Schutzmacht UdSSR zu bewegen – ein geschickter Zug Moskaus, weil Warschau selbst nach den Abmachungen mit der DDR seiner territorialen Gewinne nur sicher sein konnte, solange die UdSSR Polen unterstützte. Die SED-Führung dagegen durfte – und wollte – keine Politik betreiben, die territoriale Revisionen ins Auge fasste. Dies änderte freilich nicht viel daran, dass die östlichen Nachbarn die DDR aus verständlichen Gründen zunächst mit Misstrauen bedachten. Sie betrachteten noch eine ganze Zeit lang trotz aller anders lautenden Bekenntnisse die ostdeutschen Kommunisten in erster Linie als Deutsche, mit denen sie keine guten Erfahrungen gemacht hatten.

Misstrauen der östlichen Nachbarn

Die seit der Staatsgründung gehegte Ost-Berliner Überzeugung, die Sowjetführung favorisiere die Existenz der DDR, wurde in den Jahren 1952/53 freilich auf die Probe gestellt. Die sowjetische Regierung begann am 10. März 1952 mit den drei Westmächten einen Notenwechsel über Bedingungen und Möglichkeiten einer Wiedervereinigung, der unter dem Namen Stalin-Note bekannt geworden ist. Die DDR hatte im Zusammenhang einer 1951 eingeleiteten Initiative unter dem Motto „Deutsche an einen Tisch" anfänglich über die SKK an der Ausarbeitung einer geplanten Note mitwirken können. Die Pläne von Pieck, Grotewohl und Ulbricht hatten dabei die Unterstützung der SKK und auch das Plazet des sowjetischen Außenministers Wjatscheslaw Molotow gefunden. Insgesamt wurde die DDR jedoch trotz der ursprünglich aus Ost-Berlin kommenden Anregung in der gesamten Noten-Angelegenheit von der Sowjetunion instrumentalisiert. Ihr wurde schließlich jede weitere Beteiligung verwehrt, so dass die SED-Führung erst am Vorabend der Initiative von der Sowjetunion informiert wurde.

Stalin-Note

Die Stalin-Note hob sich insofern von früheren sowjetischen Angeboten ab, als sie mit Zugeständnissen eingeleitet wurde, die, wenn sie ernst gemeint gewesen wären, die Existenz der DDR bedroht hätten. Dem entsprechenden „Entwurf für einen Friedensvertrag" zufolge

sollte sich Deutschland als unabhängiger, demokratischer, friedlieben-
der Staat entwickeln; die Besatzungsmächte sollten abziehen; Deutschland dürfe „keinerlei Koalitionen oder Militärbündnisse" eingehen.
Das entscheidende Kriterium freier Wahlen wurde freilich nicht zuge-   **Keine Zusicherung**
sichert, weil dies unweigerlich das Ende der SED-Herrschaft bedeutet   **freier Wahlen**
hätte. Unabhängig von der abschlägigen Antwort des Westens, der nach
den negativen Erfahrungen mit dem sowjetischen Diktator die risikobe-
haftete Note nicht weiter prüfen wollte, führte die Initiative daher zur
weiteren Verankerung der DDR im sozialistischen Block.

Die SED-Führung zeigte sich in jenen Wochen sorglos. Ob in der
SED-Führung nicht vielleicht doch insgeheim die Furcht vorhanden
war, Moskau könne über den Kopf der DDR hinweg eventuell Entscheidungen gegen den „zweiten deutschen Staat" treffen, muss vorläu-
fig offen bleiben. Wenn stillschweigend eine schwankende Stimmung
geherrscht haben mochte, dann wurde sie jedenfalls hinter einem for-
schen Auftreten versteckt: Der sowjetische Vorstoß wurde von einer   **Enthusiastische**
enthusiastischen Kampagne Ost-Berlins begleitet. Unbestritten schien   **Kampagne**
der SED-Führung jedenfalls, dass die Note ein durchaus angemessenes
Mittel war, um die Integration der Bundesrepublik ins westliche Bündnis zu behindern und die bevorstehende Schaffung der Europäischen
Verteidigungsgemeinschaft (EVG) zu konterkarieren.

Unter Heranziehung neuester sowjetischer Quellen spricht noch
mehr als schon bisher dafür, das Angebot Stalins in erster Linie als Pro-
pagandamanöver zu werten (vgl. hierzu Kap. II. 5). Ein Verzicht auf die   **Bewertung der**
DDR hätte den Konsolidierungsmaßnahmen widersprochen, die zur   **Stalin-Note**
gleichen Zeit in den anderen Staaten des Ostblocks – vor allem in der
Tschechoslowakei – stattfanden. Stalin forderte am 1. und 7. April 1952
die nach Moskau einbestellte SED-Führung auf, den Sozialismus in der
DDR aufzubauen: „Ihr müsst auch euren eigenen Staat organisieren."
Zugleich wurden konkrete Fragen des militärischen Schutzes der DDR
besprochen und die Umwandlung der bereits bestehenden Kasernierten
Polizeieinheiten zu militärischen Verbänden angeregt. Man solle eine
„Volksarmee schaffen – ohne Geschrei. (...) Erfüllt Euch mit Kampf-
geist, wir werden Euch helfen." Parallel zur Unterzeichnung des
Deutschlandvertrages zwischen den drei westlichen Besatzungsmächten und der Bundesrepublik sowie des EVG-Vertrages zwischen Frankreich, Italien, Belgien, den Niederlanden, Luxemburg und der Bundesrepublik errichtete die DDR seit Ende Mai 1952 eine fünf Kilometer
breite Sperrzone entlang der Zonengrenze, die in den Moskauer Gesprächen am 7. April 1952 bereits mit „Demarkationslinie" und als „ge-
fährliche Grenze" bezeichnet worden war.

Die Unsicherheit und Unentschiedenheit Ost-Berlins spiegelte sich noch eine Zeitlang in dem Oszillieren zwischen Wiedervereinigungsanspruch und aggressiver Abgrenzung gegenüber der Bundesrepublik. Einen Ausweg aus dem Dilemma fand die SED-Führung dann weniger in außenpolitischer Hinsicht als durch das im Juli 1952 beschlossene Vorhaben, den „Aufbau des Sozialismus" im eigenen Land mit vermehrter Anstrengung durchzuführen. In diesem Zusammenhang geriet der ohnehin wenig einflussreiche Außenminister Dertinger wegen unorthodoxer – und höchst unrealistischer – Neutralisierungsvorschläge ins Visier der ostdeutschen Verfolgungsbehörden. Im Januar 1953 wurde er verhaftet, ein Jahr später zu 15 Jahren Haft verurteilt und nun doch durch den linientreuen Lothar Bolz ersetzt.

Oszillieren zwischen Wiedervereinigungsanspruch und aggressiver Abgrenzung

3. 1953 bis 1961: Außenpolitik vor dem Hintergrund des Kalten Krieges und der Berlin-Krise

Als Stalin am 5. März 1953 starb, herrschte bei der DDR-Führung Ungewissheit, welchen außenpolitischen Weg sein Nachfolger mit Blick auf Deutschland einschlagen würde. Der Wunsch des zunehmend autokratisch herrschenden SED-Generalsekretärs Ulbricht nach einer tieferen Verankerung der DDR in das östliche Bündnis ging wenige Monate später in Erfüllung, jedoch nicht aufgrund der äußeren Stärke, sondern aufgrund der inneren Schwäche der DDR.

Die Wirtschaftslage der DDR hatte sich seit 1951 – und verstärkt durch den forcierten „Aufbau des Sozialismus" – erheblich verschlechtert, was um so schwerer wog, als sich beispielsweise in Ungarn eine Politik abzuzeichnen schien, die den Erwartungen der eigenen Bevölkerung stärker Rechnung trug. Während die SED-Führung in Moskau weitgehend erfolglos um finanzielle und materielle Hilfe ersuchte, vielmehr noch Ende März 1953 weitere Reparationslieferungen zusagen musste, fand in der sowjetischen Hauptstadt ein Machtkampf zwischen Ministerpräsident Georgi Malenkow, Außenminister Molotow und dem Innenminister und ehemaligen Geheimdienstchef Lawrenti Berija statt, der sich deutschlandpolitisch in widersprüchlichen und untereinander nicht kompatiblen Denkschriften und Memoranden niederschlug.

Verschlechterte Wirtschaftslage

Der sich für eine kurze Zeit durchsetzende Berija war trotz aller Modifikationen der stalinistischen Politik kein Reformer. Deshalb bleibt unklar, ob sein offensichtliches Interesse, kulminierend bei Beratungen zur Deutschen Frage während einer Präsidiumssitzung des Mi-

Unklarheit über Berijas Deutschlandpolitik

nisterrats am 27. Mai 1953, lediglich eine Kurskorrektur bezweckte
oder eine außenpolitische Neubewertung mit dem Ziel eines neutrali-
sierten Gesamtdeutschland signalisieren sollte. Unbestritten ist, dass
die sowjetischen Machthaber, als ihnen bewusst wurde, wie kontrapro-
duktiv der „Aufbau des Sozialismus" in der DDR war, eine Aussetzung
der bisherigen Politik verlangten und einen moderateren „Neuen Kurs"
dekretierten. Weil Berija zur zentralen politischen Figur avancierte und
mit der Politik Ulbrichts besonders unzufrieden war, stand eine Zeit
lang auch dessen Machtstellung auf dem Prüfstand. Am Weisungscha-
rakter sowjetischer Befehle änderte sich nichts, als am 28. Mai 1953 die
SKK aufgelöst wurde und deren Aufgaben von Wladimir Semjonow
als dem „Hohen Kommissar der UdSSR in Deutschland" übernommen
wurden.

Über die Hintergründe und möglichen Folgen der innersowjeti-
schen Auseinandersetzung war die SED-Führung nicht informiert. An-   Keine Informationen
fang Juni 1953 traf eine aufgrund der zunehmenden Instabilität kurz-   für die SED
fristig einbestellte hochrangige Politbüro-Delegation unter Ulbricht,
Grotewohl und Fred Oelßner in Moskau ein. Als die SED-Funktionäre,
die von der frostigen Stimmung im Zentralkomitee (ZK) der KPdSU
überrascht wurden, am 5. Juni nach Ost-Berlin zurückkehrten, verfügten sie zwar über genaue Instruktionen hinsichtlich eines innenpolitischen Reform- und Hilfsprogramms, waren aber über die sowjetische
Haltung zu ihrem Staat im Unklaren gelassen worden. Der „Neue
Kurs" wurde von der DDR-Führung noch am gleichen Tag auf einer
Sitzung des Politbüros beschlossen und am 11. Juni 1953 verkündet.

Das mehr aufgezwungene als selbst initiierte Krisenmanagement
misslang allerdings. Weil die SED an einer zuvor beschlossenen Nor-
menerhöhung für die Industrieproduktion festhielt, wurde der „Neue
Kurs" sogar zu einem Katalysator der weiteren Destabilisierung der
SED-Herrschaft. Am 16. und 17. Juni 1953 führten Protestaktionen und   17. Juni 1953
schließlich das Aufbegehren eines erheblichen Teils der Arbeiterschaft
zu Unruhen in Ost-Berlin, die bald auch andere Industriezentren der
DDR erfassten und den Charakter eines Volksaufstands annahmen.
Weil das kopflose SED-Politbüro bis zum 19. Juni wie gelähmt und
handlungsunfähig war, konnte die Herrschaft nur durch den konsequenten Einsatz von Sowjettruppen gesichert werden. Berija, bis dahin
ein vehementer Kritiker der SED-Führung, schwenkte rechtzeitig um
und wurde mit realistischem Machtkalkül nun zum Retter Ulbrichts,
der DDR und letztlich des sowjetischen Satellitengürtels. Der im Moskauer Machtkampf an Statur gewinnende ZK-Sekretär Nikita
Chruschtschow sprach sich mit Molotow deutlich gegen alle weiteren

Experimente aus, woraufhin Berija seine ohnehin nicht ausgereiften deutschlandpolitischen Vorschläge zurückzog. Einige interne Widersacher Ulbrichts um Wilhelm Zaisser und Rudolf Herrnstadt, die auf eine flexiblere Parteilinie gedrängt hatten und sich der Unterstützung Berijas und der Sympathie sowjetischer Berater wie Semjonow und Wassili Sokolowski zu erfreuen glaubten, gerieten damit ebenfalls ins Abseits.

Ob Berija den intransigenten Kurs Ulbrichts weiter hingenommen oder einen Machtwechsel herbeigeführt hätte, ist angesichts der unbefriedigenden Quellenlage kaum zu entscheiden. Wenig plausibel erscheint jedoch, dass er die DDR als Eckpfeiler seines *cordon sanitaire* aufgegeben hätte. Ein Verzicht auf die DDR als Teil des Satellitengürtels hätte zweifellos Signalwirkung für die Nachbarstaaten im östlichen Machtbereich gehabt. Die in der sowjetischen Einflusssphäre gerade erst durchgeführten harten Disziplinierungsmaßnahmen durch Säuberungen und Schauprozesse wären dadurch konterkariert worden. Letztlich sind überzeugende Dokumente, die belegen könnten, dass Berija die DDR zur Disposition stellen wollte, trotz intensiver Recherchen bis heute nicht gefunden worden. Die Spekulation darüber muss daher solange dem Bereich der Legendenbildung zugerechnet werden, bis eine handfeste Quellenüberlieferung das Gegenteil beweist (vgl. hierzu Kap. II. 6).

Dessen ungeachtet steht fest, dass der außenpolitische Spielraum für die DDR in diesen krisenhaften Wochen ausgesprochen gering bemessen war: Alles hing letztlich von den Entwicklungen in der Sowjetunion ab, in der das Machtvakuum nach Stalins Tod vorübergehend klare Entscheidungen hinsichtlich der Zukunft der DDR verhindert hatte. Als es am 16./17. Juni 1953 jedoch tatsächlich um das Überleben der DDR ging, versäumte es nicht nur die kollektive Moskauer Führung, sondern auch Berija selbst keinen Augenblick, das Ost-Berliner Regime sogar militärisch zu stabilisieren. Der für die SED-Führung völlig überraschende Sturz Berijas am 26. Juni 1953 ermöglichte dann Ulbrichts politisches Überleben. Ulbricht konnte, nachdem er am 9. Juli in Moskau von der Absetzung Berijas erfahren hatte, die Moskauer Nachhutgefechte zur Festigung seiner eigenen Macht nutzen und unliebsame Gegner aus der ostdeutschen Parteiführung und dem ZK der SED verdrängen.

Die durch den 17. Juni offenbar gewordene existenzielle Schwäche der DDR führte paradoxerweise zu einem außenpolitischen Statusgewinn, den die DDR wiederum zur Einforderung einer aktiveren Rolle im östlichen Bündnis nutzte. Zwar wurde die DDR nach wie vor durch Reparationslieferungen aus der laufenden Produktion geschwächt, aber

Kein Beleg für eine Preisgabe der DDR durch Berija

Geringer außenpolitischer Spielraum für die DDR

Sturz Berijas (26.6.1953)

Außenpolitischer Statusgewinn durch innere Schwäche

nicht mehr in dem Maße, dass in absehbarer Zeit ein weiteres wirt-
schaftliches Debakel zu erwarten war. Weil die Sowjetunion fortan
auch ökonomische Verpflichtungen gegenüber ihrem ostdeutschen Satelliten übernahm, waren damit im dynamischen Verhältnis zwischen
Ost-Berlin und Moskau die Voraussetzungen für eine ökonomische
Konsolidierung der DDR geschaffen.

Günstig wirkte sich aus, dass der Westen die gewaltsame Nieder-
werfung des Aufstands in Ostdeutschland passiv hinnehmen musste,
weil er letztlich eine atomare Eskalation nicht riskieren wollte. Vergleichsweise sorglos reagierte die SED-Führung daher auf die sog.
Magnet-Theorie, nämlich die westdeutsche Erwartung, dass die im
ökonomischen Aufschwung befindliche Bundesrepublik einen starken
Sog auf die DDR ausüben werde und diese entweder auf irgend eine
Weise selbst den Anschluss suchen oder aber von den Sowjets als lästi-
ger Ballast einfach abgestoßen werden würde. Die SED-Führung hatte
inzwischen erkannt, dass eine Politik der Lockungen gegenüber der
westdeutschen Bevölkerung chancenlos war. Ihr kam daher gelegen,
dass die Sowjetunion seit 1953 auf einen Kurs schwenkte, der einerseits die „Normalisierung" der Beziehungen zu Bonn zum Ziel hatte
und andererseits die politische und wirtschaftliche Kraft Ost-Berlins
stärken sollte.

Obwohl die SED-Führung in ihren öffentlichen Verlautbarungen
noch auf ihren gesamtdeutschen Zielen beharrte, unterstützte sie die in
den Jahren 1954/55 Konturen gewinnende These, dass sich auf dem
Boden des untergegangenen Deutschen Reiches zwei neue Staaten mit
unterschiedlichen Gesellschaftssystemen entwickelt hätten. Diese nach
einer weiteren erfolglosen Genfer Gipfelkonferenz der Siegermächte
von Chruschtschow im Juli 1955 präzisierte sog. Zwei-Staaten-Theorie   Zwei-Staaten-
implizierte nicht nur den Verzicht auf gesamtdeutsche Konzepte, son-   Theorie
dern verwies auch auf den Wunsch der SED-Führung, offensiver als
bisher außenpolitisches Terrain zu erobern. Die Sowjetunion unterstützte die DDR in ihren Bemühungen, die wirtschaftlichen und kulturellen Bindungen an die östlichen „Bruderländer" und den RGW auszu-
bauen. Die naturgemäß intensiven Beziehungen zur DDR wurden zu
einer besonderen „deutsch-sowjetischen Freundschaft" ausgestaltet
und durch wirtschaftliche Hilfen begleitet. Für die DDR bedeutete dieser Schritt nicht nur eine politische, sondern auch eine psychologische
Entlastung. Projekte, wie sie noch unter Stalin und Berija ventiliert
worden waren – gesamtdeutsche Lösung mit der DDR als Kern eines
kommunistischen Staatswesens oder sogar ein „neutralisiertes" Gesamtdeutschland unter kapitalistischen Vorzeichen – waren inzwischen

ad acta gelegt. Die seit ihrer Gründung bestehende latente Gefahr, auf die eine oder andere Art als Spielstein im Ost-West-Konflikt der Existenz beraubt zu werden, schien beseitigt.

Eine Außenministerkonferenz der Siegermächte in Berlin (25. Januar bis 18. Februar 1954) brachte in der deutschen Frage keine Annäherung, weil die Westmächte weiterhin auf freien gesamtdeutschen Wahlen bestanden. Als Konsequenz veröffentlichte die sowjetische Regierung am 25. März 1954 eine Erklärung über die Anerkennung der Souveränität der DDR. Die DDR-Führung sollte von nun an „nach eigenem Ermessen über ihre inneren und äußeren Angelegenheiten" bestimmen. Statt des Hohen Kommissars residierte in Ost-Berlin fortan ein Botschafter der UdSSR, ohne dass sich jedoch an dem faktischen Abhängigkeitsverhältnis etwas geändert hätte. Die DDR genoß eine „Souveränität" von Moskaus Gnaden.

Relativ gelassen nahm die DDR daher die im Januar 1955 unternommenen diplomatischen Manöver der Sowjetunion zur Kenntnis, die bevorstehende Ratifizierung der Pariser Verträge und die Aufstellung westdeutscher Streitkräfte ein weiteres Mal zu torpedieren, indem sie die Wiedervereinigung und freie Wahlen in Aussicht stellte. Die DDR-Führung hegte keine Zweifel, dass diese Schritte lediglich einen letzten Versuch darstellten, die Einbindung der Bundesrepublik in das Westbündnis zu hintertreiben. Das Scheitern dieser Bemühung wurde offenkundig, als am 5. Mai 1955 der Deutschlandvertrag in Kraft trat und kurz darauf, am 9. Mai, der Beitritt der Bundesrepublik zur NATO wirksam wurde.

Die DDR gehörte in der Folge zu den gleichberechtigten Mitunterzeichnern des zwar erst im Gegenzug am 14. Mai 1955 abgeschlossenen, aber bereits seit einigen Monaten vorbereiteten und zunächst für 20 Jahre geltenden Warschauer Paktes, in dem sich acht mittel- und südosteuropäische Teilnehmerstaaten gegenseitigen Beistand zusicherten. Dieser „Freundschaftsvertrag" war in erster Linie ein Militärbündnis mit gemeinsamem Kommando der Streitkräfte unter sowjetischer Führung und mit Sitz in Moskau. Der Pakt sollte als multilaterales Bündnis und als Gegengewicht zur NATO in Europa dienen und zugleich Ostdeutschland stärker ins eigene Machtsystem einbinden. Die Souveränität des „zweiten deutschen Staates" wie der anderen Signatarstaaten wurde aufgrund des Artikels 7 des Bündnisses eingeschränkt. Diese Klausel besagte, dass die jeweiligen Mitglieder keinem anderen Bündnis angehören durften; zudem gab es keine Bestimmung über die Möglichkeit eines Austritts aus dem Vertrag. Die Streitkräfte der DDR blieben zunächst noch außerhalb der Militärorganisation des Warschauer Pakts.

„Souveränität" von Moskaus Gnaden (Randnotiz)

Warschauer Pakt (Randnotiz)

Weil gemäß der Zwei-Staaten-Theorie eine Wiedervereinigung nur noch unter der Bewahrung der „sozialistischen Errungenschaften" der DDR möglich sein sollte, akzeptierte die DDR auch den Moskaubesuch Bundeskanzler Adenauers vom 9. bis 13. September 1955 als einen unbedenklichen Schritt auf dem Weg zur Verbesserung des Verhältnisses zwischen Bonn und Moskau. Die DDR und die UdSSR schlossen gleichsam im Gegenzug am 20. September 1955 einen bilateralen Vertrag ab, der die Beziehungen mit „völliger Gleichberechtigung, gegenseitiger Achtung der Souveränität und der Nichteinmischung in die inneren Angelegenheiten" definierte. Obwohl sich dadurch die Abhängigkeit von der Sowjetunion de jure milderte, verwies der vertraglich vereinbarte Verbleib sowjetischer Truppen auf die mangelnde faktische Souveränität der DDR und zugleich auf die fortdauernde Instabilität des Regimes. Anfang 1956 beschloss die Volkskammer die Aufstellung der Nationalen Volksarmee (NVA) und die Bildung eines entsprechenden Ministeriums. Als der Ausschuss der Warschauer-Vertrags-Staaten wenige Tage später, am 28. Januar 1956, die Aufnahme der NVA guthieß, war die Integration der DDR ins östliche Bündnissystem politisch und militärisch weitgehend abgeschlossen.

Integration ins östliche Bündnissystem

Der mit der sog. Hallstein-Doktrin vom 23. September 1955 verbundene Alleinvertretungsanspruch der Bundesrepublik, der auf der Überzeugung beruhte, die frei gewählte Bonner Regierung sei die einzige legitime Vertretung des deutschen Volkes, wurde von der SED-Führung als „Alleinvertretungsanmaßung" missbilligt. Fortan war eine zentrale Maxime ihrer Außenpolitik, die mit der Hallstein-Doktrin verbundenen Sanktionen – den Abbruch der Beziehungen zu Staaten, die ihrerseits diplomatische Beziehungen mit der DDR aufnahmen – zu konterkarieren. Letztlich gelang es der DDR jedoch bis Ende der sechziger Jahre nicht, die diplomatische Isolierung zu durchbrechen. Nach anfänglicher Verunsicherung erreichte Ost-Berlin in diesem Zusammenhang immerhin einen – vorerst allerdings einmaligen – außenpolitischen Erfolg, als Jugoslawien unter Tito im Oktober 1957 diplomatische Beziehungen zur DDR aufnahm. Wenige Tage später kam die Hallstein-Doktrin das erste Mal zur Anwendung, als die Bundesregierung ihre Beziehungen zu Jugoslawien abbrach. Die DDR-Führung interpretierte dieses Vorgehen als völkerrechtswidrigen Akt und als Ausdruck der „entspannungsfeindlichen" und „revanchistischen" Politik der Bundesregierung.

Hallstein-Doktrin und diplomatische Isolierung der DDR

Mit dieser Interpretation entzog sich die DDR zugleich geschickt der nach Chruschtschows Geheimrede auf dem XX. Parteitag der KPdSU im Februar 1956 verordneten „Entstalinisierung". Sie passte sich zwar mit der Rehabilitierung des einstigen Paria Tito im außenpolitischen Bereich dem sowjetischen Kurs an, verweigerte allerdings eine innenpolitische Korrektur. Die 3. Parteikonferenz der SED konstatierte Ende März 1956, die Entfaltung der DDR sei inzwischen nicht mehr „von der Entwicklung des gesamten sozialistischen Lagers" zu trennen, worin „die wichtigste Garantie für die weitere Entwicklung" gesehen wurde.

Während die völkerrechtliche Anerkennung immer stärker ins Zentrum des Denkens der DDR-Führung rückte, wurden gesamtdeutsche Initiativen nur noch mechanisch betrieben. Ein Vorstoß Ulbrichts im Januar 1957 variierte mit der Anregung einer paritätisch besetzten deutsch-deutschen „Konföderation" ein bekanntes Motiv der DDR-Politik. Diese Sondierung, die in enger Absprache mit der Sowjetunion erfolgte, blieb indessen ebenso ergebnislos wie weitere deutsch-deutsche „Offensiven" im gleichen Jahr. Die ostdeutschen Vorstöße hatten eine völlige Umstrukturierung der Bundesrepublik zur Bedingung und verrieten dadurch ihren im Wesentlichen propagandistischen Charakter. Die Wiedervereinigung wurde zwar offiziell noch propagiert, aber die führenden Kräfte der SED favorisierten schon längst die Fortsetzung des eigenen Weges. Dies galt auch, als der polnische Außenminister Adam Rapacki im Oktober 1957 den nach ihm benannten Plan einer atomwaffenfreien Zone vorstellte, der die Bundesrepublik, die DDR und Polen umfassen sollte. Auch dieser Plan wurde – in enger Verbindung mit den Lockungen der „Konföderation" – von der SED-Führung im Schulterschluss mit der Sowjetunion vor allem für eine neue propagandistische Offensive gegen eine Ausrüstung der Bundeswehr mit atomaren Waffen benutzt.

Zugleich wurden außenpolitische Ziele anvisiert, die im Einklang mit einer Neuausrichtung der sowjetischen Außenpolitik standen. Chruschtschow hatte im Zeichen der Entstalinisierung auf dem XX. Parteitag der KPdSU die These der „friedlichen Koexistenz" von Staaten unterschiedlicher gesellschaftlicher Ordnung formuliert. Diese These implizierte, dass Kriege zukünftig vermeidbar seien und der Kampf der Gesellschaftssysteme statt dessen auf dem politischen, ökonomischen und technologischen Feld ausgetragen werden würde, während das eigene System dafür geschlossen war. Hier, so gab sich auch die DDR-Führung überzeugt, werde der Sozialismus erfolgreich sein. Die DDR zeigte sich in der zweiten Hälfte der fünfziger Jahre wirtschaftlich optimistisch und außenpolitisch hoffnungsvoll, nicht zuletzt, weil die UdSSR günstige Kredite gewährte, um den ostdeutschen Staat als „Schaufenster des Sozialismus" zu präsentieren. Dabei blieb

Konföderationspläne

These der „friedlichen Koexistenz"

ُ‬ie allerdings auf den Handel und besonders die Rohstofflieferungen aus der Bundesrepublik angewiesen, mit der seit 1951 ein innerdeutsches Handelsabkommen bestand.

Seit Mitte der fünfziger Jahre bemühte sich die DDR zudem, über Handelsverkehr und nichtdiplomatische Beziehungen in den Entwicklungsländern zu reüssieren, und erzielte damit in Ägypten, Indien, dem Sudan und Syrien einige Achtungserfolge. Ost-Berlin ging davon aus, dass das Modell der „friedlichen Koexistenz" für den „Befreiungskampf" der kolonisierten Völker gegen die „imperialistischen Mächte" keine Anwendung finden solle. Im Suez-Konflikt im Oktober 1956 billigte sie die sowjetische Unterstützung Ägyptens gegen Großbritannien, Frankreich und die „israelischen Aggressoren". Neben dem Wunsch nach einem stärkeren außenpolitischen Eigengewicht wollte die SED-Führung im Nahen Osten Partner für eine politisch-ökonomische Zusammenarbeit finden, die in einem weiteren Schritt zur Aufnahme diplomatischer Beziehungen führen sollte.

Achtungserfolge in Entwicklungsländern

Die Gehaltlosigkeit der propagandistischen Vorschläge, die im Zuge der Kampagne zur „friedlichen Koexistenz" für ein europäisches kollektives Sicherheitssystem, für die Ächtung atomarer Waffensysteme und zur Vermeidung von Gewaltanwendung vorgetragen wurden, zeigte sich angesichts der im Herbst 1956 ausbrechenden „Doppelkrise" in Polen und Ungarn. Die SED hatte die Unruhe im polnischen Nachbarland schon eine ganze Weile mit Argwohn verfolgt. Daher billigte sie den sowjetischen Drohkurs gegen Wladislaw Gomulka und schürte antipolnische Ressentiments, um ein mögliches Übergreifen der Krise in die DDR zu unterbinden. Auch im Zusammenhang mit dem ungarischen Volksaufstand, der schließlich mit der brutalen militärischen Niederschlagung durch sowjetische Truppen endete, bezog die SED eindeutig Position für die kompromisslose Haltung Chruschtschows. Ulbricht konnte im Windschatten dieser Entwicklung zudem ein weiteres Mal innenpolitische Gegner durch umfassende Säuberungen ausschalten: Die Maßnahmen gegen die „Konterrevolutionäre" im Inneren und das Ende des außenpolitischen „Tauwetters" gingen Hand in Hand.

„Doppelkrise" in Polen und Ungarn (1956)

Im Herbst 1958 versuchte die Sowjetunion, ihre vermeintliche militärstrategische Machtstellung durch diplomatische Vorstöße in der Berlinfrage unter Beweis zu stellen. Die exponierte Position Berlins als Insel des Westens im sowjetisch dominierten Osten schuf angesichts der weitgehend offenen innerstädtischen Grenze eine besondere Lage, zumal die Vier Mächte niemals zweifelsfreie Zugangsregelungen für Berlin ausgehandelt hatten. Nachdem die DDR im September 1958

Chruschtschows
Berlin-Ultimatum
(10.11.1958)

aufgrund einer sowjetischen Initiative erneut auf die Propagandaidee einer Konföderation zurückgekommen war, verlangte Chruschtschow am 10. November 1958 mit Blick auf Berlin ultimativ die Abschaffung des Besatzungsregimes. Die Kontrolle der Moskau unterstellten Zufahrtswege sollte der DDR übertragen werden. Diese Ankündigung wurde am 27. November 1958 in offiziellen Noten den anderen ehemaligen Besatzungsmächten zur Kenntnis gebracht. Ein sowjetischer Entwurf eines Friedensvertrages mit der DDR wurde am 10. Januar 1959 vorgelegt.

Sowjetische Motive

Die Hintergründe dieses aggressiven Vorstoßes, der erst mit dem Bau der Mauer seinen Abschluss fand, resultierten aus einem kaum entwirrbaren Motivbündel: Übertriebener sowjetischer Optimismus über die weltkommunistischen Erfolgsaussichten kontrastierte mit der Sorge vor jener ökonomisch-politischen Schwäche des ostdeutschen Satelliten, die sich nach einer kurzen Erholungsphase gegen Ende der fünfziger Jahre wieder bemerkbar machte, obwohl die SED-Spitze Mitte 1958 euphorisch als „ökonomische Hauptaufgabe" angekündigt hatte, das wirtschaftliche Niveau der Bundesrepublik bis Ende 1961 erreichen und übertreffen zu wollen. Die Flucht von hunderttausenden meist gut ausgebildeten Arbeitskräften aus der DDR stellte die Regierung in Ost-Berlin vor kaum zu bewältigende Herausforderungen. Das offensive Vorpreschen mit dem Ziel der Übertragung der Kontrollrechte an die DDR sollte dem ostdeutschen Teilstaat neue Chancen eröffnen.

Ulbricht und Chruschtschow waren in Gesprächen seit November 1958 übereingekommen, die Berlin-Angelegenheit zu forcieren: Als Maximalziel wurde ein Friedensvertrag der Vier Mächte, die völkerrechtliche Anerkennung beider deutscher Staaten und die Schaffung einer „Freien Stadt" Berlin angestrebt. Wenn dies nicht erreichbar war, sollten als Minimallösung Friedensvertrag und einseitige Anerkennung der DDR durch die Sowjetunion und ihre Verbündeten durchgesetzt werden, was der DDR in letzter Konsequenz Zugangsrechte zu West-Berlin verschafft hätte.

Auseinanderfallen
der Ziele Ulbrichts
und Chruschtschows

Die Ziele Chruschtschows und Ulbrichts fielen jedoch bald auseinander. Die UdSSR favorisierte eine kombinierte Lösung von Berlin- und Deutschlandfrage. Für den sowjetischen Regierungschef stellte Berlin einen „Hebel" dar, mit dem er Druck auf die Westmächte ausüben konnte. Die Sowjetunion hatte zudem als global agierende Großmacht stärker als die DDR die Gefahr eines atomaren Schlagabtausches zu beachten, zumal Chruschtschow um die nukleare Schwäche der UdSSR wusste. Ulbricht hingegen drängte immer stärker auf eine schnelle und notfalls unilaterale Lösung des Berlinproblems. Er sah

Berlin schon seit geraumer Zeit weniger als einen „Hebel" denn als einen „Preis" an, für dessen Erringung er bereit war, Risiken einzugehen. In seiner Forderung nach Verdrängung der westlichen Besatzungsmächte aus Berlin und Abschluss eines separaten Friedensvertrages war er daher eher bereit, einen konfrontativen Weg einzuschlagen. Die Verwechslung von Ursache und Wirkung der sich bald verschärfenden Krise verstärkte Ulbrichts Paranoia, die ihn sogar behaupten ließ, eine Aggression der Bundesrepublik stehe unmittelbar bevor.

Der Westen zeigte keine Neigung, auf die Ultimaten aus dem Winter 1958/59 mit Konzessionen zu reagieren. In der Folgezeit wechselten sich in der Berlin-Krise Spannungsphasen und Ruhepausen ab. Die Genfer Außenministerkonferenz von Mai bis August 1959 brachte zwar keine Bewegung, aber die inoffizielle Teilnahme von Delegationen aus der Bundesrepublik und der DDR „am Katzentisch" wurde in Ost-Berlin als wichtiger Schritt auf dem Weg zur völkerrechtlichen Anerkennung interpretiert.

Während die Verschlechterung der wirtschaftlichen Lage weitere Fluchtwellen zur Folge hatte, verhärtete sich der Kurs der SED. Damit ging eine zunehmende Verstimmung über die Sowjetunion einher, die sich nach Ansicht der SED-Spitze in der Berlin-Frage allzu unentschlossen zeigte. Seit 1960 ging die außenpolitische Initiative sogar auf die DDR-Führung über, die in zunehmendem Maße die Dynamik der Ereignisse beeinflusste, indem sie zum einen durch eigenständiges, mit der sowjetischen Führung nicht koordiniertes Handeln vorpreschte und vollendete Tatsachen schuf, zum anderen durch bewusstes Zurschaustellen der eigenen politisch-wirtschaftlichen Schwäche Moskau zum Handeln zwingen wollte. Mit Eigenmächtigkeiten im Verkehr an den Sektorengrenzen griff Ulbricht vorsätzlich in die Zuständigkeit der Sowjetunion ein, was Moskau um so mehr verärgerte, als sich der westliche Protest gegen die vermeintlich sowjetischen Provokationen richtete. Vor dem Hintergrund der sich verschlechternden sino-sowjetischen Beziehungen spielte Ulbricht, der im Gegensatz zur UdSSR das chinesische Experiment der „Volkskommunen" unterstützt hatte, zudem bewusst mit der „China-Karte". Als im Januar 1961 eine offizielle DDR-Delegation in die Volksrepublik China entsandt wurde, ohne die Sowjetunion vorab zu informieren, gelang es der DDR nur mit Mühe, Moskau mit dem Hinweis auf rein wirtschaftspolitische Absichten zu beruhigen.

Ulbricht, der bereits 1953 die Schließung der Berliner Grenzen verlangt hatte, konnte nun sogar die für den Fall einer Konfliktverschärfung zu erwartenden westlichen Wirtschaftssanktionen instru-

Übergang der außenpolitischen Initiative auf die DDR-Führung

mentalisieren. Er hatte Chruschtschow zudem schon im November 1960 darauf aufmerksam gemacht, dass das höhere Einkommen in West-Berlin besonders auf Facharbeiter und Akademiker anziehend wirke und die DDR zugleich in eine zunehmende Abhängigkeit von westdeutschen Lieferungen gerate. In einem Brief an Chruschtschow vom 19. Januar 1961 gestand er eine zeitweise Zahlungsunfähigkeit im zurückliegenden Jahr ein und eröffnete, dass die optimistischen Planziffern nicht erreichbar waren. Der Wunsch nach verstärkter Hilfe Moskaus wurde zwar mit sowjetischen Vorwürfen gekontert, die DDR habe sich nicht in genügendem Maß von Westdeutschland abgeschottet. Solche Beschuldigungen hatten allerdings nur die Ost-Berliner Replik zur Folge, die Sowjetunion habe schließlich jahrelang Reparationen von Ostdeutschland eingefordert, während die USA den Westen Deutschlands unterstützt habe: Das westdeutsche Wirtschaftswunder sei der Hauptgrund dafür, dass in zehn Jahren etwa zwei Millionen Menschen die DDR verlassen hätten. Diese Vorhaltungen hoben permanent die Schwäche und Hilflosigkeit der DDR hervor, so dass Chruschtschow den Kollaps des ostdeutschen Regimes befürchten musste.

Auf einer Tagung der Warschauer-Pakt-Staaten im März 1961 plädierte Ulbricht für eine sofortige Absperrung West-Berlins bzw. für etwas, was er als „Grenzsicherung" bezeichnete. Die SED-Führung, die nicht wusste, auf welche Weise man den Wettkampf mit der Bundesrepublik um höhere Pro-Kopf-Einkommen und Produktivität noch gewinnen konnte, kündigte öffentlich eine Regelung des Berlinproblems für das Jahr 1961 an. Gekennzeichnet durch Reformmüdigkeit und Ratlosigkeit, sah Ulbricht Mitte 1961 keine wirksame Alternative mehr zur „Abschottung" der Grenze in Berlin und war fest entschlossen, den Flüchtlingsstrom, der für das Jahr 1960 auf 199 000 und allein im April 1961 auf 30 000 Menschen angestiegen war, zu stoppen. Der sowjetische Botschafter Michail Perwuchin machte im Mai 1961 darauf aufmerksam, dass sich in Ost-Berlin bisweilen „Ungeduld" und eine einseitige Sichtweise zeige, während die Interessen der sozialistischen Länder und die Gegebenheiten der internationalen Situation nicht immer Berücksichtigung fänden. Ulbricht erklärte am 15. Juni öffentlich, niemand habe die „Absicht, eine Mauer zu errichten". Die vorhersehbare Folge einer solchen Versicherung – ein weiterer Anstieg der Flüchtlingszahlen – hat zu der Einschätzung geführt, der risikobereite Ulbricht habe der Sowjetunion durch dieses fait accompli ein weiteres Mal seinen Kurs aufzwingen wollen. Diese Interpretation legt den Vergleich mit der Krise des Jahres 1953 nahe. So wie Ulbricht in jenem Jahr Berija zur Unterstützung veranlasst hatte, wurde nun

(Marginalien:)

Ulbrichts Gründe

Ost-Berliner Plädoyer für einen Mauerbau

Chruschtschows Eingreifen – oder zumindest sein Stillhalten – erforderlich.

Das Schicksal der DDR war von höchster Bedeutung für das gesamte sozialistische Lager. Die sowjetische Führung sah im ostdeutschen Staat ein Aushängeschild sowie die „Hauptkampflinie" der Systeme und hatte daher die wirtschaftlich marode DDR über Jahre hinweg mit hohem finanziellen Aufwand unterstützt. Der stellvertretende sowjetische Ministerpräsident Mikojan führte im Juni 1961 gegenüber ostdeutschen Gesprächsteilnehmern aus: „Die DDR ist (...) der westliche Vorposten des sozialistischen Lagers (...). Die DDR, Deutschland, ist das Land, in dem sich entscheiden muss, dass der Marxismus-Leninismus richtig ist, dass der Kommunismus auch für die Industriestaaten die höhere, bessere Gesellschaftsordnung ist. (...) Und gegenüber Westdeutschland können und dürfen wir uns einen Bankrott nicht leisten. Wenn der Sozialismus in der DDR nicht siegt, wenn der Kommunismus sich nicht hier als überlegen und lebensfähig erweist, dann haben wir nicht gesiegt."

Bedeutung der DDR für das sozialistische Lager

Chruschtschow erneuerte daher auf einem Wiener Gipfeltreffen mit dem amerikanischen Präsidenten John F. Kennedy Anfang Juni 1961 sein Ultimatum und kündigte am 8. Juli 1961 die Erhöhung des sowjetischen Militärbudgets an. Die Signale aus Washington, London und Paris ließen wenig Zweifel, dass es den Westmächten in erster Linie auf das Recht der Alliierten auf Anwesenheit in West-Berlin, das Recht auf freien Zugang nach West-Berlin und das Selbstbestimmungsrecht der West-Berliner ankam.

Über den exakten Zeitpunkt für die Genehmigung des Mauerbaus herrschen bis heute in der Forschung unterschiedliche Ansichten vor (vgl. hierzu Kap. II. 7). Endgültig grünes Licht wurde wohl erst auf der Tagung der Ersten Sekretäre der kommunistischen Führungsparteien der Warschauer Pakt-Staaten in Moskau vom 3. bis 5. August 1961 erteilt. Moskau gab der Ost-Berliner Initiative – allerdings nur unter genauesten Vorgaben – sein Plazet, weil diese Lösung mit der politischen Großwetterlage gerade noch verträglich war. Die UdSSR garantierte damit die Existenz der DDR auch um den Preis einer Reputationsschädigung, obwohl sie einen Ausweg bevorzugt hätte, der das Prestige des sozialistischen Lagers weniger nachhaltig geschädigt hätte.

Endgültige Genehmigung zum Mauerbau

Am 13. August 1961 errichteten DDR-Grenztruppen zwischen dem sowjetischen und den Westsektoren Barrikaden zunächst aus Stacheldraht, die sodann sukzessive verstärkt wurden. Die Errichtung der Mauer klärte in vielerlei Hinsicht die internationale Konstellation. Die SED veröffentlichte eine Erklärung der Warschauer Pakt-Staaten und

Mauerbau (13.8.1961)

einen Ministerratsbeschluss, in dem der Mauerbau als ein Akt der „Friedenssicherung" angesichts „der beschleunigten Aufrüstung und Atombewaffnung der westdeutschen Bundeswehr" und einer „systematische(n) Bürgerkriegsvorbereitung" gerechtfertigt wurde. Daher werde „eine solche Kontrolle an den Grenzen" der DDR eingeführt, „wie sie an den Grenzen jedes souveränen Staates üblich ist."

Ulbrichts Ziele Ulbricht sah den Bau der Mauer nur als „Zwischenstufe" auf dem Weg zu einem separaten Friedensvertrag mit der Sowjetunion, mit dessen Unterzeichnung er weiterhin rechnete. Sein Ziel war nach wie vor, den alliierten Status Berlins und die Rechte der Westmächte schrittweise abzubauen, um schließlich die Kontrolle des Westteils der Stadt zu übernehmen. Ost-Berlin reagierte entsprechend enttäuscht, als Chruschtschow auf weiteren politischen Druck verzichtete und im Oktober 1961 sein Ultimatum zurücknahm. Letztlich war die Sowjetunion nicht daran interessiert, der DDR mit der Berlin-Frage den Hebel zu belassen, um nach Belieben außenpolitische Krisen auszulösen. Die aus den gegensätzlichen Beurteilungen über das weitere Vorgehen resultierenden Divergenzen führten zu atmosphärischen Missstimmungen zwischen Ost-Berlin und Moskau.

Missstimmungen zwischen Ostberlin und Moskau Der UdSSR war aus übergeordneten Großmachtinteressen an einer Fortführung des Konfrontationskurses in Europa nicht gelegen, weil die Volksrepublik China durch die Intensivierung ihrer antisowjetischen Kampagnen den ideologischen Führungsanspruch der UdSSR noch stärker als zuvor in Frage stellte, was die SED-Führung letztlich nicht durchschaute. Es war daher eher den eisernen blockpolitischen Notwendigkeiten als der politischen Einsicht geschuldet, dass die DDR sich schließlich auf die sowjetische Seite stellte und auf dem VI. Parteitag der SED im Januar 1963 den offenen Bruch mit Peking vollzog.

4. 1961 bis 1969: Staatliche Konsolidierung im Schatten von Mauer und Hallstein-Doktrin

Paradoxe Konsequenzen des Mauerbaus Für die DDR hatte der Mauerbau paradoxe Konsequenzen: Zwar sicherte die „Abriegelung" ihr Überleben, half ihr auch, die innere Krise zu überwinden, kostete sie dafür aber außenpolitisches Prestige. Vor allem die ohnehin wenig erfolgreiche „Westpolitik" war davon betroffen, weil das ostdeutsche Modell kaum noch attraktiv wirkte. In einem Brief vom 4. August 1961 erinnerte Ulbricht die sowjetische Führung daran, dass die beträchtliche Verschuldung der DDR in den kapitalistischen

Ländern auch damit zu tun habe, dass die DDR einen maßgeblichen Prozentsatz ihrer Anlagen und Maschinen in die anderen sozialistischen Länder exportieren müsse, anstatt sie auf dem Weltmarkt feilzubieten. Unerwähnt blieben allerdings die immens hohen Kosten für die Apparate von Partei und Massenorganisationen und die Subventionierung der volkseigenen Wirtschaft. Der Produktivitätsabstand zur Bundesrepublik hatte aus diesen Gründen schon vor dem Mauerbau wahrscheinlich über 50 Prozent gelegen.

Mit dem für die SED-Führung überraschenden Sturz Chruschtschows im Oktober 1964 fand die sprunghaft-unberechenbare sowjetische Politik ein Ende, die ein Signum des vergangenen Jahrzehnts gewesen war. Es gibt einige Hinweise, dass Ulbricht und sein Protegé Erich Honecker insgeheim das sowjetische Procedere bei der Palastrevolution gegen Chruschtschow missbilligten und der neuen sowjetischen Führung, in der sich bald der dynamische Leonid Breschnew als Parteichef durchsetzte, mit Distanz begegneten. Ulbrichts Beziehung zu Breschnew war von Beginn an nicht frei von Reibungen, die sich allerdings niemals in offenem Widerspruch zeigten.

Der Bau der Mauer verschaffte dem ostdeutschen Teilstaat tatsächlich vorübergehend eine Atempause. Nachdem die akute Bedrohung der Abwanderung von Arbeitskräften beendet war und die Unterzeichnung des ersten Passierscheinabkommens am 17. Dezember 1963 eine Normalisierung auch im deutsch-deutschen Verhältnis anzeige, wurde im Aufwind des durch die Mauer geschaffenen Sicherheitsgefühls die Regenerationskraft der DDR außerordentlich hoch eingeschätzt, was das Selbstbewusstsein der DDR-Führung stärkte.

Atempause durch den Mauerbau

Seit den sechziger Jahren reklamierte sie daher für sich zunehmend die „Autonomie des Musterknaben" (Fred Oldenburg). Mit Wirtschaftsreformen wie dem Neuen Ökonomischen System der Planung und Leitung der Volkswirtschaft (NÖSPL), die seit 1963 marktwirtschaftliche Elemente in die Planungsmodelle einbringen und als eine „Simulation des Marktes" (Klaus Schroeder) wirken sollten, versuchte sich die DDR – mittlerweile zur zweitstärksten Industriemacht des Ostblocks geworden –, in ökonomisch-technologischer Hinsicht als Musterland zu präsentieren, das auch für die sozialistischen Nachbarländer Vorbildcharakter haben und als Motor des östlichen Bündnisses dienen sollte. Im Laufe der sechziger Jahre häuften sich in den „Bruderländern" daher die Klagen wegen mancher deutscher Überheblichkeit. Auch in Moskau wurde das selbstbewusste Auftreten nicht durchweg goutiert, sondern im Hinblick auf mögliche politische Absetzungsbewegungen geprüft. Seit 1963 verschärften sich zudem die bilateralen handels- und wirtschaftspolitischen Meinungsverschiedenheiten. Diese kulminierten vom Juli bis November 1965 in einem regelrechten „Tauziehen", das die DDR schließlich verlor. Der UdSSR gelang es, nicht zuletzt mit dem Handelsvertrag vom Dezember 1965, ihre eigenen Versorgungswünsche durchzusetzen.

Westdeutsche Politik der „selektiven Normalisierung"

Gegenüber der Bundesrepublik sekundierte die Sowjetunion freilich ihrem Schützling, indem sie der von Bonn seit 1963 eingeleiteten Politik der „selektiven Normalisierung" der Beziehungen zu den Ostblockstaaten – auf dem Umweg über die Handelspolitik – ein Ende bereitete, sobald sie die dahinter stehende Absicht einer Isolierung der DDR erkannt hatte. Nach dem Abschluss von Handelsverträgen mit Rumänien, Ungarn und Bulgarien in den Jahren 1963/64 unterband die UdSSR ein ähnliches Handelsabkommen mit der Tschechoslowakei. In Ost-Berlin wurde es als Erfolg verbucht, dass die Ostpolitik unter Bundeskanzler Ludwig Erhard, weil sie „ohne die Sowjetunion und gegen die DDR betrieben wurde" (Manfred Görtemaker), in eine Sackgasse geraten war.

Beteiligung an supranationalen Verhandlungen

Die DDR-Führung, deren Anstrengungen zur völkerrechtlichen Anerkennung trotz – oder gerade wegen – des Mauerbaus Erfolge versprachen, favorisierte auf der internationalen Ebene die – freilich in ihrem janusköpfigen Bedeutungsgehalt von Kooperation und Konfrontation ausgesprochen flexible – These der „friedlichen Koexistenz" und versuchte, durch die verstärkte Beteiligung an supranationalen Verhandlungen die Anerkennung der Eigenstaatlichkeit auch jenseits des Ostblocks zu erreichen. Die Teilnahme an den Vereinbarungen zum Atom-Teststoppabkommen bedeutete einen partiellen Erfolg auf dem Weg zur weiteren Durchsetzung des Zwei-Staaten-Konzepts.

Wachsendes Selbstbewusstsein

Mit Genugtuung nahm Ost-Berlin zur Kenntnis, dass die Bonner Sprachregelung, mit Bezug auf die DDR nur von „Mitteldeutschland" zu sprechen, mit voranschreitender Zeit selbst im Westen immer stärker als revanchistisch galt. Das wachsende Selbstbewusstsein der DDR-Führung zeigte sich auch im Versuch, neue West-Initiativen zu propagieren. Hierzu zählte die im April 1964 ventilierte Idee, eine Volksabstimmung in beiden deutschen Staaten im „Kampf gegen die atomare Aufrüstung Westdeutschlands" durchzuführen. Allerdings stießen diese Vorschläge in Moskau auf Reserve und bald sogar auf Ablehnung. Die DDR überschätzte ihre Machtposition im deutsch-deutschen Zweikampf und störte die globalen Entspannungsbemühungen der UdSSR, die freilich durch den weiteren systematischen Ausbau der militärischen Potenz ergänzt wurden, um à la longue eine Verbesserung des globalen Gleichgewichts zu eigenen Gunsten zu erreichen.

Semjonow ließ daher im Mai 1964 wissen, dass die amerikanisch-sowjetische Politik des Ausgleichs jetzt wichtiger sei „als die Anerkennung eines Staates". Die DDR hielt sich im Folgenden an diese Ermahnungen, den sich entfaltenden Ost-West-Dialog gefälligst nicht zu stören. Der anstelle des separaten Friedensvertrages abgeschlossene „Vertrag über Freundschaft, gegenseitigen Beistand und Zusammenarbeit" mit der UdSSR vom 12. Juni 1964 war denn auch, verglichen mit den weitergehenden außenpolitischen Plänen der DDR, wenig mehr als das „Trostpflaster", als das ihn Bundeskanzler Erhard zeitgenössisch bezeichnet hat. Das Abkommen, das in den nachfolgenden Monaten durch ähnliche bilaterale Freundschaftsverträge mit Polen, der Tschechoslowakei, Ungarn und Bulgarien ergänzt wurde, bekräftigte, dass West-Berlin als „selbständige politische Einheit" betrachtet werde. Die Sowjetunion berief sich weiterhin auf die Vier-Mächte-Regelungen, was in Ost-Berlin mit einer gewissen Berechtigung die Sorge hervorrief, Moskau vermeide einen offensiveren Kurs, um selbst mit Bonn ins Gespräch zu kommen. Immerhin wurde die DDR über die jeweiligen Schritte der UdSSR gegenüber dem Westen auf dem Laufenden gehalten, ohne allerdings selbst initiativ werden zu können.

Das Netz der Freundschaftsverträge

Die mit der Einführung der Wirtschaftsreformen verbundenen ehrgeizigen Ziele, die Ostdeutschland zu einem sozialistischen Musterstaat auf Weltniveau machen sollten, erwiesen sich schon Mitte der sechziger Jahre als unerreichbar. Die kostspielige Zukunftsutopie führte zu einer potenziell gefährlichen Verschuldung bei den sozialistischen „Bruderländern" und den kapitalistischen Staaten. Weniger wirtschaftliche als politische Motive waren allerdings dafür verantwortlich, dass die DDR zur gleichen Zeit ihre Bemühungen verstärkte, über Handelsverträge, Handelsmissionen und Konsularische Vertretungen an der Peripherie Anerkennungserfolge zu erzielen. Die Endphase der Entkolonisierung schien besonders auf dem afrikanischen Kontinent manchen Ansatzpunkt zu bieten, um die Hallstein-Doktrin zu unterlaufen. In Ägypten hatte beispielsweise schon die Suezkrise 1956 die Möglichkeit geboten, eine ägyptische Handelsmission in Ost-Berlin einzurichten; die pro-israelische Politik der Bundesrepublik schuf 1965 die – durch Kreditzusagen an Kairo erleichterte – Gelegenheit, nunmehr sogar ein ägyptisches Generalkonsulat in Ost-Berlin zu eröffnen. Aber es gelang der resolut drängenden DDR-Führung nicht, dem geschickt zwischen den Blöcken agierenden Ägypten die völkerrechtliche Anerkennung der DDR abzuringen. Der arabischen Staatenwelt war bewusst, dass eine Aufbauförderung durch die DDR gegenüber der Entwicklungshilfe der Bundesrepublik keinen adäquaten Ersatz bot.

Bemühungen an der Peripherie

Nur in Ausnahmesituationen konnte die DDR in der Mitte der sechziger Jahre daher Erfolge erzielen. Die SED-Führung interpretierte es zwar als Profilgewinn, dass 1969 schließlich sieben nichteuropäische Staaten, darunter Ägypten, der Irak und Syrien, diplomatische Beziehungen zur DDR aufnahmen. Ein Durchbruch gelang allerdings erst, als die von der Bundesrepublik ohnehin flexibel gehandhabte Hallstein-Doktrin aus weltpolitischen Gründen und Praktikabilitätserwägungen nicht mehr angewandt wurde.

Während die Große Koalition seit 1966 vorsichtig die Möglichkeiten einer neuen Ostpolitik sondierte, profitierte die DDR von der zunehmenden Bereitschaft des Westens, wenn auch nicht die völkerrechtliche, so doch die staatliche Anerkennung zu gewähren. Mit einer gewissen Berechtigung ging Ost-Berlin davon aus, dass die westlichen Lippenbekenntnisse einer „Offenheit" der deutschen Frage in der Praxis kaum von Bedeutung waren. In der Zeit der Großen Koalition verschärfte die DDR daher ihre Abgrenzungspolitik gegenüber der Bundesrepublik und beseitigte durch gesetzliche Maßnahmen und in der neuen „sozialistischen" Verfassung des Jahres 1968 Zug um Zug die letzten Reste gesamtdeutscher Orientierung. Für diese Politik hatte sie im eigenen Bündnis Rückendeckung, nachdem auf einer Tagung der Warschauer Pakt-Staaten vom 4. bis 6. Juli 1966 in der „Bukarester Deklaration" der DDR die Solidarität ausgesprochen worden war.

Verschärfte Abgrenzungspolitik gegenüber der Bundesrepublik

Entsprechend scharf griff Ost-Berlin die Aufnahme diplomatischer Beziehungen zwischen Rumänien und der Bundesrepublik Ende Januar 1967 an. Der Bundesregierung wurde vorgeworfen, sie nutze dies zur „erneuten provokatorischen Verkündigung des annexionistischen Alleinvertretungsanspruchs", während die Kritik an Rumänien vergleichsweise milde ausfiel. Ulbricht interpretierte trotz aller rhetorischen Attacken den Vorgang in erster Linie als stillschweigende Anerkennung der Realitäten und als Bankrotterklärung der Hallstein-Doktrin.

Wenig später wurde auf einer Konferenz der Warschauer Pakt-Staaten in Warschau vom 8. bis 10. Februar 1967 die im Westen als sog.

Ulbricht-Doktrin

Ulbricht-Doktrin bezeichnete Regelung beschlossen, nach der zukünftig die Aufnahme diplomatischer Beziehungen zur Bundesrepublik nicht möglich war, wenn nicht zugleich die DDR und die Oder-Neiße-Grenze anerkannt wurden. Dieser Beschluss beruhte freilich weniger auf ostdeutschen Pressionen als auf sowjetischen und polnischen Wünschen. Moskau und Warschau wollten verhindern, dass das rumänische Beispiel Schule machte und andere Staaten wie Ungarn und Bulgarien dem Bonner Angebot folgen könnten. Insofern stand Ulbricht gegen die polnischen und sowjetischen Interessen – und gegen eine sich formierende Gruppe von Widersachern im eigenen Politbüro. Vor allem der zum „Kronprinzen" aufgebaute Erich Honecker war bemüht, einer Aufweichung der grundsätzlichen Unteilbarkeit der Anerkennungsfrage entgegenzuarbeiten. Zusammen mit Funktionären wie Paul Verner, Hermann Axen, Willi Stoph und Erich Mielke intensivierte er die Zusammenarbeit mit der Führung der KPdSU, um „geteilte" Verhandlungen mit Westdeutschland zu verhindern.

Aus Gründen der Staatsräson und des Machterhalts fiel die Reaktion der DDR auf die Versuche der Tschechoslowakei, sich im Jahr 1968 vom sowjetischen Modell zu emanzipieren und einen „Sozialismus mit menschlichem Antlitz" aufzubauen, konsequent hart aus. Die SED verurteilte den Reformprozess der tschechoslowakischen KP, weil die befürchtete „Sozialdemokratisierung" auch die eigene Existenz gefährdet hätte. Im Kielwasser der Sowjetunion trafen die Parteichefs aus der UdSSR, Polen, Bulgarien, Ungarn und der DDR am 23. März in Dresden zusammen und forderten die Prager Führung zu einer Korrektur ihres Reformkurses auf, wobei Ulbricht sogar das Wort von der „Konterrevolution" in die Diskussion einbrachte. Mitte Juli 1968 trafen sich die Führer des Warschauer Paktes ein weiteres Mal, diesmal in der polnischen Hauptstadt, und verlangten von der Tschechoslowakei die Bekämpfung der „Konterrevolution". Ulbricht gehörte jedoch nicht zu den aktiven Befürwortern der schließlich vom Politbüro mit Breschnew an der Spitze am 17. August beschlossenen militärischen Lösung, an deren Ausführung sich die DDR-Truppen gleichwohl u.a. durch Nachschubsicherung beteiligten, ohne allerdings die Grenze zu überschreiten.

Harte Reaktion auf Prager „Konterrevolution" 1968

Der Staatsapparat der DDR wurde nicht nur zum Schutz des Herrschaftssystems im Inneren eingesetzt, sondern erstmals auch nach außen gerichtet, zumal der Prager Frühling gezeigt hatte, wie fragil die kommunistische Herrschaft in einigen Nachbarstaaten der DDR war. Mit der infolge der Ereignisse in der Tschechoslowakei durchgesetzten sog. Breschnew-Doktrin vom September 1968, die es den Staaten des sozialistischen Lagers, weil die einmal eingeleitete Entwicklung zu dieser Form gesellschaftlicher Verfasstheit nirgendwo auf der Welt rückgängig gemacht werden dürfe, verbot, außenpolitisch eigene Wege zu gehen, wurde der Status quo in Europa erneut zementiert. Die SED-Führung akzeptierte diese Regelung, weil die Bestandsgarantie für das Regime um ein Vielfaches wichtiger war als die Gewährung irgendwelcher außenpolitischer Handlungsspielräume.

Breschnew-Doktrin

5. 1969 bis 1976: „Neue Westpolitik" und internationale Anerkennung

Neue außenpolitische Chancen eröffneten sich der DDR in den späten sechziger Jahren. Zugleich blieben jedoch die Möglichkeiten beschränkt, diesen Prozess aktiv mitzugestalten. Hemmend wirkte zum einen, dass die SED-Führung im Banne des Wunsches nach Anerkennung der staatlichen Existenz stand und dieses Ziel alle übrigen außenpolitischen Überlegungen dominierte. Zum anderen bestimmte die Weltpolitik den Handlungsrahmen Ost-Berlins. Nicht zuletzt die Kuba-Krise hatte das Bewusstsein geschärft, sich auf einem gefährlichen Grat, ja möglicherweise sogar am atomaren Abgrund zu bewegen. Auf der europäischen Ebene bot die Bereitschaft der sozialliberalen Regie-

Neue Ostpolitik Bonns

rung, mit ihrer neuen Ostpolitik den „Wandel durch Annäherung" in die Praxis umzusetzen, der DDR günstige Gelegenheiten, barg aber auch Gefahren in sich. Den Argwohn der SED-Führung musste schon hervorrufen, dass die Hintergründe der neuen Ostpolitik zunächst keineswegs klar erkennbar waren. Erschwerend kam hinzu, dass grundsätzlich alle Wege der Ostpolitik über Moskau führten. Die DDR blieb, auch wenn sie davon profitieren mochte, immer an die sowjetische Generallinie gebunden und war zumeist auf eine reaktive Rolle beschränkt.

Hatte Ulbricht bislang alle Initiativen der Großen Koalition scharf angegriffen, war er nun zu einer Prüfung der neuen Ostpolitik bereit, weil sie als Fundament einer Kooperation dienen konnte, die der DDR im technologisch-wirtschaftlichen Wettstreit Vorteile bringen sollte. Weil der SED-Generalsekretär die wirtschaftliche Auseinandersetzung mit der Bundesrepublik als Überlebensfrage ansah, sollte ein taktisches Arrangement mit Bonn ökonomische Entlastung bringen. Ulbricht hielt es noch immer für möglich, durch wirtschaftliche Anstrengungen den ostdeutschen Staat zum Vorbild im deutsch-deutschen Vergleich zu machen und letztlich sogar die Westdeutschen von der Überlegenheit des Sozialismus in der DDR zu überzeugen. Zwei Tage nach der Regierungserklärung des Bundeskanzlers Willy Brandt vom 28. Oktober 1969 erklärte er intern: „Wenn Brandt neue Ostpolitik macht, dann machen wir eine neue Westpolitik, und zwar eine, die sich gewaschen hat. Dabei soll er ins Schwitzen kommen." Seine wiederum zwei Tage

„Neue Westpolitik" Ulbrichts

später angekündigte „neue Westpolitik" war im Politbüro indessen nicht unumstritten. Ob Ulbricht eventuell sogar frühere Konföderationspläne reaktivieren wollte, bleibt dagegen angesichts fehlender Belege ungewiss.

Aber auch Moskau war an ernsthaften Verhandlungen mit der Bundesrepublik interessiert. Neben den Vorteilen eines intensivierten ökonomischen Austauschs sah die UdSSR die Chance einer Gewaltverzichtsvereinbarung und einer vertraglichen Festlegung des territorialen Status quo. Während sich die Sowjetunion von nun an in der Rolle der konzessionsbereiten Großmacht sonnte und sich dem Westen als verständigungsbereiter Partner präsentierte, bestand sie auf einen harten Abgrenzungskurs der DDR gegenüber Bonn. Der sowjetische Außenminister Andrej Gromyko, der noch im „Budapester Appell" vom 17. März 1969 lediglich von der Notwendigkeit einer „Anerkennung der Existenz" der DDR gesprochen hatte, beharrte nun auf der völkerrechtlichen Anerkennung der DDR. Ulbrichts „selbständige Deutschlandpolitik" (Jochen Stelkens) und dessen Bereitschaft, in Verhandlungen mit der Bundesrepublik auf die volle diplomatische Anerkennung zunächst zu verzichten und lediglich „diplomatische Missionen" vorzusehen, stieß – wie Ulbricht am 2. Dezember 1969 in Moskau erfahren musste – auf sowjetischen Widerspruch. Die von den Sowjets verordneten Maximalforderungen gehörten zu einem „Doppelspiel", das zeitgenössisch wahrscheinlich weder in Bonn noch in Ost-Berlin in letzter Konsequenz durchschaut wurde und über dessen Facetten erst Klarheit bestehen wird, wenn die entsprechenden sowjetischen Akten zur Verfügung stehen.   Moskauer „Doppelspiel"

Die Sowjetunion forderte von der DDR erst wieder Nachgiebigkeit, als der eigene Vertragsabschluss mit Bonn im Verlauf des Jahres 1970 in greifbare Nähe rückte. Während Moskau die bilateralen Kontakte zwischen Bonn und Ost-Berlin weiterhin misstrauisch beobachtete, hatte die DDR nun nämlich einen sowjetischen Schwenk um 180 Grad zu akzeptieren. Der SED-Führung gelang es nicht, den Kreml zur Durchsetzung ihrer erst auf sowjetischen Druck hin verschärften Bedingungen – die rechtliche Festschreibung der innerdeutschen Grenze und die völkerrechtliche Anerkennung – zu bewegen. Die Forderung nach diplomatischen Beziehungen als Voraussetzung für alle weiteren substanziellen Klimaverbesserungen musste auf sowjetischen Druck hin aufgegeben werden.

Nicht nur aufgrund solcher Differenzen stand ein erstes Treffen der Regierungschefs Brandt und Stoph in Erfurt am 19. März 1970 für Ost-Berlin unter einem schlechten Stern. Die für die DDR-Führung überraschenden Demonstrationen der Erfurter Bevölkerung zeigten, wie stark das Zusammengehörigkeitsgefühl der Deutschen noch war. Die SED reagierte auf die aufflammenden Einheitshoffnungen mit einer Pressekampagne gegen die „aggressiven Absichten" der Regierung   Erfurter Treffen (19.3.1970)

Brandt. Das Oszillieren zwischen Annäherung und Distanzierung wurde fortan bis zum Ende der DDR zum Signum der Politik gegenüber der Bundesrepublik.

Die Parteiführung konnte es zwar als einen Erfolg verbuchen, dass die „bisherige klassische Auffassung des Westens – dass jede endgültige Regelung der europäischen Frage die Wiedervereinigung voraussetze – (...) damit Geschichte geworden war" (Henry Kissinger), wurde jedoch mit fortwährenden sowjetischen Interventionen konfrontiert und am 15. Mai 1970 von Moskau auf die Notwendigkeit einer „Denkpause" im deutsch-deutschen Dialog hingewiesen. Die auf diese Weise artikulierten Vorbehalte gegenüber deutsch-deutschen Initiativen blieben eine Konstante der nächsten Jahrzehnte. Entsprechende sowjetische Ermahnungen gingen jedoch stets mit Lockungen einher. Breschnew illustrierte Ende Juli 1970 die Vorteile des bevorstehenden Vertragsabschlusses zwischen Bonn und Moskau. Letztlich werde sich durch die Abmachungen die internationale Autorität des ostdeutschen Staates erhöhen und die DDR werde durch die Abgrenzung von Westdeutschland ein noch „festerer Bestandteil der sozialistischen Gemeinschaft". Als die Bundesrepublik und die UdSSR am 12. August 1970 den Moskauer Vertrag unterzeichneten, musste sich die DDR gleichwohl mit der Rolle des Zaungasts begnügen. Die Sowjetunion erneuerte am 20. August ihre Forderung nach einer Abgrenzung von der Bundesrepublik. Es könne und dürfe zu „keinem Prozess der Annäherung" zwischen Bonn und Ost-Berlin kommen.

Moskauer Vertrag
(12.8.1970)

Ein Machtkampf im Politbüro zwischen dem selbstgerechten Ulbricht und dem zurückhaltend taktierenden Honecker verhinderte eine wirksame Strategie der DDR im komplexen Dreiecksverhältnis. Auch im östlichen Bündnis wurde zunehmend die Überheblichkeit des sich als Musterschüler gebärdenden Ulbricht beklagt. Die von diesem reklamierte wirtschaftliche und implizit politisch-ideologische Vorreiterrolle der DDR im sozialistischen Lager wurde in den Staaten des Warschauer Paktes als Anmaßung empfunden. Die UdSSR unterstützte und instrumentalisierte schließlich eine Gegenbewegung unter Honecker, der von Breschnew am 28. Juli 1970 eindringlich auf die Folgen eines möglichen Sonderkurses der DDR hingewiesen wurde. Unter Anspielung auf die in der DDR stationierten Truppen warnte er unmissverständlich davor, sich den sowjetischen Interessen entgegenzustellen: „Erich, ich sage dir offen, vergesse das nie: die DDR kann ohne uns, ohne die SU, ihre Macht und Stärke – nicht existieren. Ohne uns gibt es keine DDR." Als Ulbricht auf einer gemeinsamen Besprechung von Delegationen der ZKs der SED und KPdSU in Moskau am 21. August

Machtkampf
Ulbricht – Honecker

1970 erneut für Eigenständigkeit warb und ausführte, man wolle sich „in der Kooperation" entwickeln und sei „kein Sowjetstaat", hatte er die Grenzen des Erlaubten überschritten. Seine Äußerungen wurden beispielsweise von dem für die internationalen Beziehungen der DDR zuständigen Hermann Axen als „Zeichen nationaler Überheblichkeit" gewertet. Ulbricht lieferte damit Honecker und seiner Entourage zusätzliche Argumente für seinen Sturz.

In einem Brief von 13 Mitgliedern und Kandidaten des SED-Politbüros vom 21. Januar 1971 an das Politbüro der KPdSU wurde verklausuliert angesprochen, dass mit Ulbricht eine Einheitlichkeit auf dem Gebiet der internationalen Politik nicht mehr gewährleistet sei. Allerdings ist bis heute umstritten, ob diese und ähnliche Äußerungen nicht nachträglich herbeikonstruierte Vorwürfe waren, um einen im Machtkampf unterlegenen Gegner zusätzlich auch noch auf außenpolitischem Gebiet zu diskreditieren.

Ulbrichts Sturz

Ulbrichts unfreiwilliger Rücktritt am 3. Mai 1971 und die gleichzeitige Amtsübernahme durch Honecker auf der 16. Plenartagung des ZK der SED erwiesen sich für den Bestand des Regimes rückblickend als wenig förderlich. Obwohl Honecker zunächst mit frischem Elan die Innen- und Außenpolitik der DDR zu bestimmen suchte, war seine Politik durch ähnliche Defizite gekennzeichnet wie die seines Vorgängers, bis er, in dogmatischem Denken verhaftet, schließlich auf noch dramatischere Weise scheitern sollte.

Amtsübernahme Erich Honeckers

Zunächst jedoch konnte die neue SED-Führung von der Bereitschaft der sozialliberalen Koalition profitieren, nach den Abkommen mit Moskau und dem am 7. Dezember 1970 abgeschlossenen Warschauer Vertrag auch mit Ost-Berlin zu einer Entspannung zu gelangen. Die Verhandlungsposition in den Ende November 1970 aufgenommenen deutsch-deutschen Beratungen war mit den globalen Richtlinien der UdSSR und ihren Planungen zur „Konferenz über Sicherheit und Zusammenarbeit in Europa" (KSZE) abgestimmt und durchaus geeignet, dem Außenbild der DDR ein neues Profil zu verleihen. Die Mitarbeit Ost-Berlins am Viermächteabkommen über Berlin vom 3. September 1971 verschaffte zusätzlichen außenpolitischen Legitimitätsgewinn. Der in Ergänzung zum Viermächteabkommen am 17. Dezember 1971 unterzeichnete Vertrag über den Transitverkehr zwischen der Bundesrepublik und West-Berlin („Transitabkommen") und der am 8. November 1972 paraphierte und am 21. Dezember 1972 unterzeichnete Vertrag über die Grundlagen der Beziehungen der beiden deutschen Staaten („Grundlagenvertrag") regelten die bilateralen Verhältnisse. Diese Vereinbarungen bedeuteten den faktischen Verzicht der

Grundlagenvertrag (21. 12. 1972)

Bundesrepublik auf den Alleinvertretungsanspruch, sicherten freilich durch ein Junktim die westliche Präsenz in West-Berlin, die freie Benutzung der Transitwege und die Bindung West-Berlins an die Bundesrepublik. Die Anerkennung der Oder-Neiße-Grenze als polnischer Westgrenze blieb auf westdeutsches Beharren einer endgültigen Regelung in einem gesamtdeutschen Friedensvertrag vorbehalten, womit die Wiedervereinigungsperspektive gewahrt blieb.

Die DDR profitierte damit von den veränderten außenpolitischen Rahmenbedingungen und konnte die obsolet gewordene Ulbricht-Doktrin risikolos aufgeben. Die deutsch-deutschen Abmachungen schufen zugleich die Voraussetzungen, sich durch die Mitarbeit in supranationalen Gremien stärker in der Staatengemeinschaft zu verankern. Am 21. November 1972 wurde die DDR Mitglied der UNESCO und damit einer Sonderorganisation der Vereinten Nationen. Die Unterzeichnung des Grundlagenvertrags bot die Gelegenheit, die lange vergeblich angestrebten vollen diplomatischen Beziehungen zu den westlichen Staaten aufnehmen zu können: u.a. zu Großbritannien, Frankreich und Japan im Jahr 1973, zu den USA als letzter der Großmächte im September 1974. Als die DDR unterging, unterhielt sie schließlich mit 136 Staaten diplomatische Beziehungen. Gemeinsam mit der Bundesrepublik erfolgte am 18. September 1973 die Aufnahme in die UNO, nachdem sich Bonn und Ost-Berlin schon in einem Briefwechsel vom 21. Dezember 1972 darauf geeinigt hatten, unabhängig voneinander die Aufnahme zu beantragen, sich aber über den Verlauf weiterhin zu konsultieren. Die DDR nahm zudem an den seit Juli 1973 stattfindenden KSZE-Verhandlungen teil und gehörte am 30. Juli/1. August 1975 zu den Mitunterzeichnern der Schlussakte der Konferenz in Helsinki.

Diplomatische „Anerkennungswelle"

Die „neue Westpolitik" hatte damit ihren eigentlichen Sinn erfüllt, so dass die Einrichtung von Ständigen Vertretungen am 2. Mai 1974 in Bonn und Ost-Berlin eher einen Schlusspunkt als einen Neuanfang darstellte. Anders als in Bonn erhofft, war die DDR nur an ihrer äußeren und inneren Konsolidierung, nicht jedoch an einer grundsätzlichen Annäherung interessiert. Weil eine Aufhebung des ideologischen Gegensatzes im Ost-West-Konflikt das sowjetische Satellitensystems unweigerlich gesprengt hätte, wandte sich auch Moskau kategorisch gegen jede Form der Détente, die eine Aufweichung der Blöcke hätte zur Folge haben können. Die eingeforderte „Blockdisziplin" musste der DDR nicht abgerungen werden, weil diese ohnehin des fortwährenden Schutzes der Sowjetunion bedurfte. Honecker erhob aus eigener Überzeugung und in Übereinstimmung mit den Wünschen Moskaus die Ab-

Einrichtung von Ständigen Vertretungen (2.5.1974)

grenzung zur Bundesrepublik „zu einer Art politischen Naturgesetzes" (Peter Bender). Systematische Behinderungen im Transitverkehr nach Berlin bezeugten augenfällig den Abgrenzungswillen der SED-Führung und illustrierten den Stillstand der Détente. Stillstand der deutsch-deutschen Détente

Unterhalb dieser prinzipiellen Ebene sollten allerdings die einmal etablierten Beziehungen zur Bundesrepublik genutzt werden, um wirtschaftlich vom deutsch-deutschen Sonderverhältnis zu profitieren und die eigene Herrschaft zu stabilisieren. Für den von Honecker in den frühen siebziger Jahren initiierten Ausbau des Konsumsektors benötigte die DDR Devisen, die sie nur durch taktisches Wohlverhalten gegenüber dem Westen und insbesondere gegenüber Bonn erhalten konnte. Dies schien vertretbar zu sein, denn anders als Ulbricht neigte Honecker dazu, die ideologischen Politikvorgaben bisweilen ausgesprochen rigide auszulegen. Unterschwellig mag in Ost-Berlin auch der Gedanke eine Rolle gespielt haben, sich im eigenen Bündnis deutlicher zu profilieren und aus dem Schatten Moskaus herauszutreten. Diese Ambivalenz blieb in den folgenden beiden Jahrzehnten für den deutsch-deutschen Dialog bestimmend und hatte zur Folge, dass sich Phasen der taktischen Annäherung und der strategischen Abgrenzung fortwährend abwechselten. Taktische Annäherung und strategische Abgrenzung

Das grundsätzliche Bestreben nach Abgrenzung wurde freilich durchweg proklamiert. Am 6. Januar 1972 ging Honecker sogar so weit, die Bundesrepublik als „imperialistisches Ausland" zu charakterisieren. Nach der modifizierten Verfassung vom 27. September 1974 sollte sich die DDR als „sozialistische Nation" weiterentwickeln; in ihr wurden die letzten gesamtdeutschen Bezüge getilgt sowie im Artikel 6 das Bündnis mit der Sowjetunion als „unwiderruflich" festgeschrieben. Auch im Artikel 1 des neuen Freundschaftsvertrages mit der UdSSR vom 7. Oktober 1975 wurde folgerichtig auf die Erwähnung gesamtdeutscher Zusammenhänge vollkommen verzichtet und die „ewige Freundschaft" mit der Sowjetunion beschworen. Freundschaftsvertrag mit der UdSSR (7.10.1975)

Freilich erkannte die SED-Führung in einer Mischung aus ideologischer Verblendung und Selbstsicherheit nicht die Gefahren, die in der Tat von zu starken ökonomischen Verbindungen mit dem Westen und speziell der Bundesrepublik ausgingen. Sowjetische Warnungen vor einer wirtschaftlichen Abhängigkeit vom westdeutschen Geldhahn hatten bislang wenig gefruchtet, weil sich die DDR nach der Stärkung ihrer internationalen Position legitimiert fühlte, eine selbständigere Außenhandelspolitik zu führen. Als die UdSSR jedoch Ende 1974 vom Ausmaß der Verbindlichkeiten gegenüber der Bundesrepublik Kenntnis erhielt, wurde die DDR-Führung sogar verdächtigt, die Abgren- Sowjetischer Argwohn

zungspolitik stillschweigend begraben zu haben. Vor allem Außenminister Gromyko begegnete dem ostdeutschen Kurs mit erheblichen
Zweifeln, weil sich die DDR stärker als andere Satellitenstaaten aus
dem sowjetischen Rayon herausgewagt hatte. Als Anmaßung empfand
die KPdSU zudem, dass sie nicht wirklich konsultiert, sondern mit
einem fait accompli konfrontiert worden war.

Honecker vermied in dieser Situation im Januar 1975 ein vorge-
sehenes Gespräch mit Breschnew; der statt dessen angereiste ZK-
Sekretär für Internationale Beziehungen der SED, Hermann Axen, be-
antwortete die sowjetischen Vorhaltungen ausweichend und sogar pro-

Krise in den Bezie-
hungen zur UdSSR vozierend. Diese Krise in den Beziehungen zwischen der DDR und der
Sowjetunion erwies sich als tief greifender als die Konflikte der Ulb-
richt-Jahre. Breschnew äußerte gegenüber Honecker im Juni 1975 die
Sorge vor „ungesunden Stimmungen", die durch die ansteigenden
Westbesuche in der DDR entstehen könnten. Demgegenüber konnte
Honecker seine letztlich finanziell notwendige Politik nur mit dem
Hilfsargument verteidigen, Einschränkungen im Besuchsverkehr seien
vor dem Hintergrund möglicher weltweiter Proteste über den Bruch der
getroffenen Vereinbarungen nicht möglich. Die Differenzen wurden
immer wieder dilatorisch behandelt, ohne dass die SED-Führung letztlich die sowjetische Führung von ihrer Einschätzung zu überzeugen
vermochte.

Zugleich befürchtete die SED-Führung eine westdeutsch-sowjeti-
sche Annäherung – eine Sorge, die um so berechtigter war, als sich die
siebziger Jahre vor allem im Vergleich zum bis dahin frostigen Stand
Sorge vor einer
westdeutsch-sowje-
tischen Annäherung der Beziehungen zwischen Bonn und Moskau für beide zum „goldenen
Zeitalter" (Hannes Adomeit) entwickelten. Die Sorge der SED-Führung vor Sonderabsprachen hinsichtlich völkerrechtlicher Fragen und
des Status von West-Berlin blieb daher eine Konstante im Dreiecksverhältnis von Bonn, Ost-Berlin und Moskau. Manche der in diesem Zusammenhang gefallenen kritischen Äußerungen Honeckers wurden der
sowjetischen Führung in der Mitte der siebziger Jahre durch ihre Infor-
manten im Politbüro hinterbracht, ohne dass dies allerdings ernsthafte
Konsequenzen gezeitigt hätte. Die UdSSR ließ die DDR gewähren; ein
resoluteres Vorgehen wäre zwar jederzeit möglich gewesen, wurde aber
in Moskau als inopportun eingeschätzt, weil die Querelen keineswegs
den grundsätzlichen Gleichklang in den politischen und ideologischen
Überzeugungen bedrohten und ökonomischer Druck auf den „unbotmäßigen" Vasallen DDR mittelbar die sowjetische Wirtschaft geschwächt hätte.

6. 1976 bis 1985: „Zweiter Kalter Krieg" und Krise des sowjetischen Systems

Seit Mitte der siebziger Jahre agierte die DDR als wichtiger Vermittler für die vor allem von der KPdSU gewünschte gesamteuropäische kommunistische Zusammenarbeit, die durch das Aufkommen des sog. Eurokommunismus einen neuen Akzent erhalten hatte. Eine alternativ-marxistische Denkschule und ein „westlicher" Kurs Richtung Sozialismus hätte zwar den dogmatischen Weg Ost-Berliner Prägung grundsätzlich in Frage gestellt, aber eine taktische Nachgiebigkeit und „Offenheit" erschien der SED-Führung akzeptabel, solange sie propagandistischen Nutzen brachte. Als die SED am 29./30. Juni 1976 als Gastgeber einer Konferenz von 29 europäischen kommunistischen Parteien in Ost-Berlin fungierte, gehörte sie selbstverständlich zu denjenigen, die sich eng an der Moskauer Parteilinie ausrichteten und in ausgesprochener Distanz zu denjenigen westeuropäischen Reformkommunisten standen, die sich für einen ideologischen Pluralismus und gegen das Einparteisystem aussprachen.

Nach der Anerkennungswelle und der Aufnahme in die Vereinten Nationen standen im Rahmen der Standortbestimmung der DDR zwei wichtige Punkte auf der Tagesordnung: die europäische Sicherheitskonferenz KSZE und die Verhandlungen über gegenseitige Truppenverminderungen (Mutual Balanced Force Reduction, MBFR). In beiden Bereichen wollte sich die DDR als souveräner Staat präsentieren und als Gegenpol zur Bundesrepublik profilieren. Allerdings sah sich die SED-Diktatur, vergleichbar mit ähnlichen Vorgängen in der Tschechoslowakei und Ungarn, der vereinzelten Kritik im eigenen Land ausgesetzt. Bei der KSZE-Schlussakte boten vor allem der Prinzipienkatalog und die im sog. Korb III verankerten Menschenrechtsvereinbarungen die politische Grundlage, auf die sich die Opposition im eigenen Lande berufen konnte. Die regelmäßigen KSZE-Folgekonferenzen waren daher für die DDR ein zweischneidiges Schwert. Sie vermittelten auf der einen Seite das Bild eines souveränen Staates, wurden aber auf der anderen Seite von den Regimegegnern medienwirksam als Forum für Protest genutzt. Noch im Januar 1989 sperrte sich Honecker daher gegen bestimmte Passagen der Wiener Schlussakte, die als „Legalisierung konterrevolutionärer Aktivitäten" interpretiert wurden. Im Rückblick wird deutlich, dass die möglichen langfristigen Konsequenzen der KSZE und ihrer Folgevereinbarungen von der durch ihr Legitimationsdefizit charakterisierten SED-Führung zu wenig ernst genommen, ja sogar verdrängt wurden.

Eurokommunismus

KSZE

Demgegenüber gelang es der DDR, eine aktivere Politik in ausgesuchten Ländern der Dritten Welt einzuleiten. Der Schwerpunkt der „antiimperialistischen Solidarität", die seit 1977 durch eine beim Politbüro angesiedelte Kommission koordiniert wurde – und bis 1990 ohne ein Entwicklungshilfeministerium auskam –, lag auf dem afrikanischen Kontinent, wo die DDR eine Sonderrolle innerhalb des sozialistischen Lagers einnahm. Die optimistische Einschätzung ihres ökonomischen Potenzials, verbunden mit einem gesteigerten, sogar übersteigerten Selbstbewusstsein, führten dazu, dass Ost-Berlin sich in Mosambik, Angola und anderen Ländern mit „sozialistischer Orientierung" engagierte, Berater und Experten u.a. für die Ausbildung von Polizei- und Sicherheitskräften entsandte und sich schließlich 1978 am Horn von Afrika sogar als Vermittler in den Grenzkonflikten zwischen Somalia, Äthiopien und Eritrea versuchte.

Die Hoffnung, der Export des Sozialismus in die Länder Afrikas werde einen Beitrag zum Sieg des Weltkommunismus leisten, wurde allerdings durch die Realitäten bald getrübt. Die vielschichtigen Konflikte und Probleme Afrikas ließen sich nicht allein durch kapitalistischen „Neokolonialismus" erklären, wie die DDR glauben machen wollte. Sie selbst praktizierte mit den Staaten der Dritten Welt den „Warentausch", exportierte Investitionsgüter und importierte Rohstoffe. Das entsprach mehr oder weniger dem gleichen handelspolitischen Prinzip, das man dem Westen fortwährend vorwarf. Einen Seitenaspekt der Hilfe für die befreundeten Staaten und nationalen „Befreiungsbewegungen" in der Dritten Welt stellte der Rüstungsexport dar. In ihrem Devisenhunger belieferte die DDR seit 1980/81 beispielsweise die Kriegsgegner Iran und Irak, zu denen sie jeweils gute Beziehungen pflegte. Auch der Reexport tschechischer Rüstungsgüter war eine willkommene Valutaquelle, die in der Regel über den im Ministerium für Außenhandel angesiedelten Bereich Kommerzielle Koordinierung (KoKo) abgewickelt wurde.

Die außenpolitische Schwerpunktverlagerung auf die Dritte Welt hing auch damit zusammen, dass sich in Europa keine Positionsverbesserungen mehr erzielen ließen. Die bereits seit Mitte der siebziger Jahre abgekühlten Ost-West-Beziehungen erstarrten spätestens mit dem Einmarsch der Sowjetunion in Afghanistan im Jahr 1979 vollends. Die optimistische Aufbruchstimmung der sechziger und siebziger Jahre ließ sich nicht wieder herstellen, so dass die Jahre der Entspannung rückblickend fast nur als eine Art Zwischenhoch in der weltpolitischen Schlechtwetterlage des Kalten Krieges erscheinen. Nennenswerte Initiativen der DDR, diesen Stillstand zu überwinden, gab es nicht. Auf

Politik gegenüber der Dritten Welt

Abkühlung der Ost-West-Beziehungen

den meisten Feldern der internationalen Politik stellte sich Ost-Berlin
vielmehr an die Seite Moskaus und erwies sich – deutlicher als in den
deutsch-deutschen Beziehungen – als mustergültiger Eleve.
Die außenpolitische Willfährigkeit trug dazu bei, dass der Westen
seine Reserve gegenüber dem ostdeutschen Staat nicht aufgab, wie
nach den Anerkennungserfolgen eigentlich zu erwarten gewesen wäre.
Die Beziehungen der DDR zu den westlichen Staaten, die auch ökonomisch kaum einen Anlass zu einer Intensivierung etwa der Handelsbe-
ziehungen boten, blieben durch Stagnation geprägt. Dieser Stillstand,
der innenpolitisch mit dem Ende einer vergleichsweise weniger repres-
siven Kulturpolitik einherging und mit der Ausbürgerung des Lieder-
machers Wolf Biermann im November 1976 großes Aufsehen erregte,
wog um so schwerer, als der Zusammenhalt im eigenen Bündnis ein
weiteres Mal ins Wanken geriet.
Als sich 1980 in Polen eine Oppositionsbewegung regte, zeigte
sich erneut die ideologische Härte der SED-Führung. Nachdem sich die   Harte Haltung
Gewerkschaftsbewegung Solidarnosc zu einem eigenständigen Macht-   contra Polen 1980
faktor entwickelt hatte, sah die SED-Führung die Streikbewegung als
Symptom eines „konterrevolutionären Kampfes", der zum Zusammenbruch des polnischen Sozialismus zu führen und in die DDR auszu-
strahlen drohte. Ein Ausscheiden Polens aus dem sozialistischen Lager
hätte die strategische Planung des Warschauer Pakts torpediert und das
Bündnis ruiniert. Die SED-Führung versuchte zunächst, die polnische
Regierung und dann auch die Sowjetunion von der Notwendigkeit
eines militärischen Durchgreifens zu überzeugen. Begleitet wurde dies
von einer öffentlichen Kampagne, die sich nicht scheute, auf traditionelle antipolnische Ressentiments zurückzugreifen, intern ergänzt um
Verweise auf die Erfahrungen der Jahre 1953, 1956 und 1968. Honecker schlug in einem Brief an Breschnew am 26. November 1980 ein
Moskauer Treffen der Staatschefs der Warschauer Pakt-Staaten zur Beratung einer militärischen Operation vor. Das Politbüro ermächtigte ihn
zudem am 2. Dezember 1980, einer militärischen Intervention in Polen
gegebenenfalls zuzustimmen. Es spricht viel dafür, dass Honecker einen Militärschlag gegen den Nachbarstaat selbst dann noch präferierte,
als in einem Gespräch zwischen Breschnew und dem polnischen Partei-
und Regierungschef Kania letzterer eine militärische Intervention hatte
abwenden können und die Warschauer Pakt-Staaten am 5. Dezember
1980 den Verzicht auf ein Eingreifen beschlossen hatten.
Die Furcht vor den möglichen Folgen einer militärischen Lösung
und die Verunsicherung aufgrund des andauernden Afghanistankrieges,
der sich als politisch-militärische Bürde erwies, hielt die Sowjetunion

von einem Eingreifen ab. Die DDR-Führung musste hinnehmen, dass für die UdSSR die wirtschaftliche Kooperation mit dem Westen und Rüstungskontrollabkommen wichtiger waren als die von Ost-Berlin für notwendig gehaltene Disziplinierung eines außer Kontrolle geratenen Satelliten.

Die Sowjetunion zeigte damit erstmals eine Zögerlichkeit, durch einen Truppeneinsatz den Satellitengürtel zu stabilisieren. In Ost-Berlin wurde zumindest in Ansätzen schon zu dieser Zeit die zunehmende Unfähigkeit der Sowjetunion erkannt, den eigenen Rayon wenn nötig

Drängen auf resolutes Eingreifen in Polen

mit Gewalt zu sichern. Denn nachdem am 13. Dezember 1981 in Polen das Kriegsrecht ausgerufen worden war, befürwortete die SED-Führung ein resolutes Durchgreifen der polnischen Regierung, weil sie befürchtete, dass die Sowjetunion aufgrund ihrer inneren Schwäche in ihrer Härte gegenüber Polen schwanken könnte.

Sowjetischer Aufrüstungsschub

Die polnische Krise vollzog sich vor dem Hintergrund eines neuen sowjetischen Aufrüstungsschubes. Seit Mitte der siebziger Jahre hatte die UdSSR in ihrer Hemisphäre mit dem Aufbau von atomaren Mittelstreckenraketensystemen vom Typ SS-20 begonnen, der das bestehende eurostrategische Gleichgewicht gefährdete. Nach zahlreichen vergeblichen westlichen Versuchen, die Stationierung der SS-20 zu stoppen, wurde im Gegenzug im Dezember 1979 nach heftigen Debatten in der westlichen Öffentlichkeit der sog. NATO-Doppelbeschluss

Nato-Doppelbeschluss

verabschiedet. Er sah im Kern vor, amerikanische Pershing-Mittelstreckenraketen zu stationieren, zugleich aber Verhandlungsbereitschaft für den Fall des Abbaus der SS-20 zu signalisieren.

Die DDR-Führung zeigte sich zwar am weiteren Ausbau ihrer Beziehungen zu den westlichen Staaten interessiert, übernahm jedoch in der Frage der sowjetischen Aufrüstung ganz die Position der UdSSR. In der DDR wurde in diesem Zusammenhang weder eine öffentliche Diskussion geführt, wie sie auf westlicher Seite selbstverständlich war, noch gibt es Hinweise auf entsprechende interne Debatten. Die SED-Führung wollte und durfte in dieser Frage keine alternative Politik

Übernahme sowjetischer Vorgaben in der Aufrüstungsfrage

verfolgen. Nach Gesprächen mit Gromyko im Dezember 1979 war Honecker widerspruchslos bereit, die sowjetischen Stationierungsvorgaben zu akzeptieren. Begleitet wurde diese Aufrüstung in den folgenden Jahren durch kontinuierliche Propagandamaßnahmen, deren Adressat nicht zuletzt die europäische „Friedensbewegung" war. Parallel zu den gen Westen gerichteten Friedensschalmeien in der Öffentlichkeit unterstrich Außenminister Oskar Fischer freilich gegenüber dem sowjetischen Botschafter in Ost-Berlin am 9. Februar 1982, die DDR beziehe „in allen internationalen Verhandlungen in der Abrüstungsfrage auch en détail keinen anderen Standpunkt", sondern vertrete die abgestimmten Positionen. Nachdem die Genfer Verhandlungen über die Abrüstung der Mittelstreckenraketen im November 1983 gescheitert waren, blieb es dem sowjetischen KP-Generalsekretär Jurij Andropow überlassen, die Aufstellung weiterer sowjetischer Raketen in der DDR und der Tschechoslowakei zu verkünden.

Zwar war in Ost-Berlin nach dem Amtsantritt des neuen amerikanischen Präsidenten Ronald Reagan im Januar 1981 die Sorge laut geworden, die zunehmende Eiszeit im Verhältnis zwischen Ost und West könne die inzwischen überlebenswichtige westliche Hilfe aufs Spiel setzen. Ein ernsthaftes Nachdenken über die eigene Bedrohungslage oder die Sicherheitsperzeptionen des Westens fand, nach allem, was bis heute bekannt ist, jedoch nicht statt. Die Konzepte einer „gemeinsamen Sicherheit", einer deutsch-deutschen „Verantwortungsgemeinschaft" und einer 1983 von Honecker angeregten „Koalition der Vernunft", die vor dem Hintergrund der Nachrüstungsdebatte und der Blockkonfrontation der Supermächte eine Zeit lang Konjunktur hatte, wurde von der DDR-Führung für ganz eigene Zwecke instrumentalisiert. *„Koalition der Vernunft"?*

Wohl auch deshalb erklärte sich Honecker im November 1983 auf der 7. Tagung des ZK der SED bereit, „den Schaden möglichst zu begrenzen". Er versicherte, dass die Stationierung sowjetischer Raketen in der DDR „keinen Jubel auslösen werde". Obwohl Honecker drei Jahre später, im November 1986, ausführte, es werde bei einer Einigung auch in der Frage taktischer Raketen möglich sein, „dieses Teufelszeug vom Boden der DDR zu entfernen", wirkten die Bemühungen unglaubwürdig, sich durch eine intensive Imagekampagne als „Friedensstaat" im Sinne der „friedlichen Koexistenz" zu profilieren. Die ostdeutsche Diktatur propagierte zwar den Friedenserhalt in Europa, beharrte aber öffentlich und intern auf der Interessenidentität mit Moskau, setzte die Militarisierung der eigenen Gesellschaft fort und war nicht bereit, selbstverständliche innere Freiheiten, geschweige denn Freizügigkeit zu gewähren. *Friedenskampagnen*

Während die öffentlichkeitswirksam zur Schau gestellte Friedensbereitschaft den Stellenwert der DDR unterstreichen sollte, bot die zu dieser Zeit offenkundige Diskontinuität in der sowjetischen Führung der DDR kaum die Gelegenheit, eigene außenpolitische Akzente zu setzen. Nach dem Tod des seit einiger Zeit kaum noch handlungsfähigen Breschnew im November 1982 begann vielmehr eine Übergangzeit unter den KP-Generalsekretären Andropow und Konstantin Tschernenko, in der keine grundlegenden Neubestimmungen der Außenpolitik der DDR vorgenommen wurden. *Diskontinuität in der sowjetischen Führung*

Charakteristischer „Zick-Zack-Kurs" in der Deutschlandpolitik

Die „Deutschlandpolitik als Außenpolitik" (Dietrich Staritz) blieb daher durch den bereits bekannten ständigen Wechsel von Annäherung und Abgrenzung gekennzeichnet, was zu einem geradezu charakteristischen „Zick-Zack-Kurs" führte. Die unbefriedigende Wirtschaftslage, verbunden mit weiter zunehmender ökonomischer Abhängigkeit von der Bundesrepublik, machten ein Eingehen der SED-Führung auf westdeutsche Wünsche immer wieder notwendig. Ungünstige Lieferkonditionen im Warenaustausch mit der UdSSR, die internationale Rohstoffkrise und der Versuch, die Erwartungshaltung der eigenen Bevölkerung aufgrund von Planversprechungen zu erfüllen, hatten die ostdeutsche Diktatur bereits 1977 einmal an den Rand der Zahlungsfähigkeit geführt. Auch in den folgenden Jahren blieb die wirtschaftliche Lage prekär, weil die Kürzung der sowjetischen Erdöllieferungen im Jahr 1981/82 und ein damit einhergehender westlicher Kreditstopp die Zahlungsbilanzprobleme verschärften und der technologische Fortschritt stagnierte. Politbüro-Mitglied Werner Krolikowski musste im März 1983 erneut feststellen, dass die „Zahlungsfähigkeit der DDR in Gefahr" sei.

Interne Kritik an Honeckers Deutschlandpolitik

Die aus ökonomischen Motiven nahe liegende weitere Annäherung an die Bundesrepublik war jedoch aus den genannten Gründen mit Nachteilen behaftet: Bonn erfüllte zwar finanzielle Forderungen der DDR im Austausch gegen „Häftlingsfreikauf" sowie Erleichterungen im Reise- und Besuchsverkehr, aber die wachsende Abhängigkeit von der Bundesrepublik wurde in Moskau immer schärfer kritisiert, was auch in Ost-Berlin bei manchen Hardlinern auf Resonanz stieß. Einige Kritiker Honeckers um Mielke, Krolikowski, Hoffmann und Stoph bemängelten, dessen Deutschlandpolitik richte sich gegen die Interessen des östlichen Bündnisses. Honecker wurde im August 1980 von Breschnew ein weiteres Mal mit der Forderung nach Abgrenzung konfrontiert, als er eine Einladung an Bundeskanzler Helmut Schmidt durchsetzen wollte. Ein möglicher Disput wurde diesmal durch die polnische Krise verhindert, die Honecker die Prioritäten des östlichen Bündnisses verfolgen ließ. Er schwenkte ohne äußeren Druck und unabhängig von der von Moskau eingeforderten Blockdisziplin wieder auf einen Konfrontationskurs ein, mit neuen Abgrenzungsoffensiven gegenüber der Bundesrepublik, weil für die DDR im Zweifelsfall Herrschaftssicherung immer vor Entspannung stand.

Die Verunsicherung der SED-Führung angesichts der Erschütterungen im Ostblock zeigte sich darin, dass Honecker nach wie vor ein Übergreifen der polnischen Krise auf die DDR befürchtete und zeitweilig sogar einen härteren Kurs gegenüber Bonn verfolgte, als dies von Moskau verlangt wurde. Seine in der sog. Geraer Rede vom 13. Oktober 1980 erhobenen Forderungen – u.a. nach Anerkennung der DDR-Staatsbürgerschaft und der Erhebung der Ständigen Vertretungen zu Botschaften – waren beredter Ausdruck der Abgrenzung.

Für die SED-Führung, die zur Verfolgung ihrer Vorstellung einer „Sicherheitspartnerschaft" am besten mit den westdeutschen Sozialdemokraten glaubte kooperieren zu können, erwies sich der Regierungswechsel in Bonn im Oktober 1982 als wenig gravierend, weil die christlich-liberale Koalition am deutsch-deutschen Dialog grundsätzlich festhielt. Mittels verschiedener Sonderkanäle entstanden schließlich sogar Verbindungen, die über den bayerischen Ministerpräsidenten Franz-Josef Strauß und den Leiter des Bereichs Kommerzielle Koordinierung im Ministerium für Außenhandel, Alexander Schalck-Golodkowski, in den Jahren 1983 und 1984 zu einer allerdings nur kurzfristigen wirtschaftlichen Entlastung führten. Der Not leidenden DDR wurden zwei Kredite in Höhe von jeweils einer Milliarde DM gewährt, für die im Gegenzug der Abbau der automatischen Selbstschussanlagen an der deutsch-deutschen Grenze, Ausreiseerleichterungen und Verbesserungen beim „Häftlingsfreikauf" erreicht wurden.

Honecker blieb auch in der Amtszeit von Bundeskanzler Helmut Kohl an einem Staatsbesuch in der Bundesrepublik interessiert. Die wirtschaftlich opportune und mit Blick auf den möglichen Prestigegewinn sinnvolle Reise musste jedoch im April 1983 aufgrund des Einspruchs von Andropow abgesagt werden. Dessen fortgesetzte Versuche, die Beziehungen der DDR zur Bundesrepublik zu kontrollieren, zeigten ein weiteres Mal die Sensibilität des Kreml für potenzielle außenpolitische Eskapaden und wirtschaftlich schädliche Abhängigkeiten. Die SED-Führung konnte darauf nur mit ohnmächtigen Gesten reagieren; die auf Betreiben Honeckers erfolgte Abberufung des in Ost-Berlin akkreditierten sowjetischen Botschafters Pjotr Abrassimow war wahrscheinlich ein solches Zeichen.

Die Meinungsverschiedenheiten blieben nach dem Tod Andropows im Februar 1984 unter dessen Nachfolger Tschernenko unverändert bestehen. Stärker noch als sein Vorgänger betrachtete dieser die Politik der DDR gegenüber der Bundesrepublik als einen Affront, zumal die bisherigen Warnungen vor der Abhängigkeit von Westdeutschland wenig gefruchtet hatten. Bei einem Moskauer Geheimtreffen am 17. August 1984 drohte Tschernenko seinem Gesprächspartner Honecker sogar ernste Folgen an, falls es zu einer erneuten Besuchsanfrage in Bonn und einer Intensivierung der Beziehungen kommen sollte. In seinen Forderungen ging der sowjetische Parteichef in Anwesenheit seines Verteidigungsministers Ustinow so weit, persönliche Konsequenzen anzudro-

Deutsch-deutscher Dialog in der Amtszeit Kohls

Fortdauernde Meinungsverschiedenheiten mit der UdSSR

hen, um die „Freundschaft und Zusammenarbeit zwischen der Sowjetunion und der DDR" als Priorität festzulegen: „Das war und bleibt die Kernfrage. Dies bezieht sich auch, Genosse Honecker, auf Sie persönlich." Wenige Tage später, am 28. August 1984, musste ein weiteres Mal der geplante Besuch unter einem Vorwand abgesagt werden. Honecker konnte eine Konfrontation mit der Sowjetunion nicht wagen.

Auch nach dem Tod Tschernenkos blieben die Beziehungen zur Sowjetunion durch tief greifende Meinungsverschiedenheiten über Vorteile und Risiken einer deutsch-deutschen Kooperation gekennzeichnet, wie nicht zuletzt der nicht enden wollende Streit um einen – jetzt für 1986 avisierten – Besuch Honeckers in der Bundesrepublik bewies. In Ost-Berlin führte die Verärgerung über den sowjetischen Argwohn zu der Tendenz, sich gegenüber Ratschlägen und Ermahnungen aus Moskau taub zu stellen. Honecker interpretierte die deutsch-deutschen Wirtschaftsbeziehungen in ambitiöser Selbstüberschätzung als einen Handel unter Gleichen.

Streit um Honeckers geplanten Besuch in der Bundesrepublik

Von nachgeordneter Bedeutung blieb demgegenüber, dass Honecker ohne Rücksprache mit Moskau seit Beginn der achtziger Jahre eine Verbesserung der Beziehungen zur Volksrepublik China eingeleitet hatte. Im weltpolitischen Zusammenhang war dies durchaus sinnvoll, weil der Dauerkonflikt zwischen China und der UdSSR erhebliche geopolitische Nachteile für den Warschauer Pakt mit sich brachte. Beständig plädierte Ost-Berlin daher für eine Koordinierung der bündnispolitischen Schritte gegenüber Peking, wohl auch in der Hoffnung, eine Schlüsselrolle als Vermittler übernehmen zu können. Die Gefahr einer weiteren Abwendung Chinas, so betonte Honecker im Oktober 1985, müsse vermieden werden.

Verbesserung der Beziehungen zu China

Solche Überlegungen verloren jedoch an Bedeutung, als nach dem Amtsantritt des neuen KP-Generalsekretärs Michail Gorbatschow in der DDR-Führung der Eindruck wuchs, der dortige Reformkurs gefährde das gesamte sozialistische System und ein analoges Vorgehen im eigenen Land sei existenzbedrohend. Diese Problematik bestimmte in außenpolitischer Hinsicht die letzten Jahre der DDR.

7. 1985 bis 1990: Stagnation und außenpolitische Ausweglosigkeit

Schon unter Breschnew hatte die Sowjetunion an Dynamik verloren und war in eine Art von selbsterhaltendem Stillstand geraten. Das Debakel in Afghanistan, die bereits seit den sechziger Jahren unverändert bestehende Entzweiung mit China, die illusorische Verteidigungsdoktrin, nach der die UdSSR so stark wie jede potenzielle Koalition gegnerischer Staaten zu sein hatte, und nicht zuletzt der kostspielige Rüstungswettlauf, angeheizt durch die Aufstellung der SS-20, forderten ihren Tribut. Durch wachsende ökonomische Schwierigkeiten und den Druck des Westens geriet das östliche Bündnis Mitte der achtziger Jahre auch in eine ideologische Krise von bis dahin nicht gekanntem Ausmaß. Während das östliche Lager kaum noch von der Gewaltandrohung der Breschnew-Doktrin zusammengehalten wurde, sollte die umfassend herausgeforderte Sowjetunion reformiert werden, was außenpolitische Ruhe voraussetzte. Gorbatschow leitete daher auf dem XXVII. Parteitag der KPdSU im Februar 1986 eine umfassende Neubewertung der Außenpolitik ein und verzichtete dabei auf wichtige Elemente der marxistisch-leninistischen Ideologie. Zugleich deutete er an, in der Politik Bulgariens, der Tschechoslowakei und der DDR könne es durchaus „Nuancen" geben. Im Juli 1989 führte er schließlich sogar aus, die Wahl der sozialen und politischen Zustände sei „eine Angelegenheit der Völker selbst".

Gorbatschows Neubewertung der sowjetischen Außenpolitik

Die DDR-Führung konnte und wollte zunächst nicht erkennen, dass das „neue Denken" in der Sowjetunion, das mit den Begriffen „Glasnost" und „Perestroika" umschrieben wurde, sich notgedrungen auf das gesamte östliche Bündnis auswirken musste. Als Gorbatschow in seiner Begrüßungsrede auf dem XI. Parteitag der SED im April 1986 Selbstkritik als unerläßliche Bedingung für Erfolg anführte, wurden solch ominöse Signale von der Ost-Berliner Führung überhört. Den Hinweis, die UdSSR benötige die Solidarität der DDR, nahm Honecker jedoch zum Anlass, Gorbatschow darauf hinzuweisen, dass die frühere Formel, wonach von der Sowjetunion zu lernen siegen zu lernen heiße, offenbar nicht mehr gelte. Die Paradoxie, dass Gorbatschow der DDR innen- und außenpolitische Freiräume gewähren wollte, welche die SED kategorisch ablehnen musste, wenn sie ihre Existenz nicht aufs Spiel setzen wollte, blieb bis zum Ende des „zweiten deutschen Staates" ein Grundproblem.

Grundproblem der DDR in der Amtszeit Gorbatschows

Die DDR-Führung nahm – durchaus berechtigt – noch eine Weile an, dass Gorbatschow das sozialistische System nicht liquidieren, sondern lediglich modernisieren wolle. Außenpolitisch sah sich Ost-Berlin daher 1985/86 noch im Gleichklang mit der Sowjetunion und bewegte sich sowohl bei den Abrüstungsverhandlungen als auch bei diversen Friedensinitiativen auf der Linie der UdSSR. Gorbatschow seinerseits erklärte, dass es „keine Vorbehalte oder Zweideutigkeiten" gebe, „denn die DDR sei doch ein Kind der SED und der KPdSU". Eher wurden die

Veränderungen im Atmosphärischen registriert, weil sich die alternde SED-Riege mit einem jüngeren und dynamischen sowjetischen Generalsekretär konfrontiert sah, dessen Strategie aufgrund der neuen Methoden nur schwer einzuschätzen war.

Faktische Aufgabe der Breschnew-Doktrin

Auf dem RGW-Treffen im November 1986 wurde die Breschnew-Doktrin de facto aufgegeben. Ost-Berlin musste hinnehmen, dass Gorbatschows Vorschläge für ein „Gemeinsames Europäisches Haus", ein sehr im Vagen bleibendes Ordnungs- und Bündnissystem, das wohl eher eine bloße Metapher für allgemeine Friedensbereitschaft war, mit einer Annäherung der Sowjetunion an die Bundesrepublik im letzten Drittel der achtziger Jahre einher ging. Seit Anfang 1988 mehrten sich sodann, ohne dass dies in Ost-Berlin in letzter Konsequenz erkannt wurde, die Anzeichen, dass Moskau die einstigen „Juwelen" Polen und DDR politisch wie wirtschaftlich inzwischen als Belastung empfand.

Systemgefährdende „Bewegungsfreiheit"

Trotzdem trat die DDR-Führung außenpolitisch zunächst mit dem Mut der Verzweiflung ausgesprochen selbstbewusst auf. Die vermeintliche innen- und außenpolitische Stabilität des eigenen Staates führte dazu, die von Gorbatschow eingeforderte Erneuerung des Sozialismus abzulehnen. Sanktionen der UdSSR in den Streitfragen – die Beziehungen der DDR zur Bundesrepublik und die durch Ost-Berlin vorangetriebene Annäherung an China – blieben aus, weil dies der neuen Flexibilität widersprochen hätte. Honecker nutzte die seit 1986 bestehende größere Bewegungsfreiheit zwar aus, hielt sie aber dennoch für grundsätzlich systemdestabilisierend. Im nachhinein muss man ihm zubilligen, stärker als die sowjetische Führung erkannt zu haben, dass die Perpetuierung des Blockgegensatzes eine essenzielle Existenzbedingung der aus dem Kalten Krieg geborenen DDR war, während die von Gorbatschow anvisierte gesamteuropäische Vision die politisch-ideologische Basis der DDR und damit ihren Bestand in Frage stellte. Für die DDR hätte demgegenüber ein Mittelkurs im Rahmen einer konventionellen „Entspannungspolitik", wie sie in den siebziger Jahren auf einem moderaten Konfrontationsniveau betrieben worden war, die bestmögliche außenpolitische Alternative geboten. Die atmosphärischen Störungen, die durch eine wachsende Aversion Honeckers gegen Gorbatschow noch akzentuiert wurden und sich in einer zunehmenden politischen Sprachlosigkeit zeigten, kennzeichneten von nun an das bilaterale Verhältnis. Die DDR verwies auf ihren wirtschaftlich-politischen Vorsprung gegenüber der UdSSR, ohne dabei die machtpolitische Abhängigkeit von der Sowjetunion genügend in Rechnung zu stellen.

Zur gleichen Zeit wurde das Scheitern der Ost-Berliner Politik offenkundig, die Vorgänge in der Dritten Welt vornehmlich unter dem

Blickwinkel einer „Systemauseinandersetzung" zu betrachten. Im April 1986 mussten sich Gorbatschow und Honecker eingestehen, dass große Anstrengungen zu unternehmen waren, sollten die als strategisch notwendig erachteten Positionen in Angola, Mosambik und Äthiopien aufrechterhalten werden. Allerdings war man sich zugleich einig, „keine neuen zusätzlichen Verpflichtungen" in anderen Ländern zu übernehmen. Obwohl die DDR ihre Afrikapolitik fortzusetzen wünschte, zogen wirtschaftliche Notwendigkeiten einer expansiven Strategie Grenzen. Ost-Berlin versuchte sich daher – allerdings wenig erfolgreich – in einer Annäherung an Schwellenländer wie beispielsweise Thailand, Südkorea oder Indonesien und widmete sich weniger den kollabierenden sozialistischen Experimenten in der Dritten Welt. Entsprechend kritisch fiel eine Bestandsaufnahme des Außenministeriums aus, die Ende 1988/Anfang 1989 zu dem Ergebnis kam, dass es in Afrika weder objektiv noch subjektiv „Voraussetzungen für die Schaffung der Grundlagen des Sozialismus" gebe. Allerdings wurden solche Einschätzungen nicht mehr auf Politbüro-Ebene verhandelt. Hier galt bis zum Zusammenbruch die Devise des „anti-imperialistischen Kampfes".

> Gescheiterte Afrikapolitik

Von weit größerer Bedeutung blieb dagegen die deutsche Frage. Als sowjetische Schriftsteller in Westdeutschland im Herbst 1986 die Möglichkeit einer Wiedervereinigung andeuteten, bezeichnete Honecker dies Gorbatschow gegenüber als „konterrevolutionär" und legte Wert darauf, „an einer Front und nicht an zwei Fronten kämpfen zu müssen". Im folgenden Jahr bezeichnete er die Existenz zweier deutscher Staaten als ein „unverzichtbares Element für das Kräftegleichgewicht in Europa" und für das internationale Sicherheitssystem. Vor diesem Hintergrund sollte die Durchführung des immer wieder gescheiterten Bonn-Besuches Honeckers nach einer Einschätzung des Politbüros vom 3. August 1987 „die geschichtlich stärkste Aktion zur Durchsetzung der Souveränität der DDR" werden. Der „offizielle Arbeitsbesuch" in der Bundesrepublik vom 7. bis 11. September 1987 wurde in Ost-Berlin zwar als bedeutender Schritt auf dem Weg zur endgültigen völkerrechtlichen Gleichberechtigung gewertet, seine Wirkung wurde aber – jenseits der trotz allem sichtbaren Anerkennungsvorbehalte Bonns – dadurch erheblich gemindert, dass erstens in der Folge dieses Besuches der deutsch-deutsche Reiseverkehr erheblich zunahm, was zu großer Besorgnis im Politbüro Anlass gab, und zweitens die ideologische Auflösung des östlichen Bündnisses kontinuierlich fortschritt.

> Honeckers „offizieller Arbeitsbesuch" in Bonn (7.–11.9.1987)

Immer klarer zeichnete sich ab, dass Gorbatschow seine politischen Visionen nicht einmal ansatzweise in die Tat umsetzen konnte und diese den sowjetischen Machtverfall nur noch beschleunigten. Die

Gefahren einer De-
mokratisierung

DDR betonte zwar nach außen fortwährend die Übereinstimmung in der Außen- und Sicherheitspolitik, ohne jedoch die neuen Begrifflichkeiten und das damit verbundene Reformwerk zu übernehmen. Der wachsenden inneren Unruhe sollte durch demonstrative Betonung der Unabhängigkeit von Moskau begegnet werden, während der Verweis auf die wirtschaftlich-technologische Überlegenheit einen Reformkurs wie in der Sowjetunion unnötig erscheinen lassen sollte. Der sozialistische Musterknabe stand damit freilich vor einem Dilemma: Je mehr die SED-Führung auf die eigene Autonomie verwies, desto weniger ließen sich die Forderungen nach Demokratie zurückweisen; je mehr Diskussion sie zuließ, desto gefährdeter war das Regime, das seine sozialistische Identität nicht aufgeben durfte, weil es, anders als im Falle der anderen sozialistischen Staaten des Ostblocks, mit Westdeutschland eine zugleich nationale wie marktwirtschaftlich-demokratische Alternative gab.

Offen griff Honecker die sowjetische Politik allerdings erst an, als die UdSSR sich zu einseitigen Rüstungsreduzierungen gezwungen sah

Distanzierung von
Gorbatschow

und sich die Existenzfrage für die DDR damit am Horizont abzeichnete. Am 29. Dezember 1988 gab Honecker die Losung vom „Sozialismus in den Farben der DDR" aus und distanzierte sich damit stärker als jemals zuvor von Gorbatschow und der risikobehafteten Möglichkeit, die den Trabanten gewährten neuen Freiheiten zu nutzen.

Im Gegensatz zur Zeit des Mauerbaus konnte die DDR jetzt nicht mehr auf die Blocksolidarität bauen. Reformkommunisten in Budapest beherzigten bereits seit 1988 die Chancen für radikale politische Veränderungen; in Polen verhandelte das Regime mit der im April 1989 legalisierten Gewerkschaft Solidarnosc. Die bereits angeschlagene DDR wurde durch diese Umgestaltungen auch im Inneren erschüttert. Erste Zeichen der Resignation wurden erkennbar, als Honecker am 9. Juni 1989 gegenüber dem sowjetischen Außenminister Schewardnadse darauf aufmerksam machte, dass Polen für den Sozialismus nicht verloren gehen dürfe, während in Ungarn der Auflösungsprozess wohl schon nicht mehr aufzuhalten sei.

Die DDR stand damit trotz aller außenpolitischen Erfolge, die man in den achtziger Jahren noch glaubte errungen zu haben, vor ihrem Untergang. Die Frage nach einer alternativen Politik stellte sich nicht, weil es keine wirkliche außenpolitische Strategie mehr gab. Ihre notgedrungen auf Immobilität festgelegte Außenpolitik hatte den ostdeutschen

Isolierung im
eigenen Bündnis

Teilstaat seinen eigenen Bündnispartnern, allen voran der UdSSR, entfremdet. Weil die DDR an der ideologischen Suprematie und an der Fiktion festhalten musste, das „bessere Deutschland" zu repräsentieren, geriet sie auch im eigenen Bündnis in die Isolation. Auf Reformdruck durfte die DDR, wie der in dieser Hinsicht als Realpolitiker zu charakterisierende Honecker erkannte, nicht schöpferisch reagieren, wenn sie als eigenständiger Staat überleben wollte. Die DDR blieb daher folgerichtig auf ihrem Kurs und billigte im Juni 1989 ostentativ das Vorgehen Chinas bei der Unterdrückung der Demokratiebewegung als die „Niederschlagung einer Konterrevolution". Während der Bukarester Tagung des Politischen Beratenden Ausschusses der Warschauer Pakt-Staaten im Juli 1989, auf der die DDR mit Rumänien und der Tschechoslowakei nur zweitrangige Bundesgenossen fand, war die DDR-Delegation im wahrsten Sinne des Wortes „sprachlos" und lieferte keinen Redebeitrag. Während die ostdeutsche Regierung im Sommer 1989, mitbedingt durch eine Erkrankung Honeckers, politisch gelähmt war und keine Anstrengungen unternahm, um der Erodierung ihrer Macht entgegenzuarbeiten, ergaben sich neue Fluchtmöglichkeiten aus der DDR.

In Ungarn, das bereits im Mai mit dem Abbau seiner Grenzsperren zu Österreich begonnen hatte, besetzten Ausreisewillige die Botschaft der Bundesrepublik in Budapest, die im August zeitweilig geschlossen werden musste. Der Unmut der SED-Führung zeigte sich nicht zuletzt in verbalen Attacken von Außenminister Fischer gegen den ungarischen Außenminister Horn, der sich den Vorwurf des Verrats und der Erpressung gefallen lassen musste. Honecker intervenierte am 9. September persönlich, aber erfolglos. Als die ungarischen Behörden am 10./11. September 1989 ohne Absprache mit der DDR-Führung alle Fluchtwilligen, die sich in ihrem Land aufhielten, ausreisen ließen, kam es zu einem Massenexodus, der Erinnerungen an die Zeit vor dem Mauerbau weckte. Auf diesem Weg gelangten bis Ende September 1989 über 25000 „DDR-Bürger" in die Bundesrepublik. Auf der Beratung der ZK-Sekretäre für internationale Beziehungen in Warna vom 26. bis 28. September führte dies zu heftigen Wortgefechten zwischen der ostdeutschen und der ungarischen Delegation. Warnungen des Ministeriums für Staatssicherheit (MfS) angesichts der auch über Prag und Warschau nicht abreißenden Fluchtwelle blieben ohne Reaktion.

Als Gorbatschow anläßlich der Feierlichkeiten zum vierzigjährigen Bestehen der DDR am 7. Oktober nach Ost-Berlin reiste, um Honecker zu einem reformorientierten Kurs zu drängen, betonte er zwar, für die Sowjetunion seien die DDR, die SED und deren Führung „vorrangige, wichtige Verbündete". In seiner Festrede berief er sich dann

Massenflucht in die Bundesrepublik

freilich nur noch auf geopolitische Argumente, um die Mauer zu recht-
fertigen. In der atmosphärisch eisigen Stimmung, die von gegenseitigen Vorwürfen begleitet war, ermahnte Gorbatschow die SED-Führung: „Wenn wir zurückbleiben, bestraft uns das Leben sofort."

Die anhaltende Flucht tausender Ostdeutscher Anfang Oktober
1989 und die Montagsdemonstrationen mit ihren stetig wachsenden
Teilnehmerzahlen erforderten inzwischen Notfallmaßnahmen gegen
den Verfall der staatlichen Autorität, deren Reichweite allerdings begrenzt war, weil mangels entsprechender sowjetischer Hilfesignale die
Gewaltoption ausschied. Vor einer Routinesitzung des Politbüros wurden von führenden Mitgliedern der SED Schritte zur Absetzung Honeckers besprochen, die schließlich am 18. Oktober beschlossen wurde,
ohne das schlingernde Staatsschiff dadurch stabilisieren zu können.
Neuer Generalsekretär wurde das als reformerischer Hoffnungsträger
angesehene langjährige Politbüromitglied Egon Krenz. Schon eine Wo-
che vor dem Sturz Honeckers hatte er gemeinsam mit Günter Schabowski eine Erklärung erarbeitet, die eine „DDR mit menschlichem
Antlitz" versprach. Honecker hatte für einen solchen Fall durchaus
hellsichtig noch am 11. Oktober vor dem Politbüro zu bedenken gegeben, „dass ein radikaler Wandel größere Probleme mit sich bringen
würde als die Verteidigung des Status quo".

Krenz, der Ende Oktober mit Bundeskanzler Kohl telefonisch
über die Fortsetzung der Zusammenarbeit beider deutscher Staaten
konferierte, reiste am 31. Oktober nach Moskau. Hier konnte er nur mit
einer düsteren Situationsbeschreibung, nicht jedoch mit einem schlüs-
sigen Konzept aufwarten. Zugleich gewann er den Eindruck, dass in
den Grundfragen der Entwicklung des Sozialismus zwischen der Sowjetunion und der DDR „kein Schulterschluss" mehr vorhanden sei. Der
bei dieser Gelegenheit abgesprochene innenpolitische Maßnahmenka-
talog griff zu kurz, weil zu diesem Zeitpunkt wohl nur noch radikale
Reformen die DDR vorübergehend hätten stabilisieren können. Außenpolitisch war das Dilemma nicht geringer: Ein Kurs analog zum polnischen und ungarischen Weg hätte eine grundlegende Abkehr von der
bisherigen Abschottungspolitik einleiten müssen und gerade dadurch
bedrohliche Konsequenzen gezeigt. Das Thema Wiedervereinigung
stand zwar nicht auf der Tagesordnung, aber der SED glitten die Dinge
weiter aus der Hand. Als Krenz mit seiner Delegation aus Moskau ab-
reiste, wurde er selbst von den Mitarbeitern des sowjetischen Außenministeriums nicht mehr als Machtfaktor ernst genommen.

Politische Verständigungsprobleme und technische Kommunika-
tionsdefizite als Symptome einer schweren Regimekrise führten am

Sturz Honeckers –
Egon Krenz neuer
Generalsekretär

Kein „Schulter-
schluss" mit der
UdSSR

9. November 1989 zur Öffnung der Mauer. Was sich im folgenden Jahr abspielte, stellt sich rückblickend als Konsequenz dieser Zäsur dar: Es hatte zwar für das internationale Mächtesystem große Bedeutung, nicht jedoch für die Außenpolitik eines delegitimierten und durch den ehemaligen Protektor nicht mehr länger geschützten Staates, der seine Lebensberechtigung verloren hatte. Fall der Mauer (9.11.1989)

Schon auf der Tagung des ZK der SED am 8. November war das gesamte Politbüro zurückgetreten, während Krenz in seinem Amt bestätigt worden war. Als Hans Modrow am 13. November zum neuen Regierungschef gewählt wurde, schienen sich der DDR insofern noch einmal Chancen zu eröffnen, als auch dieser als „Reformer" auf der Linie Gorbatschows galt. Seine Regierungserklärung vom 17. November verwies auf schon begonnene Neuerungen und erteilte der Wiedervereinigungsdiskussion eine klare Absage. Modrow sah die Zukunft der DDR vielmehr in einer „kooperativen Koexistenz" mit der Bundesrepublik in Bereichen, die von Abrüstung und Friedenssicherung bis zu Kultur und Tourismus reichten. Die „Vertragsgemeinschaft" sollte unter Beibehaltung der bestehenden Abkommen geführt werden. Beide deutschen Staaten sollten als Stützen des „gemeinsamen europäischen Hauses" gleichberechtigt weiterbestehen. Möglicherweise wollte Modrow mit dem Konföderationsvorschlag Forderungen der DDR-Opposition aufnehmen, um auf diesem Weg den Wiedervereinigungstendenzen entgegenzuwirken. Modrow neuer Regierungschef Modrows Konföderationsvorschlag

Nach Bekanntgabe des Zehn-Punkte-Programms von Bundeskanzler Kohl am 28. November, das unter anderem ein Ende des Machtmonopols der SED forderte, dem Rücktritt des bisherigen Politbüros am 3. Dezember und der Demission von Egon Krenz am 6. Dezember versuchte Modrow sein Konzept in die Tat umzusetzen. Auf dem Treffen der Führer der Staaten des Warschauer Paktes, das im Anschluss an das Malta-Gipfeltreffen zwischen dem amerikanischen Präsidenten George Bush und Gorbatschow vom 2./3. Dezember stattfand, sah er sich in seinem Kurs bestätigt. Gorbatschow bedeutete ihm, der Erhalt der DDR sei notwendig und die „Vertragsgemeinschaft" nur akzeptabel, wenn sie nicht zur deutschen Einheit führe. Modrow gelang es jedoch nicht, diese Vorstellungen durch eine adäquate Strategie präsentabel und plausibel zu machen. Er wiederholte gegenüber den Gesprächspartnern in Ost und West lediglich seine in der Regierungserklärung formulierten Ideen und stellte sie in kaum modifizierter Form am 1. Februar 1990 der Öffentlichkeit vor. Ohne einen Zeitplan vorzulegen, sprach er von der geplanten „Vertragsgemeinschaft" mit gemeinsamen Organen und Institutionen, der Übertragung von Souveränitätsrechten beider deutscher Staaten an eine zu schaffende „Deutsche Föderation" oder einen „Deutschen Bund" sowie der Schaffung einer einheitlichen Verfassung und eines gemeinsamen Parlaments. Dies setzte nach Modrows Ansicht die Wahrung der Interessen der Vier Mächte, die Erfüllung aller bestehenden Verträge und die militärische Neutralität voraus.

Die wenig präzisen Pläne wirkten schon deshalb unrealistisch, weil sie erneut das traditionelle Misstrauen der westlichen Mächte vor einem politisch ungebundenen, in der Mitte Europas herumtaumelnden Deutschland hervorrufen mussten. Die Rechte der Siegermächte des Zweiten Weltkrieges wären zudem durch die Schaffung eines gemeinsamen Parlaments und einheitlicher Verfassungsorgane in Frage gestellt geworden. Modrows Vorstoß war daher weniger ein realistisches Konzept als ein außenpolitischer Schachzug, der vor allem der bedrängten DDR Zeit verschaffen sollte.

Die dramatische Schwäche der DDR, deren politische Autorität von Tag zu Tag schwand und deren Wirtschaft zusammenzubrechen drohte einerseits, Gorbatschows ambivalente Beurteilungen der deutschen Frage andererseits trugen dazu bei, dass die außenpolitische Initiative Zug um Zug von Ost-Berlin an Bonn überging. Letzte Versuche des neuen SED-Vorsitzenden Gregor Gysi, im Dialog mit den Sowjets die Selbstständigkeit der DDR zu bewahren und den ostdeutschen Staat als Garanten des zukünftigen europäischen Friedens zu erhalten, verliefen im Sande, weil Gorbatschow im Februar 1990 im Gespräch mit Kohl der deutschen Einheit grundsätzlich zustimmte, ohne freilich die Zugehörigkeit Gesamtdeutschlands zur NATO zu konzedieren.

Modrow musste in einem Gespräch mit dem amerikanischen Außenminister James Baker schließlich sogar zugeben, dass die Bevölkerung der DDR die Einheit – und damit das Ende der DDR – als den kürzest möglichen Weg betrachte, um zu vergleichbaren Lebensbedingungen wie in Westdeutschland zu kommen. Wie gering der Einfluss der DDR inzwischen war, zeigte sich auch darin, dass es ihr nicht einmal mehr gelang, die vor allem in Frankreich, Großbritannien und Polen, aber auch in anderen europäischen Staaten nicht geringen Vorbehalte gegen eine Wiedervereinigung für das Überleben des eigenen Staates wirksam zu instrumentalisieren. Ob die konsequente Ausnutzung der Bedenken in den westlichen Staaten und der erheblichen Widerstände in der Sowjetunion – die allerdings durch ihre massiven wirtschaftlichen Probleme in ihrer Handlungsfähigkeit eingeschränkt blieb – erfolgreich gewesen wäre, muss dahingestellt bleiben. Möglicherweise wäre das Ende der DDR herausgezögert worden; ob es den „zweiten

Modrows mangelnder Realismus

Gorbatschows grundsätzliche Zustimmung zur deutschen Einheit

deutschen Staat" hätte retten können, erscheint angesichts der Eigendynamik des Einigungsprozesses weitaus weniger wahrscheinlich.

Bei den einem Plebiszit für die Einheit gleichkommenden freien
Wahlen zur DDR-Volkskammer gab die Mehrheit der Ostdeutschen am
18. März 1990 denjenigen Parteien die Stimme, die die Vereinigung
Deutschlands auf der Grundlage des Artikels 23 des Grundgesetzes be-
fürworteten. Die demokratisch gewählte Regierung unter Ministerpräsident Lothar de Maizière (CDU) wurde sodann zu einer Art Ausfüh-
rungsorgan der Liquidierung der DDR. Volkskammerwah-
len (18.3.1990)

Schon Anfang Februar 1990 war eine weitgehende Verständigung
zwischen der Bundesrepublik, der Sowjetunion und den USA über Verhandlungen zur Wiedervereinigung erreicht worden. Die Voraussetzungen für die Zwei-Plus-Vier-Gespräche waren am 13. Februar von den
sechs Außenministern in Ottawa bekannt gegeben worden. Bei den entscheidenden, zwischen Washington, Bonn und Moskau stattfindenden
Gesprächen spielte die DDR von Beginn an nur eine untergeordnete
Rolle. Schon der Verhandlungsbeginn am 14. März – vier Tage vor der
Volkskammerwahl – hatte deutlich gemacht, dass es für vergleichsweise unwichtig angesehen wurde, ob hier noch die alte SED-Riege
oder demokratisch legitimierte Diplomaten am Verhandlungstisch sit-
zen würden. Zwei-Plus-Vier-
Gespräche

Der neue sozialdemokratische Außenminister der DDR, Markus
Meckel, der am 12. April 1990 sein Amt antrat und der einzige frei gewählte Außenminister seines Landes war, orientierte sich an pazifis-
tisch-neutralistischen Positionen und sah sich vor schwierige Aufgaben
gestellt. Sein Ministerium war von der Struktur und seinem Personal
her immer noch eine Behörde des SED-Staates. Die Bundesrepublik
war nicht geneigt, ostdeutsche Eigenmächtigkeiten zu akzeptieren und
wandte sich daher strikt gegen Einflussnahmen der DDR. Meckels außenpolitische Vorstellungen

Die wichtigsten außenpolitischen Zielsetzungen der neuen DDR-
Regierung waren vor dem Hintergrund der erstrebten Wiedervereinigung die Anerkennung der polnischen Westgrenze, die deutliche Abrüstung aller deutschen Streitkräfte und die Ablösung der Rechte der
Alliierten. Zu diesem Zeitpunkt konnte allerdings kaum noch von einer
effektiven Außenpolitik der DDR gesprochen werden, da die Bundesrepublik zunehmend die Verhandlungsinitiative auf internationaler
Ebene übernahm. Während Bonn und Washington nach einer Phase der
Diskussion auf der Mitgliedschaft des wiedervereinigten Deutschlands
in der NATO bestanden, verfolgte die DDR in dieser Frage einen Mittelweg. Meckel sah zwar die Notwendigkeit einer Mitgliedschaft im
Atlantischen Bündnis für eine Übergangszeit, aber für die DDR-Dele-

gation stand mittelfristig die Schaffung eines gesamteuropäischen Si-
cherheitssystems und die Auflösung der Blöcke im Zentrum ihres Denkens. Die DDR sollte den wenig konkreten Ideen zufolge der Vorreiter
einer gestärkten KSZE werden. Diese Vision, die den Überlegungen
der Friedensbewegung entlehnt war, erschien den übrigen Verhand-
lungsteilnehmern als „ziemlich weltfremd" (Jochen Staadt). Die wohl-
wollende Unterstützung Meckels durch den westdeutschen Außenminister Hans-Dietrich Genscher hatte wohl weniger mit wirklicher in-
haltlicher Übereinstimmung zu tun als mit dem Faktum, dass Meckels
Positionen auf die Sowjetunion und Polen vertrauensbildend wirkten.
Manche europäischen Diplomaten ließen freilich offen erkennen, dass
sie die DDR-Außenpolitiker nicht länger als verhandlungsfähig betrachteten.

Einfluss der DDR
auf die Verhand-
lungen

In zwei Fragen immerhin gelang es den ostdeutschen Akteuren,
die Verhandlungen zu beeinflussen: Hinsichtlich der endgültigen Anerkennung der Westgrenze Polens wirkte die Position der DDR beruhi-
gend, nachdem Bonner Beschwichtigungen gegenüber Warschau erfolglos geblieben waren. Polen wollte zeitweilig die Wiedervereinigung von einem neuerlichen Grenzvertrag abhängig machen; Premier-
minister Mazowiecki war dafür sogar bereit, Truppen der UdSSR im
eigenen Land als logistische Unterstützung für die sowjetischen Streitkräfte in der DDR zu belassen. Der Einfluss der DDR zeigte sich auch
in der Frage der Truppenbegrenzung der Bundeswehr auf 370 000
Mann, die im August 1990 in Wien festgeschrieben wurde und den
sowjetischen Sicherheitsüberlegungen entgegenkam.

Wiedervereinigung
und Ende der DDR
(3. 10. 1990)

Der von den beiden deutschen Außenministern und den vier Sie-
germächten des Zweiten Weltkrieges sodann am 12. September 1990
abgeschlossene „Vertrag über die abschließende Regelung in Bezug auf
Deutschland als Ganzes" stellte die Souveränität Gesamtdeutschlands
wieder her. Mit der Wiedervereinigung beider deutscher Staaten am
3. Oktober 1990 war das Ende der DDR besiegelt.

II. Grundprobleme und Tendenzen der Forschung

1. Aktenlage und Literatur

Die Geschichtsschreibung über die DDR hat in den vier Jahrzehnten ihrer Existenz stets die ideologische Auseinandersetzung zwischen Diktatur und Demokratie widergespiegelt. Seit dem Untergang der DDR, dem Ende des Kalten Krieges und der damit verbundenen Öffnung bislang verschlossener Archive hat eine von politischen Tagesfragen unbefangene „Historisierung" der DDR-Forschung begonnen.

Die DDR-Geschichtswissenschaft hatte von Beginn an den Auftrag, „der Legitimation der SED-Diktatur zu dienen", hatte „verwertbare Fakten zu vermitteln, um entsprechendes Traditionsbewusstsein zu schaffen" und musste Geschichte so schreiben, wie sie sein sollte, aber nicht so, wie sie wirklich verlief [132: H. WEBER, DDR, 10]. Mit ihren propagandistischen Verweisen auf „Völkersolidarität" und eine „Außenpolitik des Friedens und des Sozialismus" blieb die Geschichtswissenschaft eine Magd der Politik und bis zuletzt bemüht, auch die Außenbeziehungen ins vermeintlich rechte Licht zu rücken [6: GESCHICHTE DER AUSSENPOLITIK DER DDR, 5]. Deswegen sind die offiziösen Darstellungen der DDR-Historiografie zum Großteil mit Recht zur „Makulatur" erklärt worden [63: H. WEBER, Zum Stand der Forschung, 249 f.]. Die DDR-Geschichtswissenschaft, durch „lebenslange Fremd- und Selbstindoktrination" diskreditiert und bemüht, den Diktatur-Charakter des Regimes zu verschleiern [60: W. SCHULLER, Geschichte, 109], bot mit ihren Darstellungen „im Stile der Hofberichterstattung" [82: E. CROME/R. KRÄMER, Verschwundene Diplomatie, 128; grundsätzlich auch 255: B.-E. SIEBS, Außenpolitik, 20] keinen wesentlichen Beitrag zur Erhellung der eigenen Außenpolitik und ihrer Strukturen und kann lediglich zur Vergegenwärtigung der jeweils offiziellen Positionen dienen. Da eine unabhängige Forschung nicht möglich war und jede wissenschaftlich fruchtbare Debatte unterblieb, „war die westdeutsche DDR-Forschung gezwungen, gewissermaßen in Stellvertreterfunktion die DDR-Geschichte zu schreiben" [63: H. WEBER, Zum Stand der Forschung, 250].

Marginalien:

Legitimierender Charakter der DDR-Geschichtswissenschaft

Darstellungen im „Stile der Hofberichterstattung"

Gegenüber jener aufgrund der ideologischen Vorgaben weitgehend statischen DDR-Historiografie zeichnete sich die westliche Geschichtsschreibung über die Außenpolitik der DDR durch eine stärkere
Nuancierung und einen charakteristischen Bewertungswandel aus. Verbunden war dies nahezu immer mit einer politisch-moralischen Cha-
rakterisierung des ostdeutschen Staates. Das hat zunächst dazu geführt,
dass in der westlichen Forschung, beruhend auf der Nichtanerkennung
der DDR, eine Beschäftigung mit dem „zweiten deutschen Staat" nur
unter bestimmten Prämissen stattgefunden hat. Der bekannten Definition Wilhelm Grewes folgend, die Außenpolitik sei „die Gesamtheit
aller über die eigenen Hoheitsgrenzen hinausgreifenden Aktivitäten,
mit denen Staaten – oder andere im internationalen Kräftespiel hand-
lungsfähige Organisationen – ihre Interessen wahren und ihre Ziele
verfolgen" [W. GREWE, „Außenpolitik", in: Staatslexikon der Görres-
gesellschaft, Bd. 1, 7. Aufl. Freiburg 1985, Sp. 339–448, hier 339],
wurde im Westen dem ostdeutschen Staat in den fünfziger Jahren eine
eigene Außenpolitik vielfach abgesprochen. Die DDR, die in diesem
Zusammenhang als „Staat, der nicht sein darf", beschrieben worden ist
[124: E. RICHERT, Das zweite Deutschland], wurde als „Macht ohne
Mandat" (ERNST RICHERT) in ihren Außenbeziehungen recht stiefmütterlich behandelt und nur unter starken Vorbehalten völkerrechtlich zur
Kenntnis genommen. In Handbüchern und Arbeiten über den Staatsapparat fand die Außenpolitik nur kursorisch Beachtung. Um so häufiger
wurde dagegen auf Werke zur sowjetischen Außenpolitik verwiesen.

Eine erste umfassende und systematische außenpolitische Analyse westlicher Provenienz erschien 1967 vor dem Hintergrund der
Frage, ob ein abhängiger Staat überhaupt zu Außenpolitik fähig sei.
Diese Tendenz spiegelt sich auch in dem Titel „Die Auslandsaktivität
der sowjetischen Besatzungszone Deutschlands" [137: K.-H. WOITZIK,
Auslandsaktivität]. Hier wurde zwar der DDR eine eigenständige Außenpolitik abgesprochen, gleichwohl dem ostdeutschen Staat bescheinigt, „zunehmend das Stadium des Provisorischen" hinter sich zu lassen [Ebd., 14]. Erst in der Zeit der ost-westlichen Entspannung setzte
eine Neubetrachtung ein, die die faktische Existenz eines „zweiten
deutschen Staates" anerkannte und ein „wachsendes Eigengewicht" der
DDR konstatierte [119: W. OSTEN, Außenpolitik, 17] bzw. vor dem
Hintergrund der Détente und einer vielfach prognostizierten „Konvergenz" der Systeme für eine realpolitische Sichtweise plädierte. Die
diesen Prozess abbildenden Ergebnisse einer Tagung in Tutzing über
„Außenpolitik und Außenbeziehung der DDR" im Juni 1971 mit
Beiträgen von P. CH. LUDZ, A. DASBACH MALLINCKRODT und J. KUPPE

Frühe westliche
Geschichts-
schreibung

Erste umfassende
und systematische
außenpolitische
Analyse

Neubewertungen in
der Zeit der Entspan-
nungspolitik

definierten die Außenpolitik der DDR als Funktion der Innenpolitik und betonten, dass eine Auflösung der Militär- und Wirtschaftsblöcke nicht im Interesse der DDR sein könne, weil diese ansonsten mit Herausforderungen konfrontiert würde, denen sie nicht gewachsen wäre [111: P. CH. LUDZ, Maximen, 12].

Unter dem Eindruck der Ostverträge wurden in den folgenden Jahren vermehrt politikwissenschaftlich orientierte Analysen [84: H. END, Außenpolitik] vorgelegt, in denen Voraussetzungen und Praxis der DDR-Außenpolitik unter den neuen Prämissen der Anerkennungspolitik bewertet wurden [83: A. DASBACH MALLINCKRODT, Außenpolitik; 125: B. VON ROSENBLADT, Außenpolitik]. Freilich hatte die westliche Forschung dem Faktum Rechnung zu tragen, dass sich die Entscheidungsprozesse im sowjetischen Machtbereich grundsätzlich vom demokratischen Procedere unterschieden. Angesichts des Quellenmangels und des Umstands, dass fast nur auf offiziöse Veröffentlichungen der DDR zurückgegriffen werden konnte, kam das Studium der DDR-Außenpolitik so manchem Autor in den siebziger Jahren wie eine „Art Detektivspiel" vor [83: A. DASBACH MALLINCKRODT, Außenpolitik 335]. An diesem grundsätzlichen Befund änderte sich in den folgenden Jahren wenig. Nun standen vor allem das deutsch-deutsche Verhältnis, aber auch die Beziehungen der DDR zur Sowjetunion im Zentrum des Interesses (vgl. hierzu Kap. II. 9 und 10). Daraus erwuchsen bald auch erste Synthesen. Zu einem dieser Standardwerke zählt das im Jahr 1979 von H.-A. JACOBSEN, G. LEPTIN, U. SCHEUNER und E. SCHULZ herausgegebene Werk über „Drei Jahrzehnte Außenpolitik der DDR" [67]. Freilich litt auch diese enzyklopädische Analyse, die sich mit den außenpolitischen Beziehungen der DDR zu einzelnen Ländern, der Interdependenz von Innen- und Außenpolitik, schließlich auch der Rolle des Militärs und der auswärtigen Kulturpolitik auseinandersetzte, unter dem erheblichen Mangel, dass auf östlicher Seite Aktenrecherche nicht möglich war, sich die ostdeutsche Sekundärliteratur vom wissenschaftlichen Standpunkt her als unergiebig erwies und die vorhandenen Dokumente und Materialien in ihrem ideologisierten Sprachgebrauch erst „entschlüsselt" werden mussten. Ähnlich geartete Schwierigkeiten galten auch für das kurzgefasste Werk von W. BRUNS über die „Außenpolitik der DDR" [80], das den Forschungsstand des Jahres 1985 widerspiegelt. Erst das Ende der DDR brachte einen Wandel, der den in der Forschung häufig überstrapazierten Begriff des „Paradigmenwechsels" rechtfertigt.

Hatte die Geschichtsschreibung über die DDR bis 1989/90 ohne eine überprüfbare Überlieferung auskommen müssen, so stellte sich die

Forschungen der 1970er Jahre

„Drei Jahrzehnte Außenpolitik der DDR"

Verbesserte Quellen-
grundlage durch
Öffnung der Archive

Lage seither völlig anders dar. Nach dem Fall der Mauer und der Öffnung der ehemals verschlossenen Archive standen der Forschung recht
bald umfangreiche Aktenbestände zur Verfügung, so dass es zu einer
wahren Flut von Projekten und Publikationen kam, die bis heute anhält
und davon profitieren konnte, dass die Forschungslandschaft zur DDR
hinsichtlich der Archive, Bibliotheken und Forschungseinrichtungen
erstaunlich vielfältig ist [hierzu 61: U. MÄHLERT (Hrsg.), Vademekum].

Nach anfänglichen organisatorischen Unsicherheiten über die zukünftigen Verwahrorte der Akten hat sich die Lage inzwischen geklärt.

Verwahrorte
der Akten

Grundlage für die Darstellung der außenpolitischen Prozesse sind die
Bestände des Archivs der SED, die als unabhängige „Stiftung/Archiv
der Parteien und Massenorganisationen der DDR" (SAPMO) im Bundesarchiv in Berlin aufbewahrt werden. Von besonderer Bedeutung
sind hier die Aktenbestände der „Allgemeinen Abteilung", die als
Schaltstelle von Parteivorstand und Zentralkomitee der SED zwischen
Ost-Berlin und Moskau fungierte. Genuin staatliche Dokumente der
DDR sind dagegen im eigentlichen Bundesarchiv/Abteilung V aufbewahrt. In manchen außenpolitischen Zusammenhängen von Belang
sind auch Akten des MfS, die dem Bundesbeauftragten für die Unterlagen des Staatssicherheitsdienstes der ehemaligen Deutschen Demokratischen Republik (sog. Gauck-Behörde) zugewiesen sind. Die Bestände
des ehemaligen MfAA sind dem Auswärtigen Amt zugeordnet worden

Sperrfristen der
Akten des MfAA

und unterliegen der üblichen 30-Jahres-Sperrfrist. Die letzten anderthalb Jahrzehnte der DDR sind daher von der Forschung noch nicht
durch diesen Quellenbestand erfassbar. Dieses Manko ist jedoch erträg-
lich: Die häufig beklagte archivalische „Asymmetrie" [62: H. WEBER,
„Asymmetrie"] wird spätestens mit den fallenden Sperrfristen obsolet
werden; zudem erschließen sich viele Aspekte der DDR-Außenpolitik
ohnehin eher aus dem Zusammenhang der Parteiakten der SED oder
aus Mehrfachüberlieferungen, die ihren Weg aus dem MfAA gefunden
haben. Auch aus den Akten, die den deutsch-deutschen Kontext be-
leuchten und keinen archivalischen Beschränkungen unterliegen, lassen sich vielfältige Rückschlüsse auf die Auslandsaktivitäten der DDR
ziehen.

Problematischer Zu-
gang zur russischen
Archivlandschaft

Als problematischer erweist sich der Zugang zur russischen Archivlandschaft. Viele Fragen zur Außenpolitik der DDR lassen sich nur
durch den Abgleich mit Quellen sowjetischer Provenienz befriedigend
beantworten. Allerdings haben die nach dem Ende des sowjetischen
Imperiums durch eine relativ liberale Praxis in den Jahren 1991 bis
1993 genährten Hoffnungen getrogen, dass der Aktenzugang zukünftig
wesentlich erleichtert werden würde. Wenn man bedenkt, dass manche

sowjetischen Entscheidungsprozesse der Nachkriegszeit ohnehin wenige Aktenspuren hinterlassen haben, wiegt es um so schwerer, dass die in russischen Archiven verwahrten sowjetischen Archivalien trotz vielfältiger internationaler Bemühungen heute entweder gar nicht oder nur unter erschwerten Bedingungen zugänglich sind. So lange diese Ungleichgewichtigkeit nicht beseitigt ist, werden auch die Analysen der Außenpolitik der DDR zumindest in Teilen eine „history of one hand clapping" bleiben, die JOHN LEWIS GADDIS einmal als charakteristisch für die Geschichtsschreibung des Kalten Krieges bezeichnet hat.

Die archivalische Aufarbeitung verlief parallel zu einer ersten umfassenden Bestandsaufnahme der Geschichte der DDR. Vor allem die Enquetekommission des Deutschen Bundestags zur „Aufarbeitung von Geschichte und Folgen der SED-Diktatur" hat dazu auf mehr als 15200 Druckseiten wichtige Anstöße gegeben [14; hierzu auch 54: G. METZLER, Zeitgeschichte]. Der 1994 vorgelegte Abschlussbericht, der die Ergebnisse von Referaten, Anhörungen und Zeitzeugenaussagen in insgesamt 148 Expertisen zu 95 Themen zusammenträgt, behandelt außenpolitische Aspekte allerdings eher en passant und ist zudem unter praktischen Aspekten nicht sonderlich gut zu benutzen, so dass er wohl eher als ein historiografischer Steinbruch dienen wird. Ähnliches gilt auch für die Erträge einer weiteren Kommission, die es sich 1996 zur Aufgabe gemacht hatte, geschichtswissenschaftlich zur „Überwindung der Folgen der SED Diktatur im Prozess der deutschen Einheit" beizutragen und in diesem Zusammenhang außenpolitische Aspekte stärker berücksichtigt hat [15].

Unabhängig von diesen parlamentarischen Initiativen beschäftigen sich in der nach 1989 grundlegend gewandelten Forschungslandschaft mehrere wissenschaftliche Einrichtungen überwiegend oder exklusiv mit der DDR. Zu ihnen zählen v. a. der Forschungsverbund SED-Staat (Berlin), das Hannah-Arendt-Institut für Totalitarismusforschung (Dresden), das Institut für Zeitgeschichte (München/Berlin), das Mannheimer Zentrum für Europäische Sozialforschung, das Zentrum für Zeithistorische Studien (Potsdam) und die Stiftung Wissenschaft und Politik (Berlin), die die Aufgaben des vornehmlich auf die sowjetische Faktorenanalyse ausgerichteten Bundesinstituts für ostwissenschaftliche und internationale Studien (Köln) übernommen hat.

Allerdings zeigt eine Durchsicht der bisher erschienenen Quellensammlungen und Darstellungen, dass außenpolitische Aspekte im Forschungs- und Öffentlichkeitsinteresse immer noch unterrepräsentiert sind [63: H. WEBER, Zum Stand der Forschung; 53: B. BOUVIER, Forschungen] und noch vor kurzem zu den „Desideraten" der Forschung gezählt wurden [63: H. WEBER, Zum Stand der Forschung, 256]. Aller-

Erste umfassende Bestandsaufnahme

Wissenschaftliche Einrichtungen

Geringe Berücksichtigung außenpolitischer Themen

dings werden beispielsweise in den sukzessive erscheinenden „Dokumenten zur Deutschlandpolitik" [4] inzwischen auch Schriftstücke aus dem ZK der SED veröffentlicht, so dass sich auch hieraus außenpolitische Vorgänge erschließen lassen.

Im Vergleich zur regen zeithistorischen Forschung zur allgemeinen DDR-Geschichte, die sich auf einige wichtige Gesamtdarstellungen stützen kann [133: H. WEBER, DDR; 128: D. STARITZ, Geschichte; 126: K. SCHROEDER, SED-Staat], befindet sich die Forschung zur DDR-Außenpolitik noch in ihren Anfängen. Die grundlegende Literatur zu den außenpolitischen Entscheidungsprozessen, zur Führungselite und zum Verhältnis von Innen- und Außenpolitik stammt bis heute „ausnahmslos aus den siebziger Jahren" [255: B.-E. SIEBS, Außenpolitik, 19]. Verschiedene Gründe sind dafür verantwortlich, dass bis zum Ende der DDR die wissenschaftliche Analyse ihrer Außenpolitik nur ein Außenseiterdasein gefristet hat.

Der zunächst erstaunlich anmutende Befund erklärt sich erstens aus dem Umstand, dass seit 1949 stets die grundsätzliche Frage nach der Notwendigkeit von Untersuchungen zur DDR-Außenpolitik aufgeworfen wurde. Weil zunächst und für lange Zeit der Forschungsgegenstand als solcher a priori angezweifelt wurde, fristete er in zeitgeschichtlichen Untersuchungen eine wenig beachtete Nischenexistenz. Das Feld der Außenpolitik wurde eher unter politik- und sozialwissenschaftlichen denn unter geschichtswissenschaftlichen Aspekten bestellt.

Gründe für die Vernachlässigung außenpolitischer Themen bis 1989/90

Ein zweiter Grund ist in der verwirrenden Vielzahl von Institutionen zu suchen, die in der DDR mit außenpolitischen Fragen befasst waren, aber nicht immer entscheidungsrelevant agierten. Von daher konnten, solange die DDR existierte, auf dem für die politische Geschichte zentralen Feld der Außenpolitik kaum wissenschaftlich verifizierbare Aussagen über die Prozesse der außenpolitischen Entscheidungsfindung in der DDR getroffen werden. Die Problematik, dass manche Vorgänge möglicherweise nicht mehr zu klären sein werden, besteht in manchen Bereichen sogar bis heute fort. Dies verweist auf ein grundsätzliches Charakteristikum außenpolitischer Prozesse im sowjetischen Machtbereich. Dass viele Fragen offenbleiben müssen, hängt, wie M. KAISER bemerkt hat, „mit dem Charakter einer Diktatur zusammen, der eben nicht auf Durchschaubarkeit und Nachvollziehbarkeit von Entscheidungen angelegt war" [236: M. KAISER, Machtwechsel, 23].

Drittens konnten bis zum Ende des SED-Regimes außenpolitisch relevante Akten und Dokumente nicht ausgewertet werden; bis dahin war die Forschung weitgehend auf externe Beobachtungen und Analysen angewiesen, die sich zwar im Nachhinein oftmals als erstaunlich zutreffend erwiesen haben, aber erst seit wenigen Jahren durch originäres Schriftgut verifiziert werden können.

Viertens stellte die DDR-Geschichte ein Feld dar, das eine ideologische Auseinandersetzung über den Gegenstand fast unvermeidlich machte: Das Postulat, „sine ira et studio" vorzugehen, war – vergleichbar mit der Bewertung des „Dritten Reiches" – angesichts des Unrechtscharakters des Regimes nur schwer zu erfüllen, weil eine moralische Beurteilung geradezu zwingend notwendig erscheint. Die Gratwanderung zwischen „Engagement und Distanzierung" (Norbert Elias) fiel nicht immer leicht und erschwerte die wissenschaftliche Diskussion, weil der Vorwurf, ein „Kalter Krieger" zu sein, ebenso leicht zur Hand war wie der umgekehrte Fall, als Apologet des DDR-Regimes zu gelten. DDR-Forschung galt daher nach der faktischen Anerkennung der DDR vielen als Relikt des Kalten Krieges und war de facto nur einem kleinen Kreis von Spezialisten vorbehalten, was sich nicht zuletzt in einer zurückgehenden Zahl wissenschaftlicher Publikationen zu DDR-relevanten Themen niederschlug. Als um so schwieriger erwies es sich nach 1989/90, die verlorengegangenen wissenschaftlichen Kenntnisse zu reaktivieren und zu aktualisieren.

Fünftens mag zur vergleichsweise randständigen Behandlung der DDR-Außenpolitik beigetragen haben, dass in der deutschen Geschichtsforschung eine geraume Zeit lang die Beschäftigung mit außenpolitischen Fragestellungen und den internationalen Beziehungen ganz allgemein gegenüber dem Interesse an sozial-, struktur- und mentalitätsgeschichtlichen Problemfeldern in den Hintergrund gerückt war – und erst in den letzten Jahren das Feld der internationalen Politikgeschichte neu vermessen wird [W. LOTH/J. OSTERHAMMEL (Hrsg.), Internationale Geschichte, München 2000].

Diese Begründungen sind inzwischen, nicht zuletzt durch verbesserte Forschungsperspektiven und die Möglichkeit der Konsultation umfangreicher Aktenbestände, hinfällig geworden. Zwar hat der durchaus verständliche Wunsch nach Aufklärung über Repression und Stasi-Tätigkeit im Unrechtsregime, über die Gründe für die wirtschaftlich-technologische Rückständigkeit und die innenpolitische Krisenursachen zunächst die Fragen nach der äußeren und internationalen Bedingtheit der DDR überlagert. Dennoch hat in den letzten Jahren das Interesse an der DDR-Außenpolitik zugenommen. Trotz der – in der Regel auf den neu zugänglichen Quellen basierenden – Darstellungen zu den Außenbeziehungen der DDR verdient gleichwohl festgehalten zu werden, dass keineswegs alle Veröffentlichungen, die in der Zeit vor Öffnung der östlichen Archive publiziert worden sind, als obsolet gelten müssen.

In den Jahren unmittelbar nach dem Ende der DDR war ein Rückgriff auf diese Werke vor allem deshalb vielfach notwendig, weil sich neue Erkenntnisse zur Außenpolitik zunächst vornehmlich durch Aufsätze, Aktensammlungen mit kürzeren einführenden Kommentaren und Beiträge in Sammelbänden erschlossen. Inzwischen wächst jedoch die Zahl von Monografien zu außenpolitischen Einzelaspekten. Daher ist inzwischen die Gefahr gebannt, „dass eines der klassischen Themen der Geschichtsschreibung, die Geschichte der Außenpolitik, dabei zu kurz" kommt [64: H. WENTKER, Außenpolitik, 389]. In neueren Darstellungen zur Historiografie der DDR finden sich ausführlichere Bemerkungen zur Außenpolitik [94: B. IHME-TUCHEL, DDR]; mehrere Handbücher geben in Sachartikeln und Kurzbiografien knappe außenpolitische Informationen [65; 66; 71; 72].

Wachsende Zahl von Monografien

Dennoch liegt bis heute keine Überblicksdarstellung zur Außenpolitik der DDR vor, die den gesamten Zeitraum von der Gründung bis zum Untergang nachzeichnet. Es überwiegen die Studien, die lediglich bestimmte Zeitabschnitte unter außenpolitischen Gesichtspunkten analysieren. Eine Pionierstudie stellt dabei zweifellos die Arbeit von BENNO-EIDE SIEBS über die „Außenpolitik der DDR 1976–1989" dar, weil sie zwar die DDR vornehmlich in den letzten beiden Jahrzehnten ihres Bestehens in den Blick nimmt, aber durch ausführliche Vorbemerkungen grundsätzliche Bedingungen ihrer Existenz umreißt und umfassend sowie zuverlässig über den außenpolitischen Entscheidungsprozess informiert [255]. Auch die Beiträge eines von ULRICH PFEIL herausgegebenen Sammelbandes über die Beziehungen zu den westlichen Staaten geben, über das eigentliche Thema hinaus, reichhaltig Auskunft über die außenpolitischen Funktionsmechanismen [324]. Als Zeichen zunehmender Aufmerksamkeit der Forschung kann zudem gewertet werden, dass sich inzwischen auch Forschungsberichte ausführlich mit den einschlägigen Publikationen zur Außenpolitik beschäftigen [64: H. WENTKER, Außenpolitik].

Benno-Eide Siebs Pionierstudie über die „Außenpolitik der DDR 1976–1989"

2. Abhängigkeit oder Souveränität unter den Bedingungen der Diktatur

2.1 Handlungsspielräume der DDR

Die Frage nach den Gestaltungsmöglichkeiten des ostdeutschen Staates hat die Forschung – jedenfalls implizit – seit jeher beschäftigt. Antworten fließen meist als integrale Bestandteile in die Untersuchungen ein,

die sich mit den Außen- und Wirtschaftsbeziehungen der DDR beschäftigen. Fast alle Werke mit außenpolitischem Bezug setzen sich mit
der Problematik auseinander, ohne dass jedoch bis heute eine größere
systematische Arbeit vorgelegt worden wäre oder dass man von einem
grundsätzlichen Konsens sprechen könnte. Inzwischen lassen sich zwar
die außenpolitischen Aktionen der DDR sehr viel genauer nachzeich-   DDR als Subjekt
nen, aber es ist bislang keine allgemein gültige Einigung darüber erzielt   oder Objekt?
worden, in welchem Ausmaß und zu welchem Zeitpunkt der ostdeut-
sche Staat Objekt oder Subjekt, abhängiger Vasall oder eigenständiger
Souverän, Satellit oder Juniorpartner gewesen ist. Das dürfte auch damit zu tun haben, dass diese Begriffe nicht exakt wissenschaftlich defi-
niert sind. Eine weitere Schwierigkeit besteht darin, den Wandel im
Verlauf der vierzigjährigen Geschichte der DDR benennen und analysieren zu müssen.

Solange die DDR noch existierte, konnte die Antwort auf diese
Frage als „Wetterfahne" dienen, um die weltanschauliche Position des   Position ostdeut-
jeweiligen Autors zu bestimmen. Ostdeutsche Historiker betonten stets   scher Historiker
unisono die uneingeschränkte Souveränität der DDR. Westliche Versu-
che, das entscheidende Verhältnis zur Sowjetunion zu ergründen, wurden zurückgewiesen und gelegentlich mit einem mittelalterlichen
Scholastikerstreit verglichen [H. BERTSCH, Aktuelle Tendenzen der imperialistischen Kommunismus- und DDR-Forschung, IPW-Berichte 8
(1979), Heft 8, 17].

In der westlichen Forschung wurden Fragen nach den außenpoli-
tischen Handlungsmöglichkeiten in den Anfangsjahren gerade ange-   Position der west-
sichts der Dominanz des stalinistischen Systems zunächst nicht aufge-   lichen Forschung
worfen, weil die DDR als wenig mehr als die 16. Sowjetrepublik betrachtet wurde. Seit den späten fünfziger Jahren gab es zwar durchaus
ein ernsthaftes wissenschaftliches Bemühen, die Freiräume der DDR
gegenüber der sowjetischen Kontrollmacht auszuloten. Aber allein die
Frage nach einer möglichen prospektiven Eigenständigkeit Ostdeutsch-
lands blieb bis in die sechziger Jahre Anathema. Erst im Zuge der welt-
weiten Entspannung, in der auch die Theorie einer „Konvergenz" der
Blöcke ventiliert wurde, setzte ein Umdenken ein, das zudem auf der
Erkenntnis beruhte, den „zweiten deutschen Staat" nicht länger ignorie-
ren zu können. Seit Mitte der sechziger Jahre entstanden in diesem Zusammenhang Studien, die auf das keineswegs statische Verhältnis zwischen der DDR und der Sowjetunion hinwiesen und die SED-Führung
nicht länger als bloßen „Erfüllungsgehilfen" der Sowjets betrachteten.
Von diesen Versuchen angestoßen sind, vornehmlich unter deutschlandpolitischen Gesichtspunkten, in den siebziger Jahren Arbeiten vor-

gelegt worden, die die außenpolitischen Handlungsspielräume der DDR systematisch untersucht haben [294: J. KUPPE, Vergleich; 228: G. WETTIG, Sowjetunion]. Gemeinsam war diesen Studien der Verweis auf das Paradoxon, dass sich die Abhängigkeit der DDR zwar in den Jahren hegemonialer Vorherrschaft der UdSSR verfestigt, sich zugleich aber „ihr politisches Gewicht und im begrenzten Maß ihre Eigenständigkeit vergrößert" habe: „Aus dem Satelliten ist ein selbstbewusster Vasall geworden, über den sich die Hegemonialmacht nicht ohne weiteres hinwegsetzen kann" [301: B. MEISSNER, Beziehungen, 162]. Im vergleichbaren Sinn wurde sodann Mitte der achtziger Jahre von einer „Autonomie des Musterknaben" gesprochen [302: F. OLDENBURG, Autonomie]. Ostdeutsche Konsolidierungsbemühungen und die sowjetische Globalstrategie seien nicht immer identisch, konvergierten jedoch in dem gemeinsamen Ziel, zugleich mit der sowjetischen Hegemonie auch die DDR zu stärken. Vor diesem Hintergrund, so lautete das damalige Urteil, habe sich „der Eigenwert der DDR im Sowjetimperium" verstärkt [Ebd., 190].

Seit der Öffnung der Archive hat sich an der Unübersichtlichkeit mit Blick auf den Status der DDR zwischen Alliierten und Vasallen nicht viel geändert. Die DDR mit „einem Homunkulus aus der sowjetischen Retorte" zu vergleichen, wie es der ehemalige sowjetische DDR-Botschafter Pjotr Abrassimow rückblickend getan hat [„Wir wechselten zum Du". Moskaus früherer DDR-Botschafter Pjotr Abrassimow über Erich Honecker, in: „Der Spiegel" 34/1992 vom 17. August 1992, 20], erscheint zwar hinsichtlich der Gründung der DDR als angemessen, sagt aber wenig über die spätere Entwicklung aus. Zutreffend und apologetisch zugleich ist die Feststellung von Günter Mittag aus dem Jahr 1993, die DDR sei ein Staat gewesen, „der ohne die Sowjetunion zu keinem Zeitpunkt existenzfähig" gewesen sei. Die von Mittag betonte sowjetische „Politik der totalen Begrenzung der Souveränität der DDR" [120: TH. PIRKER u. a., Plan, 20 f.] ist zwar keine grundsätzlich falsche Umschreibung des bilateralen Verhältnisses, sie dient durch den Hinweis auf die Anleitung durch die Sowjetunion freilich auch der Entbindung der SED-Führung von jeder eigenen politischen Verantwortung. In der aktuellen Forschung herrscht Übereinstimmung, dass sich Phasen weitgehender oder sogar vollständiger Abhängigkeit mit Perioden größerer Eigenständigkeit abwechselten [wichtige definitorische Überlegungen zu „Sowjetisierung", „Eigenständigkeit" und „Abhängigkeit" bei 296: M. LEMKE, Einleitung, in: DERS. (Hrsg.), Sowjetisierung, 11–25]. Durch die Öffnung der östlichen Archive ist beispielsweise sehr viel besser bekannt, dass das Verhältnis zur Führungsmacht

Fortdauernde Unübersichtlichkeit seit Öffnung der Archive

UdSSR konfliktträchtiger war als früher angenommen. Zurecht ist aber darauf aufmerksam gemacht worden, dass die DDR die Sowjetunion seit ihrer Gründung immer als Referenzpunkt akzeptiert hat. Deshalb darf nicht übersehen werden, dass manche Konflikte der achtziger Jahre „nur auf der Folie grundsätzlicher politischer, ökonomischer, geostrategischer und nicht zuletzt ideologischer Gemeinsamkeiten" verstanden werden können [249: F. OLDENBURG/G.-R. STEPHAN, Honecker, 802].

Die „Verlaufsgeschichte" der DDR zeigt eine Emanzipation von einer vollständigen zur bedingten Abhängigkeit. Vor der Gründung der DDR war die SED trotz aller Privilegierungen „lediglich Objekt sowjetischer Politik", weil die „Empfehlungen" der sowjetischen Berater „,Ratschläge' mit eindeutigem Befehlscharakter" waren [138: S. CREUZBERGER, Besatzungsmacht, 181]. Beispielsweise erinnerten die Moskaureisen der führenden Repräsentanten der SED unter Stalin noch „irgendwie an die Wallfahrt der Gläubigen an die heilige Stätte" [157: W. K. WOLKOW, Die deutsche Frage, 48]. Das Verhältnis erklärte sich aus einer Mischung von Ehrfurcht, ideologisch begründeter selbstgewählter Unterordnung und dem Wissen um die totale Macht des sowjetischen Diktators. Ähnlich hat GERHARD WETTIG argumentiert, dass die DDR zwar die Eingriffe tief in das politische Leben des eigenen Landes habe akzeptieren müssen und im Zweifelsfall keine abweichende Meinung habe artikulieren können, jedoch von der einseitigen Herrschaftsstruktur durchaus habe profitieren können: Ihre Machthaber verdankten ihrem Protektor UdSSR ihre Existenz, waren aufgrund des ideologischen Gleichklangs nicht aus den Entscheidungsprozessen ausgeschlossen und konnten durch Empfehlungen und Einschätzungen zu den sowjetischen Beschlüssen beitragen.

Emanzipation von der vollständigen zur bedingten Abhängigkeit

Gerhard Wettigs Argumentation

Die damit umschriebene „Autonomie" war zwar nur eine oberflächliche, was allerdings nicht ausschloss, dass mitunter „das Ausmaß der Gängelung über das im Kreml sachlich für erforderlich und politisch für angebracht gehaltene Maß" hinausging; in diesen Fällen konnte sich die SED-Führung „gelegentlich einigen extrem ins Detail gehenden Forderungen der SMAD entziehen" [156: G. WETTIG, Treue Dienste, 402].

An diesem Verhältnis der unfreiwillig-freiwilligen Unterordnung änderte sich auch nach der Gründung der DDR zunächst wenig. MICHAEL LEMKE hat daher vorgeschlagen, angesichts der fehlenden Handlungsspielräume der DDR in den fünfziger Jahren eher von „Außenbeziehungen" als von wirklich aktiver Außenpolitik zu sprechen [179: Prinzipien, 234]. Erst nach Stalins Tod wich das servile Verhalten der SED-Führung einer nüchterneren und geschäftsmäßigeren Betrachtung, selbst wenn die DDR zu Zeiten Chruschtschows innerlich noch so

„Außenbeziehungen" statt Außenpolitik

schwach war, dass die Sowjetunion sie „wie ein kleines Kind" bemutterte [37: J. KWIZINSKIJ, Sturm, 165].

Allerdings konnte diese Schwäche auch eine Stärke sein, weil die UdSSR auf die Hilfe ihres ostdeutschen Satelliten eben doch nicht verzichten wollte. Vor allem MICHAEL LEMKE hat für die Zeit der zweiten Berlin-Krise seit 1958 auf den „Sonderfall" der „Ungleichheit gegenseitiger Abhängigkeit" verwiesen und darauf aufmerksam gemacht, dass beide Seiten von dieser gegenseitigen Abhängigkeit profitierten, ungeachtet der Tatsache, dass die Sowjetunion letztlich die DDR doch unter vormundschaftlicher Kontrolle hielt [178: M. LEMKE, Berlinkrise, 279]. Während der politisch formatlose Otto Grotewohl inzwischen bereits auf das politische Abstellgleis geschoben war [143: M. JODL, Amboß], formulierte Ulbricht im Verlauf der sich zwischen 1958 und 1961 zuspitzenden Berlin-Krise immer energischer von der sowjetischen Generallinie abweichende Interessen der DDR, wobei die Forschung geteilter Meinung ist, ob er auch imstande gewesen ist, seine Politik wirklich durchzusetzen (vgl. hierzu Kap. II. 9).

In den siebziger Jahren gelang es der DDR zwar, sich stärker als zuvor gleichermaßen aus den Zwängen der Deutschlandpolitik und dem Prokrustesbett der sowjetischen Außenpolitik zu lösen, aber dies vermochte sie nur unter der Prämisse neuer Abhängigkeiten. Vor allem gegenüber der Bundesrepublik kam es zu ökonomischen Verpflichtungen, die das „ungleichseitige" Mächtedreieck zwischen Bonn, Ost-Berlin und Moskau fortan prägten [291: P. BENDER, Dreieck]. Unverkennbar blieb sowohl unter Ulbricht als auch unter Honecker ein grundsätzlicher Argwohn der Sowjetunion gegenüber möglichen Eskapaden der DDR. Dieses Misstrauen zwang die DDR im Zweifelsfall zum Einlenken, so dass einmal in einer strukturell angelegten Arbeit zu überprüfen wäre, ob die These haltbar ist, es habe einen „Prozess von einem total abhängigen Besatzungsregime zum Juniorpartner der UdSSR" gegeben [132: H. WEBER, DDR, 12].

Grundsätzlich gibt es keinen Zweifel, dass die Politik der DDR auch in den achtziger Jahren in den wesentlichen Belangen von der Sowjetunion vorgegeben war. Der „zweite deutsche Staat" war bis zuletzt eine kleinere Macht mit ungenügender Rohstoffbasis und ohne Mitspracherecht über die auf ihrem Territorium stationierten Truppen und Waffen. Er war gezwungen, eine „Außenpolitik unter den Bedingungen der Abhängigkeit" zu betreiben [306: B. VON PLATE, Außenpolitik, 360], während er sich im Feld „zwischen Moskauer Oktroi und Bonner Sogwirkung" [295: M. LEMKE, Deutschlandpolitik] bewegen musste. Bis zu seinem Ende blieb Moskau das „revolutionäre Zentrum", das die „ver-

---

Margin notes:

„Ungleichheit gegenseitiger Abhängigkeit" in der zweiten Berlinkrise

Neue Abhängigkeiten in den siebziger Jahren

„Zwischen Moskauer Oktroi und Bonner Sogwirkung"

bindlichen ideologischen und konzeptionellen Anleitungen für das außenpolitische Vorgehen der DDR" vorgab: „Wollte die DDR außenpolitisch etwas durchsetzen, brauchte sie dazu letztlich immer die Zustimmung der Sowjetunion" [255: B.-E. SIEBS, Außenpolitik, 108].

Mit Blick auf die bisweilen ziellosen Debatten über die „Eigenständigkeit" der DDR wird im Zusammenhang mit den Forschungen zum Kalten Krieg inzwischen stärker auf ein gemeinsames Herrschaftsmuster im Ostblock verwiesen. Die totalitäre Herrschaft sei nicht immer total gewesen; es habe zwar erheblich weniger Autonomie als in der westlichen Hemisphäre gegeben, aber selbst unter Stalin hätten die Satelliten bisweilen vermocht, Entwicklungen zu beeinflussen.
<aside>Gemeinsames Herrschaftsmuster im Ostblock</aside>

Vor allem HOPE HARRISON hat in einer wegweisenden Studie darauf hingewiesen, dass die SED-Führung ihre „Stärke durch Schwäche" in den politischen Krisen der Jahre 1953 und 1961 sowie gegenüber der Sowjetunion benutzt habe, „to persuade the other to do what they wanted (…) and to deter the other from doing what they did not want" [292: H. HARRISON, Bargaining power, 2]. JOHN LEWIS GADDIS hat diese nicht allein für die DDR nachweisbare Strategie von Satelliten im Kalten Krieg als „tyranny of the weak" bezeichnet – die Großmächterivalität verstärkte die Einflussmöglichkeiten kleinerer Staaten, weil diese in der Lage waren, mit der Drohung einer Desertion oder eines Zusammenbruchs Druck auf die Sowjetunion auszuüben [340: J.L. GADDIS, Approach, 32]. Der „große Einfluß kleiner Alliierter" [R.O. KEOHANE, The Big Influence of Small Allies, in: Foreign Policy 2 (1971), 161–182] zeigte sich daher auch mit Blick auf die DDR als ein „Beispiel für das Scheitern imperialer Kontrolle durch die Vormacht hinsichtlich ihres Klienten" [303: F. OLDENBURG, Endliche Geschichte, 163; auf die grundsätzliche Bedeutung kleiner Mächte im Kalten Krieg abzielend 345: T. SMITH, New Bottles]. In diesem Sinn spiegelte eine spätere und viel zitierte Bemerkung des sowjetischen Botschafters Abrassimow die Ambivalenzen der DDR gegenüber der Sowjetunion: „Wenn Honecker und seine Umgebung etwas nicht zu tun wünschten, war niemand imstande, sie dazu zu bringen: Sie hörten sich alles an, handelten aber, wie sie wollten" [„Wir wechselten zum Du". Moskaus früherer DDR-Botschafter Pjotr Abrassimow über Erich Honecker, in: „Der Spiegel" 34/1992 vom 17. August 1992, 21].
<aside>„Stärke durch Schwäche"</aside>
„Der große Einfluß kleiner Alliierter"

2.2 Außenpolitik und Legitimität

Die Frage nach dem totalitären Charakter der DDR wird noch immer kontrovers beantwortet. Herrschte in der westdeutschen Forschung in den fünfziger Jahren angesichts der stalinistischen Residuen weitgehender Konsens darüber, mit Blick auf die inneren Verhältnisse und das aggressiv-militärische Auftreten Ost-Berlins das Totalitarismuskonzept auch auf die DDR anzuwenden, so wurde in den Jahren der Entspannungspolitik der Totalitarismusansatz zunehmend in Frage gestellt, nicht zuletzt weil die Berlinproblematik an Brisanz verlor. Der Gedanke des „Wandels durch Annäherung" (Egon Bahr) fand in der Publizistik vielfach auch auf die Außenpolitik der DDR Anwendung, so dass bisweilen sogar von einer Äquidistanz der Systeme gesprochen worden ist. Vor allem die u.a. von PETER CHRISTIAN LUDZ geprägte sozialwissenschaftliche und politikwissenschaftliche westdeutsche DDR-Forschung vollzog mit einer „systemimmanenten" Sichtweise einen Methodenwechsel und war bereit, den „zweiten deutschen Staat" stärker aus den eigenen Gegebenheiten zu verstehen und dadurch zu „entdämonisieren", was in gewissem Maß nicht nur den Verzicht auf moralische Kategorien, sondern auch auf das Totalitarismuskonzept zur Voraussetzung und auch zur Folge hatte.

Dies fiel unter außenpolitischen Aspekten um so leichter, als selbst Stalin – zumindest nach dem Zweiten Weltkrieg – seine Terrorherrschaft eher nach innen als nach außen ausgeübt hatte und die DDR in den siebziger Jahren mit der Losung der „friedlichen Koexistenz" den Eindruck von Aggressivität zu vermeiden suchte. In den achtziger Jahren gelang es ihr zudem, mit den Kampagnen zur Abrüstung einige propagandistische Achtungserfolge zu erzielen. Im Bann eines mächtigen Zeitgeistes wurde daher vielfach denjenigen Stimmen weniger Gewicht beigemessen, die auf den totalitären und potenziell aggressiven Charakter des ostdeutschen Regimes aufmerksam machten. Das Interesse galt vielfach den „Staatsaktionen" der DDR auf dem internationalen Parkett, während der ostdeutschen Oppositionsbewegung und ihrer Unterdrückung durch den staatlichen Verfolgungsapparat kaum Beachtung geschenkt wurde. Die Gründe dafür waren weit gefächert. Neben geradezu apologetischen Beurteilungen gab es auch „realistische" Analysen, die der DDR eine prinzipielle Reformunfähigkeit attestierten und die Hoffnung für illusorisch erklärten, dass die Sowjetunion jemals gewaltlos auf ihr Imperium und damit auch die DDR verzichten würde.

Erst nach dem Ende der DDR konnten all diese Annahmen einer grundlegenden Prüfung unterworfen werden. Nun wurde kritisch darauf aufmerksam gemacht, dass der ideologische Kerngehalt des marxistischen Systems lange Zeit verdrängt worden war und die DDR dem Gedanken des auch international zu führenden Klassenkampfes keineswegs grundsätzlich abgeschworen hatte. Sie hatte vielmehr die Formel der „friedlichen Koexistenz" als „manipulierbare Generalklausel"

[104: J. KUPPE, Außenpolitik, 36] genutzt, um ihre außenpolitischen Optionen zu erhöhen. Im Zusammenhang dieser notwendigen Neubewertungen hat auch die lange Zeit für unangemessen erachtete Totalitarismustheorie eine Renaissance erlebt.

Renaissance der Totalitarismustheorie

Freilich wird diese noch keineswegs beendete Debatte selten unter außenpolitischen Gesichtspunkten geführt. Ob die Kennzeichnung der DDR als „totalitäre Diktatur" angesichts vieler nicht kontrollierter Grauzonen des Lebens wenig geeignet ist, um „komplexe moderne Staatsgebilde (...) angemessen" zu charakterisieren [99: CH. KLESSMANN, Umgang, 5], und ob es sinnvoll ist, wie KONRAD JARAUSCH vorgeschlagen hat, die DDR zumindest in der Ära Honecker als eine „Fürsorgediktatur" [Realer Sozialismus als Fürsorgediktatur, in: APuZ B 20 (1998), 33–46] zu klassifizieren, bezieht sich auf Gesamteinschätzungen der DDR und blendet außenpolitische Aspekte meist aus. In systematischer Hinsicht noch weitgehend unerforscht ist die Frage, ob die DDR als ein Staat mit „aggressiver" Außenpolitik eingeschätzt werden muss. Die Aggressivität im Denken der DDR, die sich als sozialistischer Vorreiter in einem „Weltbürgerkrieg" sah [vgl. hierzu 93: A. HILLGRUBER, Deutsche Geschichte, 161], sollte dabei ebenso beachtet werden wie der Blick darauf gerichtet werden müsste, dass die ostdeutsche Diktatur trotz aller Entspannungsbekundungen außenpolitisch, beispielsweise in ihrer „Westpolitik" [221: J. STAADT, Westpolitik], gegenüber der Tschechoslowakei 1968 oder Polen 1980, ein Verhalten an den Tag legte, das durchaus an die Vorgänge von 1953 und 1956 erinnerte.

Aggressivität der DDR-Außenpolitik

Vor dem Untergang der DDR war eine Zeit lang bisweilen in den Hintergrund getreten, dass die Außenpolitik der DDR in erster Linie der Steigerung der Legitimation des Regimes dienen sollte. Für die DDR, die zwischen „Paternalismus und Paranoia" [87: M. FULBROOK, Anatomy, 22] oszillierte, war Außenpolitik Mittel zur Herrschaftssicherung im Inneren und zur Herstellung der notwendigen und geradezu verbissen angestrebten staatlichen „Legitimation" [113: S. MEUSCHEL, Legitimation]. Die SED-Führung musste allerdings hinnehmen, dass die außenpolitischen Positionsverbesserungen im Zuge der Anerkennung innenpolitische Kompromisse erforderlich machten, die sich wiederum negativ auf die Systemstabilität auswirkten [102: B. KREGEL, Außenpolitik, 106]. Letztlich waren weder die völkerrechtlichen Erfolge noch die Propagandamaschinerie in der Lage, das innere Legitimationsdefizit auszugleichen. Der überwiegenden Mehrheit der Ostdeutschen erschien nicht der sozialistische Musterstaat, sondern die vermeintlich „faschistische", später die „kriegstreiberische" Bundesre-

Außenpolitik als Mittel zur inneren Herrschaftssicherung

publik als Bezugspunkt. Die „positive Vergleichsgesellschaft" der Bonner Republik wirkte daher, wie M. RAINER LEPSIUS schon 1981 festgestellt hat, für die DDR „entlegitimierend und destabilisierend" [107: Teilung, 436].

Kritik am system-immanenten Ansatz

Das Wissen um die mit dem „systemimmanenten" Ansatz einhergehenden Fehleinschätzungen und ungenügenden Prognosefähigkeiten hat diese Forschungsrichtung nach 1989 ins Kreuzfeuer der Kritik geraten lassen, weil sie die Lebensfähigkeit des ostdeutschen Staates erheblich überschätzt hat. Das Bild der DDR-Außenpolitik, so haben unter anderem JENS HACKER, KONRAD LÖW und TIMOTHY GARTON ASH geurteilt, sei auf diese Weise geflissentlich geschönt worden [vgl. z. B. 59: K. SCHROEDER/J. STAADT, Diskreter Charme; 108: K. LÖW, DDR-Forschung; 109: DERS., Gesellschaft; 90: J. HACKER, Irrtümer, 409–449; 88: T. GARTON ASH, Im Namen Europas, 457–501]. Die wesentlich im Anschluss an LUDZ vertretene These, im Zuge einer „Modernisierung" der DDR in den sechziger Jahren habe sich eine wirtschaftlich und technisch effiziente technokratische Elite herausgebildet, die in Konkurrenz zu den herkömmlichen ideologisch-politischen Machtcliquen stehe, war irreführend. Auch der Eindruck eines gewachsenen Problembewusstseins und „vorhandener Problemlösungskompetenz" der DDR-Führung hat sich im Nachhinein als falsch erwiesen [128: D. STARITZ, Geschichte, 10; 114: G. MEYER, DDR-Machtelite, 200–210], wie überhaupt erst nachträglich erkannt worden ist, dass „der Primat der Politik über die Ökonomie nie ernsthaft gefährdet" war [56: G.A. RITTER, DDR, 180].

Die DDR in der deutschen Geschichte

Dies berührt auch die Frage nach der Einordnung der Außenpolitik der DDR in den Gang der deutschen Geschichte. Bisweilen ist die Geschichte der beiden deutschen Teilstaaten und der „doppelten Staatsgründung" im Sinne einer parallelen Nachkriegsentwicklung dargestellt worden [98: CH. KLESSMANN, Staatsgründung], bzw. es ist von „Parallelen" gesprochen worden, die sich „in der Vereinigung der Jahre 1989/90" getroffen hätten [78: P. BENDER, Episode, 10]. Noch einen Schritt weiter gehen manche DDR-Historiker. Sie haben dem SED-Staat rückblickend eine aus der deutschen Geschichte abzuleitende Legitimation attestiert. Gemeinsam mit der bundesrepublikanischen Geschichte habe es sich „um zwei unterschiedliche Entwicklungslinien und potenzielle Möglichkeiten" gehandelt, die nach dem Ersten Weltkrieg und seinen Folgen „zugleich als Epochenprozesse und -konstellationen" wirksam geworden seien [77: R. BADSTÜBNER, Reich, 15].

Nicht nur der diktatorische Charakter der DDR, sondern auch die äußeren Rahmenbedingungen beider deutscher Staaten haben Kritik an einer solchen Sichtweise mit ihren Harmonisierungstendenzen und potenziellen Gleichsetzungen hervorgerufen. Eine entsprechende Parallelisierung ist nicht zuletzt deshalb scharf zurückgewiesen worden, weil seit 1989 kein Zweifel besteht, dass man es mit „zwei ganz verschiedenen Geschichten" zu tun hat, „einer mit Zukunft und einer ohne Zukunft. An der zweiten interessiert vor allem, warum sie keine Zukunft hatte" [96: P. GRAF KIELMANSEGG, Nach der Katastrophe, 677]. Unter Bezug auf die außenpolitischen Bedingtheiten erscheint die Geschichte der DDR daher „in erster Linie als Geschichte der sowjetischen Herrschaft über ganz Ostmitteleuropa" und „erst in zweiter Linie als Teil der deutschen nationalen Geschichte" [116: W.J. MOMMSEN, Ort, 28].

DDR als Geschichte der sowjetischen Herrschaft über Ostmitteleuropa

3. Strukturen der Außenpolitik: Herrschaftsaufbau und Institutionenbildung

Seit ihrer Gründung war die DDR im Banne des „demokratischen Zentralismus" stark hierarchisch gegliedert. Vergleichbar mit den Verhältnissen in anderen Staaten des östlichen Europa zeichnete sich schon früh eine klare Dominanz der SED als de facto-Staatspartei ab. Die konsequente Stalinisierung und die Ausrichtung des Staatsapparats auf die SED [siehe hierzu die Beiträge von G. BORDJUGOW und U. MÄHLERT in 134: H. WEBER/U. MÄHLERT (Hrsg.), Terror, 283–349 und 351–457] sollte den Sozialismus in Ostdeutschland dauerhaft verankern. Die umfassende und bereits im Frühjahr 1946 einsetzende Stalinisierung der SED [147; 151] und die teils freiwillige, teils durch extremen Gleichschaltungsdruck herbeigeführte Vereinigung von KPD und SPD stellten die Vorbedingungen für die Ausbildung der SED zur „Partei neuen Typs" dar [146: A. MALYCHA, Partei] und boten die Grundlage für die Entstehung der außenpolitischen Strukturen. Der inhärente Dualismus von Partei- und Staatsinstanzen führte letztlich dazu, die Macht an der Spitze der Partei zu konzentrieren. Beschlüsse, die normalerweise in den Kompetenzbereich der Regierung oder des Außenministeriums hätten fallen müssen, wurden im Politbüro, im ZK oder, gegen Ende des Regimes immer augenfälliger, vom Generalsekretär der SED allein gefällt. Personenkult und Willkürherrschaft waren und blieben zentrale Merkmale der Machtausübung eines Staates, der in seinen grundsätzlichen Strukturen bis zum Schluss reformunfähig war. Residuen stalinistischer Herrschaft fanden sich daher selbst noch unter Honecker. Die Strukturen des außenpolitischen Entscheidungsprozes-

Dominanz der SED

Personenkult und Willkürherrschaft

ses blieben über die gesamte Existenz der DDR weitgehend unverändert. Partei und Staat waren in einer Weise miteinander verwoben, dass SED und DDR bisweilen in außenpolitischer Hinsicht als Synonyme Verwendung fanden. Weil der „Führungsanspruch der SED gegenüber dem Staat (...) universell" war [255: B.-E. SIEBS, Außenpolitik, 54], wurden die grundsätzlichen Entscheidungen vom Führungszirkel der SED getroffen.

Da der 1. Sekretär bzw. Generalsekretär des Zentralkomitees der

Hervorgehobene Stellung des Generalsekretärs

SED an der Spitze der Organisationspyramide stand, kam ihm eine hervorgehobene Position zu, die angesichts der stark personalisierten Außenpolitik besonders schwer wog. Schon Walter Ulbricht war im Verkehr mit der Sowjetunion und den „Bruderländern" mit außenpolitischen Fragen, aber auch mit ökonomischen und kulturellen Angelegenheiten befasst. In der Praxis gaben daher Ulbricht und nach dessen Sturz im Jahr 1971 Honecker die außenpolitischen Richtlinien vor. Honecker hatte spätestens seit den frühen achtziger Jahren „die vollständige Kontrolle über die gesamte Außenpolitik" [255: B.-E. SIEBS, Außenpolitik, 63]. In der Forschung gibt es wenig Dissens, dass die „Außenpolitik der DDR eine weitgehend elitäre Angelegenheit" blieb [79: S. BOCK, Vier Jahrzehnte, 41]. Diese Praxis korrespondiert mit der Beobachtung, dass politische Systeme, die den Willen des Volkes vollständig ausschalten, dazu tendieren, die Macht bei wenigen Individuen zu konzentrieren [252: M. E. SAROTTE, Dealing, 29; J. L. GADDIS, Strategies of Containment, Oxford u.a. 1982, 335].

Honeckers selbständige Außenpolitik

Honeckers Bedeutung für die außenpolitischen Entscheidungen wurde schließlich sogar so groß, dass er mit Hilfe einiger ihm ergebener oder von ihm abhängiger Sekretäre des ZK und Mitglieder des Politbüros „alle Möglichkeiten in der Hand hatte, vollkommen selbständig Außenpolitik" zu betreiben [255: B.-E. SIEBS, Außenpolitik, 59; zur Funktionsweise die Beiträge in 40: H. MODROW (Hrsg.), Das Große Haus], ohne das Politbüro in wichtige Entscheidungsprozesse einbinden zu müssen.

Politbüro

Vom Generalsekretär abgesehen, war das Politbüro das „wichtigste Entscheidungs- und Koordinationsgremium (...) des gesamten politischen Machtgefüges" der DDR [114: G. MEYER, DDR-Machtelite, 46], in dem alle grundsätzlichen politischen und personellen Entscheidungen auch außenpolitischer Natur getroffen wurden. Allerdings zeigte sich der zentralistische Charakter des Regimes gerade im Politbüro und seiner „Klassenzimmeratmosphäre" [G. SCHABOWSKI, Das Politbüro, Reinbek 1990, 21, hierzu auch 82: E. CROME/R. KRÄMER, Verschwundene Diplomatie, 134], während die Bedeutung der dem Po-

3. Strukturen der Außenpolitik 71

litbüro zugeordneten „Außenpolitischen Kommission" trotz recht hochkarätiger Besetzung beständig abnahm [255: B.-E. SIEBS, Außenpolitik, 76–79]. Das ZK und sein Sekretariat war zwar formal dem Politbüro ZK übergeordnet, blieb aber de facto ein Akklamationsorgan, hatte eine im Wesentlichen legitimierende Funktion und nahm keinen entscheidenden Einfluss auf die außenpolitischen Entscheidungsprozesse. Die dem ZK zugeordnete Abteilung für Internationale Verbindungen (Abteilung IV) hatte zwar oftmals ein größeres Gewicht als das Außenministerium, was allerdings angesichts der übergeordneten Rolle des Generalsekretärs in der Praxis nicht viel bedeutete. Seit den siebziger Jahren war es vor allem Hermann Axen, der als Politbüromitglied, langjähriger ZK-Sekretär für Internationale Beziehungen der SED und zeitweise ZK-Sekretär der Westabteilung seinen Einfluss geltend machen konnte. Axen, intelligent und beeinflussbar zugleich, agierte zumeist im Sinne Honeckers, der immer häufiger einsame Entscheidungen traf und lediglich bei wirtschaftlichen Angelegenheiten in Günter Mittag seinen wichtigsten Ansprechpartner fand.

Das MfAA – Instrument für eine Außenpolitik, die zu Beginn noch gar nicht vorhanden war [179: M. LEMKE, Prinzipien, 273] – fun- MfAA gierte als untergeordnetes Organ, das die Entscheidungen des Politbüros und des Zentralkomitees umzusetzen und als „Funktionalorgan der Partei" zu dienen hatte [117: I. MUTH, DDR-Außenpolitik, 73]. Sein Aufbau ist inzwischen vergleichsweise gut erforscht. Als staatliche Behörde war es von Beginn an eine nachgeordnete Behörde, deren Minister – der unfolgsame Dertinger, der weitgehend einflusslose Bolz, Ulbrichts farbloser Gefolgsmann Winzer und schließlich der Honecker ergebene und bis April 1990 amtierende Fischer – de facto niemals über wirkliche Handlungsbefugnisse verfügten. Dieser Umstand hat erheblich dazu beigetragen, dass das Interesse der Forschung an den Machträgern des MfAA begrenzt geblieben ist und bis heute keine wissenschaftlichen Ansprüchen genügenden biografischen Studien vorliegen. Lediglich über den „unbotmäßigen" Georg Dertinger, der als ehrgeiziger Politiker seine Stellung tragisch überschätzte, ist bislang ein einigermaßen klares Bild gezeichnet worden [76: H. AMOS, Westpolitik, 159–173].

Über die Organisation und die personellen Strukturen des MfAA in den beiden ersten Jahrzehnten informiert neben einigen autobiografischen Berichten [32; 52] inzwischen eine umfangreichere Studie, die allerdings die nachgeordnete Stellung des Amtes im SED-Staat zu wenig reflektiert [117: I. MUTH, DDR-Außenpolitik; für die letzten beiden Dekaden ist man auf die entsprechenden Abschnitte bei 255: B.-E.

SIEBS, Außenpolitik, angewiesen]. Von der Struktur her war das MfAA zunächst dem Auswärtigen Amt der Weimarer Republik nachgebildet, wurde allerdings in mehreren Schüben, ganz im Einklang mit den außenpolitischen Entwicklungen, bis Ende der fünfziger Jahre dem Organisationsplan des sowjetischen Außenministeriums angepasst. Die Rekrutierung der Diplomaten erfolgte nach sozialen und politischen Kriterien, während die fachliche Eignung der Kandidaten zunächst zweitrangig blieb. Der hohe Anteil von Arbeitern im diplomatischen Dienst der DDR – in den fünfziger Jahren rund drei Viertel der Mitarbeiter – garantierte gemäß dem Kaderdenken die politische Zuverlässigkeit. Der Bruch mit bisherigen Traditionen hatte häufig, vor allem in der Anfangszeit, eine Unsicherheit der Parteikader des MfAA auf dem glatten diplomatischen Parkett zur Folge. Erst in der Mitte der sechziger Jahre

Professionalisierung des außenpolitischen Apparates

erfolgte eine Professionalisierung des außenpolitischen Apparates. Der Großteil der DDR-Diplomaten wurde nunmehr am Institut für Internationale Beziehungen der „Deutschen Akademie für Staats- und Rechtswissenschaft" in Potsdam-Babelsberg oder am Institut für Internationale Beziehungen des sowjetischen Außenministeriums in Moskau ausgebildet. Diese Akademisierung der Behörde rief allerdings bei der Parteiführung die Sorge vor einer möglichen „ideologischen Aufweichung" hervor. Seitens des Zentralkomitees der SED wurde daher darauf verwiesen, dass die Vertretung der DDR im Ausland nicht nur die Ausübung eines Berufes sei, sondern ein „Klassenauftrag". An der grundlegenden Unterordnung des MfAA unter die Vorgaben der Partei änderte sich bis zum Ende des Regimes nichts; zudem wirkten die „integrativen Mechanismen" in einer Weise, dass wohl auch im MfAA die jüngere Diplomatengeneration Opportunitätsüberlegungen den Vorrang gab und Konflikte möglichst vermied [hierzu grundsätzlich 114: G. MEYER, DDR-Machtelite, 203–210].

Der Einfluss des MfS auf außenpolitische Entscheidungen ist noch nicht hinreichend erforscht. Die bisherigen Untersuchungen haben

Einflussnahme des MfS als Desiderat der Forschung

vornehmlich den innenpolitischen Einfluss thematisiert [129: S. SUCKUT/W. SÜSS (Hrsg.), Staatspartei], obwohl gerade die tiefen Eingriffe in die innere Entwicklung westlicher Staaten und besonders der Bundesrepublik, beispielsweise beim Stimmenkauf im Zusammenhang des gescheiterten Misstrauensvotums 1972 [136: H.A. WINKLER, Der lange Weg, 297–299 und allgemein 216: H. KNABE, Unterwanderte Republik], die Aufmerksamkeit der Forschung erfordern würde. Auch zu den befreundeten Staaten und „Freiheitsbewegungen" der Dritten Welt pflegte das MfS enge Kontakte und unterstützte beispielsweise den Aufbau der dortigen Polizei- und Sicherheitskräfte.

Es gab weitere Institutionen, die mit den Außenbeziehungen befasst waren. Eine besondere Rolle spielte die Militär- und Sicherheitspolitik der DDR, der vor dem Hintergrund des Kalten Krieges eine hohe außenpolitische Bedeutung zukam. Die SED war, wie DANIEL GIESE jüngst herausgearbeitet hat, von Beginn an bestrebt, „die umfassende politische Kontrolle und Durchdringung der NVA zu verwirklichen" [213: SED und Armee, 255]. Bis zum Mauerbau diente die Armee der DDR nicht zuletzt als innenpolitisches Machtinstrument, aber seit Anfang der sechziger Jahre erfüllte sie zunehmend Aufgaben innerhalb der sozialistischen Militärkoalition, was ihrem politischen Prestige zuträglicher war. Durch den Warschauer Vertrag, mit dem die UdSSR ihre unanfechtbare Führungsposition zementierte, war die DDR seit 1955/56 fest im östlichen Bündnis verankert. Die DDR hatte sich dabei der sowjetischen Militärdoktrin unterzuordnen, was angesichts der eigenen staatlichen Labilität notwendig war und auch nicht angefochten wurde. Als Parteichef war Ulbricht Mitglied des „Politischen Beratenden Ausschusses" des Warschauer Paktes, der das wichtigste politische Entscheidungsgremium des östlichen Bündnisses wurde. Die ganz auf die Sowjetunion ausgerichtete Militärdoktrin blieb für die Staaten des östlichen Bündnisses bis zuletzt verbindlich. Die DDR nahm hierin von Beginn an eine „Sonderstellung" ein, weil sie erst seit Mitte der sechziger Jahre endgültig in das bilaterale Paktsystem des Ostblocks aufgenommen und zugleich als „westlicher Vorposten" und in ständiger Konkurrenz und Konfrontation zur Bundesrepublik zu einem „der zuverlässigsten Militärverbündeten der UdSSR" wurde [312: J. HACKER, Stellung, 220].

Ulbrichts seit Anfang der sechziger Jahre unternommene Versuche, den Warschauer Pakt in ein kooperativ arbeitendes Bündnis mit gemeinsamen Führungsstrukturen umzubauen und durch diese Integration zu emanzipieren, scheiterten am Unwillen der Sowjetunion und dem Misstrauen Polens und Ungarns [A. WAGNER, Emanzipation durch Integration? Walter Ulbricht, Moskau und die Reform der Warschauer Vertragsorganisation, 1965–1969, in: DA 35 (2002), 413–420]. Letztlich ist gerade unter militärischen Gesichtspunkten das Verhältnis zur UdSSR von „Unterwürfigkeit gegenüber der Führungsmacht" geprägt gewesen, während nach außen der Schein einer „kooperativen Zusammenarbeit" gewahrt wurde. Zugleich waren die sowjetischen Truppen in der DDR „eine permanente Drohung gegen jeden Versuch einer Systemveränderung" [293: I.-S. KOWALCZUK/S. WOLLE, Roter Stern, 109 bzw. 162].

Grundsätzlich stand die Außenpolitik der DDR während ihrer gesamten Existenz unter den ideologischen Vorgaben sozialistischer Soli-

NVA

Rolle der DDR im
östlichen Bündnis

DDR und
„Warschauer Pakt"

darität und des „proletarischen Internationalismus". Schon in den durch
Unsicherheit gekennzeichneten Anfangsjahren der DDR verschwam-
men daher im Verkehr mit den „befreundeten" Ländern notgedrungen
die Grenzen zwischen Partei- und Staatsbeziehungen. Die Beziehun-

*Politik im Banne
des „proletarischen
Internationalismus"*

gen zu den sozialistischen „Bruderländern", die noch 1949 die DDR
diplomatisch anerkannt hatten – die Volksrepubliken Bulgarien, Polen,
Tschechoslowakei, Ungarn, Rumänien, China, Nordkorea und Albanien – suggerierten dabei einen Anschein von Souveränität.

Die politischen, militärischen und sicherheitspolitischen Verbindungen der DDR wurden durch wirtschaftliche Verflechtungen ergänzt,
die ihrerseits vielfältige wechselseitige Verbindungen und Abhängigkeiten schufen. Die UdSSR war naturgemäß der wichtigste Außen-

RGW

handelspartner. Als politisch-ökonomisches Pendant zum Warschauer
Pakt fungierte der Rat für Gegenseitige Wirtschaftshilfe (RGW), dessen Zentrale sich in Moskau befand. Vor allem in den prekären Anfangsjahren dienten die Außenhandelsbeziehungen zu den verbündeten
Staaten zur Synchronisierung der Wirtschaftsordnungen, die mit ihrer
zentralen Planung, Lenkung und Kontrolle dem Beispiel der Sowjetunion folgten und zu einer begrenzten ökonomischen Stabilisierung der
DDR beitrugen. Der Kurs der DDR gegenüber dem RGW ist als „inte-
grationsfreudig" bezeichnet worden, weil der ostdeutsche Staat aufgrund seiner antagonistischen Stellung zur Bundesrepublik an einer
aktionsfähigen Wirtschaftskooperation besonders interessiert war und
daher gar eine „Brückenfunktion" für die anderen Mitgliedsstaaten
übernahm [333: A. USCHAKOW, DDR im RGW, 165 f.]. Allerdings war
das östliche Bündnis kaum kooperationsfähig. Die „Integration" blieb
„immer ein künstliches, aus der mehr oder weniger entwickelten Einsicht der nationalen Führungen in die Notwendigkeit internationaler
Kooperation geborenes Gebilde ohne wirtschaftliche Eigendynamik"
[82: E. CROME/R. KRÄMER, Verschwundene Diplomatie, 131], das nicht
entfernt in der Lage war, einen gemeinsamen Wirtschaftsraum zu
schaffen, wie er im Westen mit der EWG entstand. Die Außenhandelsbeziehungen litten unter der Ineffektivität des planwirtschaftlichen
Systems und vergifteten zugleich die Beziehungen der RGW-Staaten
untereinander.

Die Versuche der DDR, mit dem NÖSPL in den sechziger Jahren
ein eigenes Wirtschaftsmodell zu entwickeln, wurden schließlich in

*Verhältnis zu den
„Bruderländern"*

den Staaten Ostmittel- und Südosteuropas sogar mit Neid und Misstrauen quittiert. Die Sowjetunion unterstellte der DDR in diesem Zusammenhang sogar eine potenzielle Sozialdemokratisierung, einen
deutschen „Sonderweg" und das Ausbrechen aus dem sowjetischen Im-

perium [225: R. WEINERT, Wirtschaftsführung, 296]. In den siebziger und achtziger Jahren stagnierte der RGW und die geplante ökonomische Integration innerhalb des Wirtschaftsverbundes misslang. Die einstmals reformfreudig auftretende DDR fungierte nun als Bremser, weil durch eine Reform die für sie günstigen Rohstoffimporte gefährdet worden wären. Der RGW blieb „ein Instrument zur bilateralen Koordinierung der Volkswirtschaftspläne nach dem Prinzip der Einstimmigkeit" [255: B.-E. SIEBS, Außenpolitik, 335]; der Handel zwischen den einzelnen Mitgliedsländern hätte wahrscheinlich auch ohne ihn nicht wesentlich anders ausgesehen.

Die Beziehungen zu den Industriestaaten des Westens waren vor der Anerkennungswelle der frühen siebziger Jahre durch das Sonderverhältnis zur Bundesrepublik gekennzeichnet. Diese spezifische „Westpolitik" blieb zunächst dem Ziel untergeordnet, die völkerrechtliche Anerkennung zu erreichen, so dass die nichtstaatlichen Beziehungen weitgehend konzeptlos wirkten und „mehr Schein als Sein" waren, um „den Eindruck der Normalität" zu unterstreichen [235: M. HOWARTH, Westpolitik, 83].

Beziehungen zu den westlichen Staaten

Nicht zuletzt aus diesem Grund spielten für die DDR die kulturellen Kontakte zur Außenwelt eine herausgehobene Rolle. Neben dem von Beginn an auch außenpolitisch wirkungsvoll eingesetzten „Antifaschismus" kam vor allem seit den sechziger Jahren im Verkehr mit den westlichen Ländern Europas der Kulturpolitik eine Art Ersatzfunktion zu. Als ihre „Transmissionsriemen" dienten Organisationen und Komitees, die zumeist von SED-Funktionären oder ehemaligen Mitgliedern des MfAA geleitet wurden. Neben der mit 6,2 Millionen Mitgliedern größten dieser Massenorganisation, der Gesellschaft für Deutsch-Sowjetische Freundschaft, spielte die 1961 gegründete Liga für Völkerfreundschaft eine wichtige Rolle. Ihr zugeordnet war eine Vielzahl von Organisationen, u. a. die Deutsch-Arabische Gesellschaft, die Deutsch-Afrikanische Gesellschaft und ähnlich strukturierte Einrichtungen, die sich u. a. den Beziehungen zu Lateinamerika, Italien, Frankreich, Großbritannien, Italien und Griechenland widmeten.

Herausgehobene Rolle kultureller Kontakte

Die auswärtige Kulturpolitik war auch nach der Anerkennungswelle der siebziger Jahre vor allem in den Staaten bedeutsam, in denen es, wie etwa in Italien oder Frankreich, eine starke kommunistische Partei gab. Zum Teil gelang es der DDR dabei, das Eigenbild des „besseren Deutschland" auch deshalb mit einigem Erfolg im Ausland zu vermitteln, weil die in Europa weit verbreiteten Sorgen vor einer starken und wirtschaftlich potenten Bundesrepublik von der DDR ausgenutzt und mit dem Trugbild einer friedliebenden und der Solidarität verpflichteten „demokratischen Republik" kontrastiert werden konnten. Irritierend wirkte jedoch der Versuch, sich zwar als Kulturnation DDR zu stilisieren, Kulturvermittlung jedoch als „Einbahnstraße" und nicht als Weg zur Schaffung wechselseitiger Beziehungen zu verstehen [H.-J. FINK, Die DDR im Westen, in: DA 12 (1979), 290–302, bes. 300 f.]. Trotz aller temporären Erfolge der auswärtigen Kulturpolitik darf ihr Stellenwert jedoch nicht zu hoch bewertet werden. Als es Ende der achtziger Jahre um die Existenz der DDR ging, konnten weder die auswärtige Kulturpolitik noch die transnationalen Kontakte den Untergang verzögern, geschweige denn verhindern.

4. Die Entstehungsbedingungen der DDR

Aufgrund der sich frühzeitig abzeichnenden Ost-West-Konfrontation war die Entstehung zweier deutscher Staaten absehbar und wahrscheinlich, wenn auch nicht in letzter Konsequenz zwangsläufig. Die Bedeutung Stalins als entscheidender Instanz für den Ausbruch des Kalten Krieges, für die Spaltung Deutschlands und für die Entstehung der DDR wird als ausgesprochen hoch eingeschätzt [die neueste Forschung zusammenfassend 339: J.L. GADDIS, We Now Know]. Welche Ziele er aber im Einzelnen mit seiner SBZ verfolgte, ist immer noch umstritten.

Kontroversen um Stalins Ziele — Inzwischen ist die Forschung durch die Auswertung sowjetischer Archivalien zwar besser als zuvor darüber informiert, was sich hinter den Kremlmauern abspielte [352: V. ZUBOK/C. PLESHAKOV, Kremlin], aber die unterschiedlichen Bewertungen der Historiografie bestehen unverändert fort, weil Stalins Deutschlandpolitik ausgesprochen vielschichtig, ja sogar widersprüchlich war. Der Diktator hielt sich noch eine ganze Weile die Option offen, entweder einen eigenen Staat in seinem Einflussbereich zu schaffen oder ein neutrales Gesamtdeutschland mit starken sowjetischen Einwirkungsmöglichkeiten zu favorisieren. Einerseits war er an einer Abschirmung des eigenen Machtbereichs gegenüber dem Westen interessiert, andererseits wollte er über den Alliierten Kontrollrat wirtschaftlich-politischen Einfluss im Westen Deutschlands erreichen. Als sich dies spätestens seit dem Sommer 1946 als unrealistisch erwies, steuerte die Sowjetunion freilich „unvermeidlich auf die Teilung Deutschlands zu" und legte ihre Deutschlandpolitik „endgültig auf einen Alleingang fest" [145: G. MAI, Kontrollrat, 165 und 170].

SMAD — Hierfür stand Stalin seine Militäradministration zur Verfügung, deren Struktur und Funktion inzwischen gut erforscht ist [3: B. BON-

WETSCH/G. BORDJUGOW/N. NAIMARK (Hrsg.), Sowjetische Politik]. Die SMAD als „einzige(s) staatsrechtliches Subjekt in der SBZ" [141: J. FOITZIK, Verhältnis, 56] gebot über alle Voraussetzungen, die Entwicklung in der SBZ zu steuern, und betrachtete „jedes Detail des deutschen politischen und sozialen Lebens als Angelegenheit der Besatzungsmacht" [150: N. NAIMARK, Militäradministration, 306]. Zwar war die SMAD keineswegs eine monolithische Institution, aber trotz aller internen Meinungsunterschiede arbeitete die Gesamtbehörde darauf hin, die Herrschaft der SED zu etablieren und abzusichern. Die Entstehung der DDR war daher letztlich das Resultat und die „objektiv unvermeidliche Folge der Organisation der sowjetischen Deutschlandpolitik" [140: J. FOITZIK, Militäradministration, 14].

Die Versuche der SED, für ihr Gesellschaftsmodell zu werben, waren durch massenhafte Vergewaltigungen durch Sowjetsoldaten, die Umstände von Flucht und Vertreibung und die Zustände im sowjetischen Herrschaftsgebiet von Beginn an stark kompromittiert [151: N. NAIMARK, Russen, 91–179; 339: J.L. GADDIS, We Now Know, 286 f.]. Die mangelnde innere Legitimation und die sowjetische Dominanz ließen daher in den ersten Jahren nach 1945 eine genuine „Außenpolitik" der SED nicht zu. Solange die Meinungsbildung in Moskau noch nicht abgeschlossen war, konnten sowohl untergeordnete sowjetische Behörden in der SBZ als auch die SED-Funktionäre eigene Vorstellungen artikulieren. Wie groß der Handlungsspielraum allerdings war und warum beispielsweise Ulbricht eine Politik einleiten konnte, die Stalins Zielen nicht unbedingt entgegenkam, ist umstritten und dementsprechend als „one of the mysteries of German postwar history" bezeichnet worden [346: W.R. SMYSER, Yalta, 39]. Kontroversen um die Rolle der SED-Kader

Zwei gegensätzliche Forschungspositionen gilt es dabei nach wie vor zu unterscheiden: Die eine sieht die SED-Funktionäre lediglich als Objekte der sowjetischen Führung an, die Gegenposition erkennt durchaus eine Eigenständigkeit der SED-Kader. Die Amtsträger, die zum Teil schon während des Krieges im Moskauer Exil eine eigene Nachkriegsplanung für Deutschland im Sinne des „Antifaschismus" und Marxismus entworfen hatten und als von der sowjetischen Führung handverlesene KPD-Kader angeleitet wurden, waren bereits aus der Exilzeit an das Verfahren gewöhnt, das eigene Vorgehen jeweils genehmigen zu lassen oder – was häufiger der Fall war – als Exekutor der sowjetischen Anordnungen und Befehle zu fungieren [139: P. ERLER/H. LAUDE/M. WILKE (Hrsg.), Dokumente].

Vor allem WILFRIED LOTH vertritt die These, Stalin habe die SBZ als eine vorübergehende Notlösung betrachtet und die DDR als „unge- Wilfried Loths These liebtes Kind" eigentlich nicht gewollt. Aus dieser Interpretation leitet sich die Einschätzung ab, der ostdeutschen Führung ein hohes Maß an Eigenständigkeit zu attestieren: Ein in gemeinsamer Verantwortung der Siegermächte geschaffenes Deutschland sei nicht im Sinne der SED-Führung unter Ulbricht gewesen. Dieser habe im revolutionären Eifer vor dem Hintergrund westlicher Abschottungspraxis von Beginn an auf eine sowjetisch dominierte Zone und das sowjetische Gesellschaftsmodell zugesteuert, die Option eines durch die SED kontrollierten Gesamtdeutschlands als Maximalprogramm zurückgestellt, sich mit seinen Vorstellungen durchsetzen können und den Machtkampf schließlich Ende 1947 „gewonnen": Ulbricht habe seine Wahl getroffen und Stalin habe dies nicht mehr ändern können [so in Anlehnung an LOTH: 346: W.R. SMYSER, Yalta, 40 bzw. 69]. Ohne Ulbricht sei die DDR nicht denkbar gewesen; er sei „Hauptverantwortlicher für den real existierenden Sozialismus der DDR" und habe, „getrieben von einer Mischung aus ideologischem Sendungsbewusstsein und Machthunger", jede Chance zur Durchsetzung seiner Vorstellung genutzt [144: W. LOTH: Ungeliebtes Kind, 226]. LOTH begründet seine Interpretation mit den bis zum Ende der DDR weitgehend unbekannten Aufzeichnungen Wilhelm Piecks über Konsultationen mit der sowjetischen Führung, die nach Ansicht von LOTH Anhaltspunkte dafür bieten, dass Stalin im Falle eines ernsthaften politischen Gegenangebots auf die DDR verzichtet hätte. Eine solche Sichtweise kann sich allerdings auf nur wenige und zudem indirekte Indizien stützen und muss neben den unterschiedlich auslegbaren Aufzeichnungen Piecks auf in ihrem Quellenwert umstrittene Aussagen wie etwa diejenige von Semjonow zurückgreifen, Stalin habe „ein einheitliches Deutschland" angestrebt [48: W. SEMJONOW, Stalin, 206].

Gegenstimmen Die dezidierte Gegenthese vermag, besonders für die Zeit nach 1947, kaum Zeichen für sowjetische Kompromissfähigkeit zu erkennen. Stalin sei nicht bereit gewesen, die Existenz einer sowjetisch orientierten Einflusszone in Deutschland aufzugeben. Aus dieser Einschätzung folgt die Annahme, die SED-Führung sei gezwungen gewesen, dem jeweiligen Kurs der Sowjetunion zu folgen und habe keine Möglichkeit besessen, auf grundlegende Entscheidungen der UdSSR Einfluss zu nehmen. Das Verhältnis sei derart einseitig gewesen, so hat etwa GERHARD WETTIG, der eine Fülle von quellengesättigten Arbeiten zum Verhältnis zwischen UdSSR und SBZ vorgelegt hat, ausgeführt, dass man die SBZ gar als „koloniale Gründung der UdSSR" bezeichnen müsse [135: G. WETTIG, Sowjetunion und SBZ/DDR, 526; diese Thesen zusammenfassend 308: DERS., Bereitschaft]. Für diese Ansicht einer engen Anleitung der SED-Führung durch die Sowjetunion ist nicht zuletzt die Politik der sowjetischen Besatzungsbehörde als Beleg angeführt worden. In neueren Arbeiten ist unter Heranziehung von Moskauer Quellen eine bemerkenswert früh einsetzende Sowjetisierung konstatiert worden [138: S. CREUZBERGER, Besatzungsmacht], die für die ostdeutschen Machthaber mit nur „sehr geringen Handlungsspielräumen" verbunden gewesen sei [126: K. SCHROEDER, SED-Staat, 594]. Historiker wie GERHARD WETTIG, die schon früh auf den überragenden sowjetischen Einfluss hingewiesen haben, sehen daher keinen Anlass, ihre bereits in den fünfziger Jahren gewonnenen Ergebnisse grundlegend zu revidieren, die SED habe im Grunde genommen dem Kreml lediglich „Treue Dienste" leisten können, weil ihr nichts weiter als eine „dienende Funktion" zugewiesen worden sei [156: G. WETTIG, Treue Dienste, 414].

Zugleich hat die neuere Forschung angesichts der Unentschiedenheit Stalins darauf aufmerksam gemacht, dass in der SBZ weniger zielgerichtete Entscheidungen als vielmehr Verlegenheitslösungen getroffen wurden [151: N. NAIMARK, Russen, 586]. Freilich deckt sich diese Position in wesentlichen Aspekten mit der Ansicht, die Eigenständigkeit der SED eher gering zu veranschlagen. Unabhängig davon, ob etwa die Rolle eines sowjetischen Funktionärs wie Tjulpanow als Verfechter einer harten Sowjetisierungslinie als „entscheidend" [138: S. CREUZBERGER, Besatzungsmacht, 178] oder seine Position als „bestenfalls fünftrangig" [140: J. FOITZIK, Militäradministration, 136] bewertet wird, erweist sich die „Benennung möglicher Handlungsspielräume und Freiräume" der ostdeutschen Kommunisten als „schwierig", „da diese insbesondere durch die Besatzungsmacht gesetzt wurden" [148: A. MALYCHA, SED, 51]. Während der Herrschaft Stalins war es ausgeschlossen, dass die SED-Führung ihrerseits mehr als Anregungen an die sowjetische Seite zu geben vermochte, die Beachtung finden konnten oder auch nicht.

Ein grundsätzliches Problem stellt sich mit der Frage nach dem spezifischen Charakter der Fremdbestimmtheit der SED. Die These eines allumfassenden sowjetischen Dirigismus in der SBZ/DDR hat zum Teil Widerspruch erfahren. Beispielsweise ist darauf verwiesen worden, dass trotz aller unbestrittenen Fremdbestimmtheit die Sowjetisierung [zur Begrifflichkeit M. LEMKE, Einleitung, in: 296: DERS. (Hrsg.), Sowjetisierung, 11–25] auch selbstgewollt war, weil die Sowjetunion als ideologisches Vorbild diente und es ihr gegenüber keine prinzipiellen Interessengegensätze gab. Der „Unterwerfungsprozess" war nicht nur oktroyiert, sondern entsprach einer „freiwilligen Unterordnung" [126:

Benennung ostdeutscher Spielräume

Spezifischer Charakter der Fremdbestimmtheit der SED

K. SCHROEDER, SED-Staat, 594]. Die „Eigenständigkeit" der DDR um-
schrieb somit „ein Handeln aus spezifischen Interessen und selbst gewonnenen Überzeugungen heraus und damit auch eine relative Frei-
willigkeit der Unterordnung" [M. LEMKE, Einleitung, in: 296: DERS.
(Hrsg.), Sowjetisierung, 12; ähnlich auch DERS., Die Sowjetisierung der
SBZ/DDR im ost-westlichen Spannungsfeld, in: APuZ B 6 (1997),
41–53, bes. 48 f.; zur Kontinuität der freiwilligen ideologischen Unterordnung auch in der Folgezeit 255: B.-E. SIEBS, Außenpolitik, 40 f.].

Jan Foitziks Angesichts der spezifischen Problematik, die Stellung der SED in
Interpretation ihrer Anfangszeit auch begrifflich zu fassen, hat JAN FOITZIK dafür plä-
diert, die SED als eine „Koordinierungsinstanz" einzustufen, deren
Kompetenz über die Rolle eines anfänglichen Helfershelfers immer
stärker hinausgegangen sei [140: Militäradministration, 372]. Die SED
habe schließlich Entscheidungen argumentativ durchsetzen und Einfluss auf die Entwicklung nehmen können, indem sie „durch Zielvorga-
ben oder durch Sachentscheidungen vollendete Tatsachen schuf und
Handlungsbedarf provozierte" [Ebd., 425]. Letztlich habe sich das Verhältnis zwischen SED und SMAD so ausgestaltet, dass die Vorgeschichte der DDR nicht unbedingt als ein Teil der sowjetischen Geschichte behandelt werden müsse: „Insgesamt stellt sich die Delegation
von Vollmachten und Aufgaben von der SMAD zu deutschen Dienst-
stellen und zur SED als ein ungleichmäßiger, auf mehreren Handlungs-
ebenen gleichzeitig verlaufender, konfliktreicher und ‚unförmiger' Prozess dar, der nicht nur in formaler, sondern auch in materieller Hinsicht
Willkür erzeugte und durch Willkür gekennzeichnet war" [141: J. FOIT-
ZIK, Verhältnis, 56].

5. Von der Staatsgründung bis zur Zwei-Staaten-Theorie

Hinsichtlich der überragenden Bedeutung der Sowjetunion, ohne deren
Zustimmung die DDR nicht hätte gegründet werden können, gibt es in
der Forschung heute kaum noch Meinungsverschiedenheiten. Umstritten ist hingegen, ob mit der Gründung der DDR im Oktober 1949 die
Weichen endgültig in Richtung einer dauerhaften Existenz eines „zweiten deutschen Staates" gestellt waren. Stalins kontinuierliche Ermahnungen an die ostdeutsche Führung und seine nur zögerlich gewährte
Zustimmung zur Gründung der DDR haben die Forschung ebenso beschäftigt wie der Umstand, dass die DDR zunächst nicht den gleichen

Status wie die anderen Satellitenstaaten erhielt, nicht Mitglied der
Kominform wurde und volle diplomatische Beziehungen zwischen
Moskau und Ost-Berlin erst nach Stalins Tod aufgenommen wurden. In
diesem Sinn ist geurteilt worden, ein Interesse Stalins an einer eigenständigen Außenpolitik der DDR sei „in hohem Maße unwahrscheinlich" gewesen und der durch Demontagen und Reparationen schon vor-
geschädigte Staat habe vorrangig als ein Faktor der „sicherheitsorien-
tierten Deutschlandpolitik" der UdSSR gedient [179: M. LEMKE, Prinzipien, 237].

Vor diesem Hintergrund ist auch für die Zeit nach 1949 die Debatte fortgeführt worden, ob Stalin nicht doch an seinen Hoffnungen
auf ein sozialistisches Gesamtdeutschland in den Potsdamer Perspektiven festgehalten habe [144: W. LOTH, Ungeliebtes Kind, 161]. Diese
These ist unter Hinweis auf wachsende Diskrepanzen zwischen SED
und KPdSU variiert worden: Stalin habe an eine baldige Wiedervereinigung Deutschlands unter der Bedingung der militärischen Neutralität
gedacht, während die SED seit 1951/52 immer stärker die „Separatent-
wicklung" betrieben habe [193: E. SCHERSTJANOI, Verhältnis, 182].

Die These einer Bereitschaft Stalins auf Verzicht der DDR wird
von der Forschung überwiegend mit Skepsis aufgenommen. Gegen die
Position von LOTH ist argumentiert worden, dass in der DDR rasch und
ohne wesentliche Verzögerungen die Institutionenbildung durchgesetzt
wurde, was unwahrscheinlich gewesen wäre, wenn Stalin Bedenken
gegen die Schaffung eines „zweiten deutschen Staates" gehabt hätte.
Parallel dazu ist durch frühe Forschungen u.a. von GERHARD WETTIG
und ALEXANDER FISCHER nachgewiesen worden, dass in der DDR bereits mit dem Aufbau eigener Militärstrukturen begonnen wurde [203;
163]. KLAUS SCHRÖDER hat folgerichtig auf die fehlenden Belege verwiesen, „dass in den Ländern, in denen die Sowjetunion durch die Präsenz ihrer Armee herrschte, tatsächlich Spielräume zu einer von der
Sowjetunion unabhängigen Entwicklung im westlichen Sinne zugelassen worden wären" [126: SED-Staat, 82]. Das Zögern Stalins wird hier
eher mit dessen Überlegungen zum Zeitpunkt der DDR-Gründung erklärt. Die auf die deutsche Einheit anspielenden Bemerkungen des
sowjetischen Diktators erscheinen als Versuch einer Einbeziehung Gesamtdeutschlands in den sowjetischen Machtbereich oder zumindest
als Störmanöver, um „die Westintegration zu verhindern und eine von
der Sowjetunion zu kontrollierende Neutralisierung" zu erreichen
[Ebd.]. Während viele Archivalien als Indiz für den sowjetischen
Wunsch nach Konsolidierung des eigenen Machtbereichs gewertet
werden können, verraten die reichlich sprudelnden Quellen aus dem

Fortführung der
Debatte um Stalins
Intentionen

Gegenargumente

Parteiarchiv der SED kaum Verunsicherung, dass der eigene Staat je zur Disposition gestanden hätte. Die DDR war inzwischen ein Eckstein des sowjetischen Imperiums. Angesichts der mittlerweile gut abgesicherten Kenntnis der realpolitisch-ideologisch determinierten Intentionen Stalins erscheint es daher wenig plausibel, die formelhaften „Angebote" und die rhetorischen Bekenntnisse zur deutschen Einheit Stalins und der SED-Führung für bare Münze zu nehmen.

Stalins Intentionen im Zentrum der Forschung

Bezeichnenderweise gibt es für die fünfziger Jahre eine weitaus größere Zahl von Studien zu den Intentionen Stalins als zur Politik der SED-Führung. Trotz einer inzwischen günstigen Quellenlage liegen für die Anfangsjahre der DDR nur wenige umfassende Darstellungen zur Außenpolitik vor. Das resultiert aus der ganz offenkundigen Abhängigkeit von der Sowjetunion und der damit oftmals einhergehenden Einschätzung, die internationalen Beziehungen der DDR seien zu dieser Zeit eine „quantité négligeable" gewesen. Zudem konnten nach dem Zusammenbruch der DDR kaum noch außenpolitische Akteure jener Jahre befragt werden, die aus ihrer Sicht die Außenpolitik der DDR hätten schildern können [106: M. LEMKE, Außenbeziehungen, 63]. Dieses Manko wird zum Teil dadurch aufgewogen, dass in vielen Darstellungen der deutsch-deutschen Beziehungen die außenpolitischen Grundzüge mitbehandelt werden. Hierdurch ermöglicht sich ein Einblick in die „Westpolitik" der DDR, die in den fünfziger Jahren immer stärker von gesamtdeutschen Illusionen mit sozialistischem Zuschnitt Abschied nahm und sich auf die Eigenstaatlichkeit konzentrierte [180: M. LEMKE, Einheit; 76: H. AMOS, Westpolitik]. Freilich blieben die außenpolitischen Aktivitäten der DDR gerade in den Anfangsjahren, in denen sie sich, zumindest in ihrem ideologischen Verständnis, bereits „internationalistisch" orientierte [M. LEMKE, Die Sowjetisierung der SBZ/DDR im ost-westlichen Spannungsfeld, in: APuZ B 6 (1997), 41–53, 50] notwendigerweise noch beschränkt. Mit mannigfachen inneren Problemen belastet, musste und wollte sich die fragile DDR außenpolitisch eng an die Sowjetunion anlehnen, so dass der Aufbau internationaler Beziehungen „zweitrangig" blieb [179: M. LEMKE, Prinzipien, 274].

Dominanz sowjetischer Einflussnahme

Daher hat sich die Forschung jüngst auf die Kontinuität sowjetischer Einflussnahme konzentriert. Die Schaffung der SKK als Nachfolgeorgan der SMAD ermöglichte der DDR nur eine „Souveränität unter Vorbehalt". Die SKK wollte zwar keine Über- oder gar Ersatz-Regierung für den ostdeutschen Staat sein, behielt sich allerdings „prinzipiell das letzte Wort vor" [195: E. SCHERSTJANOI, Kontrollkommission, 50]. Die grundsätzliche Abhängigkeit von der Sowjetunion schlug ungehemmt auf die Politik der DDR durch. Diese musste einen „doppelgleisigen Kurs" verfolgen, „dessen Hauptelemente sich eigentlich gegenseitig ausschlossen oder widersprachen: gesamtdeutsche Wahlen, Einheit, Friedensvertrag auf der einen Seite – ‚Sozialismus im Zick-Zack', forcierte militärische Aufrüstung und verschärftes Grenzregime zur Bundesrepublik auf der anderen Seite" [186: W. OTTO, Deutschlandnote, 379].

Die Außenbeziehungen der DDR standen daher zu Beginn der fünfziger Jahre weiterhin unter dem Vorbehalt zukünftiger grundsätzlicher Entscheidungen der Sowjetunion. Diese hielt zwar an der Kombination einer sozialistischen Umgestaltung und der deutschen Einheit fest, aber „sobald sie daran zweifelte, dass sich beides zusammen durchsetzen lasse, gab sie der Wahrung und dem Ausbau des SED-Regimes den Vorzug vor der Einheit" [208: G. WETTIG, Note, 171].

Die lang anhaltende Auseinandersetzung unter deutschen Historikern über die sog. Stalin-Note des Jahres 1952 wird außerhalb Deutschlands bisweilen als „protracted and tiresome" zugleich bezeichnet [344: V. MASTNY, Cold War, 134]. Inzwischen hat die mitunter polemisch aufgeheizte Debatte allerdings an Schärfe verloren, obwohl vieles bis heute unbeantwortet geblieben ist [die zeitgenössische Diskussion zusammenfassend 173: M. KITTEL, Genesis; als neuerer Forschungsüberblick 188: T. RIPPER, Stalin-Note; auch neuere Forschungen haben die disparaten Positionen nicht versöhnt: 210]. Vor dem Hintergrund der Frage, ob die sowjetische Außenpolitik „von einem expansionistischen und totalitär-weltrevolutionären Impuls getrieben" gewesen sei „oder ob sie nicht vielmehr von durchaus kalkulierbaren und nicht völlig illegitimen ‚realpolitischen' Sicherheitsinteressen bestimmt war" [J. ZARUSKY, Einführung, in: 210: DERS. (Hrsg.), Stalin-Note, 11], interessiert im Zusammenhang der Außenpolitik der DDR in erster Linie die Haltung der DDR-Führung. Bis in die neunziger Jahre konnte angesichts fehlender aussagekräftiger östlicher Quellen die Stellung der SED-Führung in dieser Frage kaum befriedigend untersucht werden.

In der DDR-Geschichtsschreibung blieb die orthodox-marxistische Lesart unwidersprochen, dass der Westen, ganz im Kalten Krieg befangen, die „große Chance" für eine schnelle Wiedervereinigung ausgeschlagen habe [als Beispiel S. DOERNBERG, Kurze Geschichte der DDR, Ost-Berlin 1964, 192]. Im Westen ist vor der Öffnung der östlichen Archive die Offerte Stalins gelegentlich als ernsthafte Sondierung erachtet und die westliche Ablehnung als „vertane Chance" bewertet worden [200: R. STEININGER, 73]. Demgegenüber ist argumentiert worden, dass die Stalin-Note nicht als wirkliches Angebot zu werten sei

Debatte um die Stalin-Note

Position der DDR-Geschichtsschreibung

Westliche Positionen vor Öffnung der Archive

und man eher von einer „Legende von der verpassten Gelegenheit“ zu sprechen habe [197: H.-P. SCHWARZ, Legende].

Nach dem Zugang zu neuen östlichen Quellen hat sich auch in diesem Fall das Bild der Ambivalenz und Unentschiedenheit Stalins bestätigt [159: S. BJØRNSTAD, Soviet policy, 136]. Gelegentlich wird von der neueren Forschung auch das aus einem grundlegenden Minderwertigkeitsgefühl resultierende Sicherheitsbedürfnis des sowjetischen Diktators stärker gewichtet, als das früher der Fall war [344: V. MASTNY, Cold War; 342: M. LEFFLER, Cold War]. Die Ansicht, dieser habe im Tausch für größere Sicherheit die DDR für ein neutralisiertes Deutschland aufgeben wollen, hat jedoch insofern weiter an Plausibilität verloren, als auch die Öffnung der östlichen Archive hierfür keine neuen Belege geliefert hat. Auch wenn WILFRIED LOTH weiter an seiner These festhält, Stalin habe ein „vereintes Deutschland außerhalb des westlichen Blocks“ gewollt [182: Entstehung, 62, zuletzt auch DERS., Das Ende der Legende, in: VfZ 50 (2002), 653–664], spricht aus den sowjetischen Akten nicht viel für diese Interpretation. Den wenigen Quellen meist untergeordneter Instanzen, die als Unentschiedenheit interpretiert werden können, steht die große Zahl von Dokumenten gegenüber, die von der sowjetischen Entschlossenheit zeugen, ihren Herrschaftsbereich aktiv zu sichern. Eine Preisgabe des SED-Regimes hätte kaum der Herrschaftspraxis gegenüber den anderen Satellitenstaaten korrespondiert, wäre vielmehr einem Verrat an den ideologischen Grundlagen des Weltkommunismus gleichgekommen [344: V. MASTNY, Cold War; 290: H. ADOMEIT, Overstretch, 90].

Neuere Forschungen

Grundsätzliche Überlegungen über den Charakter der sowjetischen Außenpolitik in Verbindung mit der Aktenlage haben auch russische Forscher zu der Erkenntnis gelangen lassen, dass Stalin damals wohl kaum „sein“ Deutschland aufgegeben hätte [352: V. ZUBOK/C. PLESHAKOV, Kremlin, 159]. Deshalb spricht viel mehr dafür, nicht von einem ernsthaften Angebot, sondern von einem Manöver zu sprechen [204: G. WETTIG, Stalin-Note; 308: DERS., Bereitschaft; ähnlich auch 347: G.-H. SOUTOU, Guerre, 257] und die Note als „begrenztes Unternehmen im Propagandakrieg“ einzustufen [165: H. GRAML, Quelle, 137].

Haltung der DDR-Regierung zur Stalin-Note

Daraus resultiert die Einschätzung, die DDR sei durch diesen sowjetischen Schachzug nicht wirklich gefährdet gewesen. Mittlerweile wird der Blick stärker auf die DDR als den eigentlichen Adressaten der Note gelenkt: Erfolgte die Noteninitiative in Absprache mit der ostdeutschen Regierung oder war sie ganz im Gegenteil gegen die zur Disposition stehende DDR gerichtet, war sie möglicherweise als Maßnahme zur Disziplinierung der SED-Führung konzipiert worden?

In mancher Hinsicht stand die Note in der Tradition spektakulärer DDR-Aktionen wie dem Grotewohl-Brief vom 30. November 1950, verschiedenen Volkskammerappellen des Jahres 1951 und der seit Ende 1950 bis 1952 von der SED-Führung lancierten „Deutsche an einen Tisch-Bewegung", die mit großem Aufwand gesamtdeutsche Wahlen propagierte. Während vor 1989 nur vermutet werden konnte, die sowjetische Note vom März 1952 sei „mit Ulbricht abgestimmt gewesen" [302: F. OLDENBURG, Autonomie, 158], lässt sich heute besser belegen, dass die Vorbereitung der Note mit „umfassender Kenntnis und aktiver Beteiligung der SED-Führung" erfolgte [290: H. ADOMEIT, Overstretch, 89]. Trotz solcher Erkenntnisse bleiben viele Fragen über die Intentionen, Hoffnungen und Befürchtungen der DDR-Führung offen, was den Interpretationsspielraum recht groß erscheinen lässt. DIETRICH STARITZ kommt zu dem Schluss, dass die DDR von der Stalin-Note nicht irritiert gewesen sei [199: SED, 694]. Auch ROLF BADSTÜBNER/WILFRIED LOTH betonen, die SED-Führung habe „keinerlei Anzeichen von Beunruhigung" gezeigt, weil sie „in ihrem unerschütterlichen Glauben an die Vernünftigkeit ihrer Vorstellungen" keine Angst gehabt habe, auch auf „gesamtdeutschem Terrain" zu operieren [2: Pieck, 40]. MICHAEL LEMKE sieht dagegen einige Indizien, die darauf hinweisen, dass die SED das Angebot Stalins an die Westmächte mit gutem Grund ernst nahm und trotz aller Begeisterung und dem von der Volkskammer abgestatteten „heißen Dank für die Note" alles tat, um die mögliche Verwirklichung des Angebots zu konterkarieren. Weil die DDR zu diesem Zeitpunkt noch ein schwacher und völlig ungesicherter Staat war, habe die Offerte auf Ost-Berlin verstörend gewirkt [180: M. LEMKE, Einheit, 216–225].

Michael Lemkes Interpretation

Allerdings ist die Quellenbasis für diese Interpretation schwach. Sie muss sich auf Aussagen Wilhelm Zaissers stützen, die wenig später als Belastungsmaterial gegen diesen selbst benutzt wurden. Nach LEMKE kann das merkwürdig schwache Echo der Note in der DDR-Spitze als Indiz für die Sorge des Politbüros vor dem möglichen Ende des eigenen Staates gewertet werden: „Für die Führung der SED war selbst eine interne Kritik an Stalin und der Sowjetunion nicht denkbar, geschweige denn eine in Akten festgehaltene oder gar öffentlich geäußerte. Nichts hatten die Funktionäre der SED mehr verinnerlicht als Vorsicht. Wenn in den volksdemokratischen Staaten Köpfe rollten und die Gefängnisse sich füllten, wenn zumindest die politische Karriere oder die materielle Existenz zur Disposition stand, wagten viele Funktionäre nicht einmal zu denken, was sie niemals, nicht einmal hinter vorgehaltener Hand geäußert hätten" [Ebd., 217].

Gegenpositionen GERHARD WETTIG und HANNES ADOMEIT kommen mit plausiblen Argumenten zu dem entgegengesetzten Ergebnis, dass die SED-Führung keine Angst vor der Stalin-Note hatte, weil sie über den propagandistischen Charakter keinen Zweifel hegte. Gerade die Tatsache, dass die Anregung zur Note von der SED-Führung ausging, müsse „als Indiz dafür gelten, dass es nicht darum ging, das kommunistische Regime in der DDR irgendwie in Frage zu stellen" [208: Note, 183; ähnlich 290: Overstretch, 88–92]. Ähnlich hat auch HERMANN GRAML darauf verwiesen, dass sich die SED-Führung in den entscheidenden Wochen „ohne jede Sorge um den Bestand der DDR" gezeigt habe [H. GRAML, in 14: Bd. V/1, 87].

Eine Wertung von ALEXEJ FILITOW kann als Ergänzung zu diesen Interpretationen gelesen werden: Die Note sei ein „Mittel zur Festigung der Kontrolle über die DDR" gewesen. Dort seien wegen der besonderen Bedingungen eines geteilten Landes die üblichen stalinistischen Erziehungsmethoden durch Schauprozesse und Säuberungen inopportun gewesen. Indem man der SED-Führung zu verstehen gegeben habe, man könne ihre Herrschaft im Zweifelsfall durchaus opfern, sei diese erfolgreich diszipliniert worden [zitiert nach J. ZARUSKY, Einführung, in: 210: DERS. (Hrsg.), Stalin-Note, 15]. Demgegenüber bleibt allerdings zu bedenken, dass Stalin durchaus weniger subtile Mittel zur Verfügung gestanden hätten, die SED zu disziplinieren, wenn er gewollt hätte. Das Fazit von MICHAEL LEMKE kann immerhin als kleinster gemeinsamer Nenner der in dieser Frage immer noch uneinigen Forschung gelten: Die Stalin-Note, „wie auch immer sie gemeint" war, nutzte „der SED nichts" [180: Einheit, 217]. Selbst wenn die Neutralitätsofferte lediglich ein gigantisches Täuschungsmanöver gewesen ist, war sie nur geeignet, in der eigenen Bevölkerung „die Hoffnung auf ein Ende der kommunistischen Herrschaft zu wecken" [Ebd.].

6. Außenpolitik nach dem Tod Stalins

Unklarheit über Berijas deutschland-politische Absichten Über die deutschlandpolitischen Absichten des neuen starken Mannes nach dem Tod Stalins, Berija, wird auch heute noch gerätselt [175: A. KNIGHT, Berija; 162: Der Fall Berija]. Im Machtkampf nach Stalins Tod wurde Berija mit Plänen in Verbindung gebracht, die weit über die Stalin-Note hinausgegangen wären. Nach einigen Überlieferungen habe Berija die DDR als einen Mühlstein an seinem Hals betrachtet, ein neutrales nichtsozialistisches Gesamtdeutschland als mit den Interessen der Sowjetunion durchaus verträglich angesehen und dieses als eine Art Puffer zwischen Ost und West favorisiert. Berija soll einer Erinnerung Andrej Gromykos zufolge sogar im Politbüro ausgeführt haben: „Die DDR? Was ist sie wert, die DDR? Sie ist ja noch nicht einmal ein richtiger Staat. Sie wird nur durch sowjetische Truppen aufrechterhalten" [31: A. GROMYKO, 441].

Die nach Öffnung der östlichen Archive geäußerte Hoffnung, es werde sich mehr Licht ins Dunkel der Ost-Berliner und Moskauer Vorgänge in den Monaten nach Stalins Tod bringen lassen, sind indessen aufgrund der unbefriedigenden oder einfach fehlenden Quellengrundlage vielfach enttäuscht worden. Zentrale strittige Fragen über die Politik Berijas werden auch zukünftig „nur schwer zu beantworten sein" [194: E. SCHERSTJANOI, Deutschlandpolitik, 497]. Ebenso beruhen viele Annahmen über das Verhältnis zwischen SED und KPdSU im Frühjahr und Sommer 1953 weiterhin auf Vermutungen und Konjekturen. Grundsätzlich bestätigt hat sich allerdings der Eindruck, dass die SED-Führung in der Krise des Frühjahrs 1953 eher das hilflose Objekt als ein handlungsfähiger Akteur war. Dieser Umstand schlägt sich in der Forschung vor allem darin nieder, dass die wissenschaftliche Auseinandersetzung fast ausschließlich um die sowjetische Position und die Politik Berijas kreist, während die Haltung der Ost-Berliner Führung nachrangig behandelt wird.

Schon zeitgenössisch ist in der westlichen Forschung davon gesprochen worden, die nach Stalins Tod erkennbaren außenpolitischen Neubewertungen seien „mehr (...) als nur ein Propagandavorschlag" gewesen [300: B. MEISSNER, Rußland, 344]. Diese Überlegungen, die sich nicht verifizieren ließen, solange die östlichen Archive unzugänglich waren, sind von der neueren Forschung zum Teil aufgenommen worden. Beispielsweise findet sich das Argument, dass Ulbricht die finanziellen Lasten, die er für den 1952 beschlossenen Aufbau des Sozialismus benötigte, Moskau aufbürden wollte. Dies sei möglicherweise für Berija ein Grund gewesen, die DDR als „expendable asset in the European realpolitik" zu betrachten [352: V. ZUBOK/C. PLESHAKOV, Kremlin, 159]. Hieraus ist die Ansicht abgeleitet worden, dass Berija unter bestimmten Voraussetzungen tatsächlich bereit gewesen sei, die DDR aufzugeben und an ein „neutrales bürgerliches Gesamtdeutschland" als „Endziel" zu denken habe [180: M. LEMKE, Einheit, 256]. Damit verbunden ist die Annahme, zumindest für die Zeit vom März bis Mitte Juni 1953 hätten Chancen bestanden, ein einheitliches Deutschland unter den Bedingungen der Neutralität zu schaffen [194: E. SCHERSTJANOI Deutschlandpolitik, 530]. Zum Teil wird weitergehend

Wollte Berija die DDR preisgeben?

sogar davon gesprochen, die sowjetischen Initiativen hätten „zumindest implizit ein Ende der Sowjetisierung von Moskaus Satellitenstaaten in Mittel- und Osteuropa" beinhaltet [212: V. ZUBOK, Berija, 30].

Gegenstimmen Wegen der in sich widersprüchlichen und unzureichenden Aktenlage halten es die meisten Forscher jedoch für verfehlt, solch weit reichende Schlüsse zu ziehen. Ganz grundsätzlich besteht das Hauptproblem darin, dass sich die Vermutungen über eine Liquidierung der DDR nur auf spätere Angaben und Informationen aus zweiter Hand stützen können. Letztlich handelt es sich um einen „systemimmanenten Vorwurf (...), der genauso alt ist wie die inzwischen von der Geschichtswissenschaft widerlegte Sprachregelung, der Juni-Aufstand in der DDR sei vom Westen aus inszeniert gewesen" [164: J. FOITZIK, Dokument, 34]. Viele derjenigen Forscher, die der Stalin-Note von 1952 mit guten Argumenten vorrangig propagandistischen Charakter bescheinigt haben, halten die bisherigen Erkenntnisse über Berijas DDR-Politik für unzureichend, um den Verzicht auf die DDR als eine wirklich plausible Option des einstigen Geheimdienstchefs Stalins erkennen zu können. Schon ein aus dem April 1953 stammender sowjetischer Vorschlag einer gesamtdeutschen Regierung ist entsprechend als „little more than a rehash of Stalin's futile attempt" des Jahres 1952 bezeichnet worden [344: V. MASTNY, Cold War, 177]. Ähnlich hat GERHARD WETTIG argumentiert, der „Neue Kurs" könne „auf keinen Fall" als Ausdruck einer Politik interpretiert werden, die „auf ein Abgehen vom Sozialismus überhaupt und auf eine Preisgabe der DDR an den Westen hinausgelaufen sei". Berijas Vorstellungen aus dem Frühjahr 1953, die möglicherweise tatsächlich in eine andere Richtung gegangen seien, hätten letztendlich nur ein „Intermezzo" dargestellt und zu keinem Zeitpunkt die Politik des Kreml bestimmt [205: Umorientierung, 502 und 505; ähnlich 187: J. RICHTER, Reexamining, 29 f.].

Der Verzicht auf die DDR wäre einer außenpolitischen Revolution gleichgekommen, hätte einen ausgesprochen gefährlichen Präzedenzfall geschaffen und Signalwirkung für die übrigen Satelliten im sowjetischen Rayon gehabt. Weil die DDR-Politik der Sowjetunion im Frühjahr 1953 bemerkenswerte Parallelen zu ihren anderen Satelliten, etwa zu Ungarn aufwies, ist geurteilt worden, es sei „angesichts dieser für Moskau gefährlichen Lage in Osteuropa (...) doch mehr als fragwürdig, ob die sich untereinander bekämpfenden Nachfolger Stalins dazu fähig waren, die DDR preiszugeben" [161: R. VAN DIJK, 17. Juni, 293].

In diesem Zusammenhang haben auch die Beziehungen zwischen einzelnen ostdeutschen Akteuren und sowjetischen Stellen in Ost-Berlin Beachtung gefunden. Von Semjonow wird heute vermutet, dass er Ulbricht gegenüber weniger kritisch eingestellt war, als lange Zeit angenommen worden ist. Sein viel zitierter kryptischer Hinweis an Rudolf Herrnstadt vom 10. Juni 1953: „In 14 Tagen werden Sie vielleicht schon keinen Staat mehr haben", kann als Ahnung eines bevorstehenden Aufstands interpretiert werden, er ist jedoch auch als Ergebnis eines vagen Wissens von einer geplanten deutschlandpolitischen Offerte Moskaus gewertet worden [196: E. SCHERSTJANOI, Semenov, 924].

Unabhängig von den Bewertungen der sowjetischen Politik im Frühjahr 1953 gibt es keine Zweifel, dass die DDR-Führung über die Moskauer Machtkämpfe wenig wusste. Ihre Haltung in jenen dramatischen Wochen läßt nur wenige Rückschlüsse auf mögliche Sorgen vor dem äußeren Zusammenbruch zu, weil die Machthaber auf die fortwährende Rückendeckung vertrauten und selbst im inneren Kreis Zweifel oder Selbstzweifel wohl nicht zugelassen hätten. Die internen Diskussionen der Parteielite thematisierten in erster Linie die Planungsmissstände und die Machtkonzentration auf die Person Ulbrichts. Befürchtungen um die äußere Staatsstabilität spielten eine wesentlich geringere Rolle. Selbst nach der Moskau-Reise der SED-Spitze Anfang Juni wurde sie über die Entwicklung im Kreml im Unklaren gelassen. Sie nahmen widersprüchliche Eindrücke nach Ost-Berlin mit und war auch vom plötzlichen und für sie unvorhersehbaren Sturz Berijas überrascht.

Informationsstand der DDR-Führung im Frühjahr 1953

Umstritten ist nach wie vor die Bedeutung und Rolle der internen Ulbricht-Gegner und ihrer Verbindungen zu Berija. Der Kenntnisstand über das Denken und die politischen Ziele Zaissers und Herrnstadts ist bis heute fragmentarisch geblieben. Gelegentlich wird die Ansicht geäußert, dass selbst in höheren SED-Zirkeln, besonders jedoch bei Rudolf Herrnstadt, die Idee eine Rolle gespielt habe, die ungewisse Zukunft der DDR aufgeben und offensiver ein wiedervereinigtes Deutschland anzustreben [166: P. GRIEDER, East German leadership, 53–107]. Nach der politischen Kaltstellung ist vor allem dem Geheimdienstchef Zaisser, aber auch Herrnstadt unterstellt worden, sie hätten von Berijas Deutschlandplänen gewusst oder diese sogar unterstützt. Freilich lassen neuere Quellenfunde und darauf basierende Veröffentlichungen zwar den Wunsch nach Überwindung der Teilung, nicht aber die Bereitschaft zur Aufgabe der DDR erkennen [33: N. STULZ-HERRN-STADT (Hrsg.), Herrnstadt-Dokument; 183: H. MÜLLER-ENBERGS, Fall].

Kontroversen um Bedeutung und Rolle der Ulbricht-Gegner

Auch eine außenpolitische Differenzierung zwischen einer Gruppe um Ulbricht einerseits, Grotewohl, Herrnstadt und Zaisser andererseits hat sich als wenig schlüssig erwiesen. Beide Lager hielten an der Konzeption eines sozialistischen Gesamtdeutschland fest. Ulbricht

Keine Preisgabe des „sozialistischen Gesamtdeutschland"

arbeitete allerdings konsequenter auf die Eigenstaatlichkeit hin und
hatte das Fernziel einer gesamtdeutschen Nation nach sozialistischem
Muster bereits aufgegeben.

Insofern war es von entscheidendem außenpolitischen Belang,
dass Ulbricht den Sturz Berijas zur Festigung seiner eigenen Position
instrumentalisieren konnte [184: CH. OSTERMANN, Madhouse, 69],
während seine innerparteilichen Widersacher die Verlierer in einem ty-
pischen stalinistischen Säuberungsprozess wurden. Durch den 17. Juni
und die Entscheidung im Moskauer Machtkampf wurde letztlich nicht
nur Ulbrichts politisches Überleben gesichert, sondern auch der Weg
der DDR zur Eigenstaatlichkeit bestätigt.

Erst nach der Beendigung der Krise mischten sich skeptische
Töne in die Erleichterung über das Ende der wochenlangen Ungewiss-
heit. Von nun an herrschten bei den Machthabern in Ost-Berlin „tiefes
Misstrauen" und „traumatische Sorge", sie könnten „eines Tages von
Moskau verkauft werden" [K.W. FRICKE, in: G. WETTIG (Hrsg.), Die
sowjetische Deutschlandpolitik in der Ära Adenauer, Bonn 1997, 164].

Ob Berija, wenn er an der Macht geblieben wäre, die Politik der
SED noch lange mitgetragen hätte, muss Spekulation bleiben. Möglicherweise wären Ulbrichts Tage an der Spitze des SED-Staates gezählt
gewesen [352: V. ZUBOK/C. PLESHAKOV, Kremlin, 162]. Dessen Stellung wurde letztlich erst mit der Absetzung Berijas wieder stabilisiert.
Ein Führungswechsel an der Staatsspitze wäre freilich keineswegs der
Liquidierung der DDR gleichgekommen. Angesichts der Vielzahl von
Imponderabilien ist daher nach wie vor Skepsis gegenüber der These
angeraten, die DDR sei 1953 knapp ihrem Untergang entkommen.

Berija, der die DDR-Führung im Frühjahr 1953 scharf angegriffen hatte, kehrte nach dem 17. Juni wieder zur altbekannten Verteidi-
gungslinie zurück, auch wenn sich die Motive für die Ablehnung ernst-
hafter Verhandlungen über gesamtdeutsche Lösungen geändert hatten:
„If previously the Soviet leaders had not been sufficiently secure to
negotiate, now they were not sufficiently insecure to feel compelled to"
[344: V. MASTNY, Cold War, 184].

Untrennbar ist Berijas Deutschlandpolitik mit den Vorgängen um
den 17. Juni 1953 verbunden. Naturgemäß hat sich die Forschung lange
Zeit in erster Linie auf die innen- und deutschlandpolitischen Implika-
tionen des Aufstands konzentriert. Die auf Auswertung von Presse- und
Zeitzeugenberichten beruhende und aus den sechziger Jahren stam-
mende Darstellung von ARNULF BARING [158] wie die von ILSE SPITT-
MANN und KARL WILHELM FRICKE herausgegebenen Beiträge, die den
Forschungsstand der frühen achtziger Jahre abbilden [198], bieten noch

(Marginalien:)

Misstrauen und
Sorge nach Beendi-
gung der Krise

17. Juni 1953

immer einen guten Gesamtüberblick, wenn auch die außenpolitischen Aspekte keine herausgehobene Stellung einnehmen, was im übrigen auch für neuere Darstellungen gilt [167; 176].

Die historiografische Auseinandersetzung um die Frage, ob der 17. Juni ein „Arbeiteraufstand", ein „Volksaufstand" oder beides war, hat häufig den Befund verdeckt, dass der Aufstand ganz wesentlich auch von außenpolitischer Bedeutung war. Vergleichsweise wenig Augenmerk hat nämlich die Tatsache gefunden, dass die inzwischen verfügbaren Dokumente noch stärker als bisher belegen, dass die DDR 1953 nur dank der militärischen Unterstützung der UdSSR überleben konnte. Die lähmende Ratlosigkeit der SED-Führung in den Tagen des Aufstandes hat zu der Annahme geführt, die Ost-Berliner Regierung sei erst durch die sowjetische Intervention aus ihrer Agonie erwacht. Neue Dokumentenfunde haben dieses Bild einer lethargischen Führung differenziert. Danach haben Ulbricht und Grotewohl schon in der Nacht zum 17. Juni ausdrücklich um den Einsatz sowjetischer Truppen gebeten [185: CH. OSTERMANN, Uprising]. Unabhängig vom Appell der Ost-Berliner Machthaber wurde in Moskau ein militärisches Eingreifen beschlossen, weil ein Verzicht auf die DDR zu diesem Zeitpunkt ausdrücklich nicht zur Debatte stand, während zugleich ein personeller Wechsel an der Spitze der DDR inzwischen als zu riskant eingeschätzt wurde. Die Kompromisslosigkeit des militärischen Einsatzes und der Wille zum Erhalt der DDR im Juni 1953 lassen es zudem ausgesprochen unplausibel erscheinen, dass die Sowjetunion nur wenige Wochen zuvor eine diametral entgegengesetzte Politik betrieben haben soll.

Außenpolitische Bedeutung des Aufstandes

Drei Jahre vor der Niederschlagung der ungarischen Erhebung 1956 garantierte die Sowjetunion das Überleben der DDR und maß nun der „Besitzstandswahrung" die höchste Bedeutung zu [194: E. SCHERSTJANOI, Deutschlandpolitik, 529]. Auch komparativ ist auf die, allerdings zeitversetzten, Parallelen der sowjetischen Politik gegenüber den Satelliten DDR und Ungarn verwiesen worden [168: A. HEGEDÜS/ M. WILKE, Satelliten].

Das Jahr 1953 markierte für die DDR eine außen- wie innenpolitische Zäsur, so dass in diesem Zusammenhang gar von der „zweiten Staatsgründung der DDR" gesprochen worden ist [209: M. WILKE/T. VOIGT, „Neuer Kurs", 24]. Die folgenden Jahre können als Übergangsperiode gekennzeichnet werden. Spätestens jetzt war die bereits seit 1951 zweifelhaft gewordene „Illusionsphase" beendet, in der SED und KPdSU noch auf die Durchsetzung einer Wiedervereinigung nach ihren „antifaschistischen" Vorgaben [zur Problematik des Begriffs und zu seinem Missbrauch in der DDR H. MÜNKLER, Antifaschismus und

Zäsur des Jahres 1953

antifaschistischer Widerstand als politischer Gründungsmythos in der DDR, in: APuZ B 45 (1998), 16–29] gehofft hatten. Nach einer „Latenzphase" [180: M. LEMKE, Einheit, 282], deren Ende mit der Durchsetzung der Zwei-Staaten-Theorie im Jahr 1955 zu markieren ist, beschritt der ostdeutsche Staat immer entschiedener den Weg der Eigenstaatlichkeit. Der nach dem 17. Juni unter einem noch größeren Legitimationsdefizit leidenden SED kam die Einbindung der Bundesrepublik in das westliche Verteidigungsbündnis in mancher Hinsicht gelegen. Die DDR-Führung konnte fortan stets darauf verweisen, als militärstrategischer Gegenpol im östlichen Bündnis unersetzlich zu sein. Damit verringerte sich zugleich die Gefahr, dass Moskau sich auf die Idee einlassen könnte, den ostdeutschen Teilstaat zur Disposition zu stellen. Die Einbindung der DDR in den Warschauer Pakt stellte den Schlusspunkt dieser Neuorientierungsphase dar, so dass in der DDR 1955 als ein „Schlüsseljahr" galt [H. HEITZER, Die DDR im Kampf um Frieden und Sicherheit – das „Schlüsseljahr" 1955, in: ZfG 27 (1979), 835–841].

"Schlüsseljahr" 1955

Die entsprechenden Etappen zur Festigung des eigenen Staates sind inzwischen durch intensive Forschungen auf Grundlage ostdeutscher Staats- und Parteiakten beleuchtet worden [180: M. LEMKE, Einheit; 76: H. AMOS, Westpolitik]. Letztlich blieb gerade die „Westpolitik" der DDR trotz hoher Kosten „ohne greifbare Erfolge", zumal es der SED nicht einmal gelang, „die eigene Bevölkerung von ihren nationalen Zielen zu überzeugen" [76: H. AMOS, Westpolitik, 350]. Der Versuch, das attraktive Gegenmodell zur Bundesrepublik mit ihrem „Wirtschaftswunder" zu werden, war endgültig misslungen.

Vergleichsweise wenig erforscht ist in außenpolitischer Perspektive noch das „Krisenjahr" 1956. Die von Chruschtschow in seiner Geheimrede angekündigte Entstalinisierung überraschte die DDR-Führung, ohne gravierende politische Konsequenzen zu zeitigen. Weil eine grundlegende Reform zum Zusammenbruch der DDR geführt hätte, blieben notwendige politische Wandlungen aus [189: G.A. RITTER, Revolution]. Außenpolitisch wurde lediglich eine marginale Kurskorrektur vorgenommen, indem Ende Juli 1956 die Verurteilung der Position Titos zurückgenommen wurde. Im Windschatten eines vorübergehenden sowjetisch-jugoslawischen Tauwetters erreichte die DDR sodann unter Anwendung erheblichen wirtschaftlichen Drucks schließlich die diplomatische Anerkennung durch Jugoslawien, ohne dass dies jedoch die erhoffte „Anerkennungswelle" zur Folge hatte [170: B. IHME-TUCHEL, Bemühen; 181: J.N. LORENZEN, Jugoslawien-Politik]. Die in entsprechenden Rechtfertigungsschriften vertretene These, die im Zusam-

"Krisenjahr" 1956

menhang mit der Entstalinisierung nach stalinistischem Muster ausgeschaltete Gruppierung um Karl Schirdewan, Ernst Wollweber und Gerhard Ziller habe neben Reformen eine zaghafte Annäherung an die Bundesrepublik erstrebt, findet weder in den Akten noch in späteren Berichten eine glaubwürdige Stützung [46: K. SCHIRDEWAN, Aufstand, 70–75].

In den späten fünfziger Jahren bemühte sich die DDR vielmehr um die weitere ökonomische und politische Integration in das östliche Bündnissystem. Auch deshalb erscheinen manche Ost-Berliner Initiativen, wie etwa die Schäffer/Ulbricht-Sondierung in den Jahren 1956/57, eher als politische Manöver in bekannter Manier, obwohl ihr bisweilen eine gewisse Aufrichtigkeit bescheinigt worden ist [132: H. WEBER, DDR, 93 f.]. Einer ernsthaften Absicht der DDR-Führung widerspricht allerdings die sowjetische Politik, die nach dem Ende der Machtkämpfe um Stalins Nachfolge bemüht war, die Satelliten am neuen sowjetischen Kurses auszurichten [177: M. KRAMER, Succession Struggle] und ihre Entschlossenheit in der polnischen und ungarischen Doppelkrise demonstrierte. Die SED-Führung, die drei Jahre nach ihrer eigenen existenziellen Bedrohung ein Übergreifen der Krise auf ihr Territorium befürchtete, bezog hinter der Fassade von Freundschaftsbeschwörungen eindeutig Position an der Seite der Sowjetunion [171: B. IHME-TUCHEL, Polnische Krise; 190: K. RUCHNIEWICZ, Reaktionen]. Einmal mehr zeigte sich, dass die Beziehungen der DDR zu ihren östlichen Nachbarländern Polen und Tschechoslowakei keineswegs „brüderlich" waren, sondern stets der Notwendigkeit der Herrschaftssicherung untergeordnet blieben. Sie waren weder ein Beitrag zur „Regionalisierung des Ostblocks" noch zur „Emanzipation gegenüber der Sowjetunion" [315: B. IHME-TUCHEL, Dreieck, 371].

SED-Führung 1956: Eindeutig an der Seite der Sowjetunion

7. Berlin-Krise und Mauerbau

Die Forschung hat sich mit den internationalen Implikationen der Berlin-Krise der Jahre 1958–1962 vergleichsweise häufig beschäftigt, konnte jedoch bis 1990 über die Hintergründe aufgrund der Unzugänglichkeit östlicher Archivalien oftmals nur Vermutungen anstellen. Dies hat sich inzwischen gewandelt, so dass die internationalen Bedingungen der Berlin-Krise zu den am besten erforschten Feldern der Nachkriegszeit gezählt werden können. Initiator der Berlin-Krise war weniger die DDR als die Sowjetunion, deren Politik durch ein ganzes Motivbündel gekennzeichnet war. Die Sorgen der UdSSR vor einer atomaren Bewaffnung der Bundeswehr lassen sich inzwischen durch aktengestützte neuere Synthesen gut belegen [339: J.L. GADDIS, We Now Know; 226: A. WENGER, Der lange Weg; 348: M. TRACHTENBERG, Constructed Peace]. Während die SED die damit verbundene Argumentation propagandistisch unterstützte, ist ihr wohl verborgen geblieben, dass Chruschtschow mit einer offensiven Berlinpolitik zugleich seine Autorität im eigenen Land und im Ostblock stärken und damit Rückschläge in seiner Agrar- und Chinapolitik ausgleichen wollte. Während die SED noch optimistisch „Pseudo-Perspektiven", „Stabilitätsillusionen" und „Überholkonzepte" im ideologischen Wettstreit mit der Bundesrepublik verfolgte [180: M. LEMKE, Einheit, 415–477], wusste Chruschtschow natürlich um die eigene nukleare Schwäche und befürchtete darüber hinaus möglicherweise einen durch die Flucht der Ostdeutschen bevorstehenden Kollaps der DDR und die damit verbundene weitere Entkräftung des sowjetischen Lagers.

Verantwortung der SED-Führung für Berlinkrise

Während ihn dies seit Ende 1958 zu einer Politik der Ultimaten trieb, ist inzwischen „eine ganz erhebliche Mitverursachung des internationalen Konflikts durch die Führung der SED" nachgewiesen worden [180: M. LEMKE, Einheit, 444]. Moskauer und Ost-Berliner Ziele waren zunächst weitgehend kongruent: Durch die von der SED begrüßte ultimative Ankündigung, der DDR die sowjetischen Berlinrechte zu übertragen, sollte das Gleichgewicht der Blöcke zugunsten des Ostens verschoben und der Westen zur Anerkennung der DDR gezwungen werden. Die verschiedenen sich ergänzenden, teilweise bald aber auch gegenläufigen Aktionen sind vorwiegend mit einem Schwerpunkt auf der sowjetischen Seite analysiert worden [206: G. WETTIG, Die sowjetische Politik; 211: V. ZUBOK, Krushchev].

Divergenzen zwischen SED und KPdSU

Schon ältere Arbeiten haben jedoch darauf aufmerksam gemacht, dass trotz aller grundsätzlichen Übereinstimmung auch Divergenzen zwischen SED und KPdSU eine nicht unerhebliche Rolle gespielt haben. Es gab einen Interessengegensatz zwischen Chruschtschow, der die Berlinfrage als Hebel einzusetzen gedachte und seine globalen Interessen zu bedenken hatte, und Ulbricht, der nur eine DDR-spezifische Lösung erwirken wollte [191: J. RÜHLE/G. HOLZWEISSIG, Mauer, 14 f.]. Heute sind angesichts neuer Quellenfunde noch präzisere Aussagen über die unterschiedlichen Auffassungen zwischen Ost-Berlin und Moskau sowie die personelle und institutionelle Verantwortung für die Verschärfung der Krise und den Mauerbau möglich. Die Meinungsverschiedenheiten waren in erster Linie durch die ökonomische Existenzkrise der DDR begründet, die die SED-Führung mit zunehmender Dringlichkeit bei der UdSSR um Hilfe bitten ließ.

Bewertungsunterschiede in der Forschung betreffen heute weniger grundsätzliche Fragen als Detailprobleme. Chruschtschow, die treibende Kraft während der Auslösung der Krise im Jahr 1958, lehnte den Bau einer Mauer zunächst ab, weil er um das internationale Ansehen des eigenen Bündnisses fürchtete. Ulbricht, der schon lange eine Abriegelung des Westens von Berlin gefordert hatte, argumentierte dagegen immer offener zugunsten einer konsequenten Grenzschließung. Vor allem HOPE HARRISON hat in verschiedenen Studien betont, dass Ulbricht in der Frage des Mauerbaus wie überhaupt während der Berlin-Krise seit 1958 die treibende Kraft gewesen sei. Chruschtschow sei dagegen stärker als lange Zeit angenommen an einer einvernehmlichen Regelung des Berlin-Problems mit dem Westen interessiert gewesen, ja habe letztlich geradezu befürchtet, dass Ulbrichts Kurs diese Politik sabotieren werde. Weil die DDR ihre existenzielle Not beseitigen und ihre Macht sichern wollte, sei die Sowjetunion von ihrem „Juniorpartner" zu einer Politik gedrängt worden, die aggressiver und aktiver gewesen sei, als es die sowjetische Führung für opportun gehalten habe: „The tail wagged the dog far more than the West realized" [214: Concrete Rose, 4]. Auch in der russischen Forschung hat diese Interpretation Anhänger gefunden [352: V. ZUBOK/C. PLESHAKOV, Kreml, 250f.]. Im Anschluss an diese Sichtweise hat sodann auch JOHN LEWIS GADDIS Chruschtschow als denjenigen bezeichnet, der „Mühe hatte, mitzuhalten" [339: We Now Know, 143].

Hope Harrisons Deutung

Die Interpretation, der Satellit DDR sei eigentlich ein „Super-ally" gewesen, der mit direktem und indirektem Druck die UdSSR zum Bau der Mauer gezwungen habe [215: H. HARRISON, Driving, 54], ist freilich umstritten. Einen anderen Akzent setzt MICHAEL LEMKE, der darauf verweist, dass die DDR schon seit 1958 die UdSSR „immer wieder neu zu politischen Offensiven in Berlin" gedrängt habe, während die Sowjetunion „die ostdeutschen Vorstöße abzubremsen und zu mäßigen" gesucht habe [297: M. LEMKE, Interessen, 218]. Die Handlungsspielräume der SED-Führung hätten sich aufgrund der dramatischen ökonomischen Schwierigkeiten und im Zusammenhang mit der Massenflucht im Verlauf der Berlin-Krise dann allerdings eher wieder vermindert [178: M. LEMKE, Berlinkrise, 277 f.] und die DDR habe im Spannungsfeld zwischen Bonn und Moskau „häufig den Part eines politischen Objekts" einnehmen müssen [106: M. LEMKE, Außenbeziehungen, 77].

Michael Lemkes Interpretation

Auch andere Forscher leugnen zwar nicht den durchaus erheblichen Einfluss Ulbrichts und der DDR auf die sowjetische Politik, machen aber auf die grundlegende weltanschauliche Identifikation aufmerksam und betonen den relativ starken Wunsch der SED-Führung,

„die eigenen Interessen in der sowjetischen Politik aufgehoben zu sehen" [160: B. BONWETSCH/A. FILITOW, Chruschtschow, 156]. Das plastische Bild eines ostdeutschen Schwanzes, der mit dem sowjetischen Hund gewedelt habe, ist dementsprechend als überzogen bezeichnet worden. Die Sowjetunion habe allerdings stets befürchtet, dass die DDR aufgrund ihrer besonderen Beziehungen zum Westen ein solches Potenzial hätte entwickeln können [252: M.-E. SAROTTE, Dealing, 3].

Die Rolle der „Bruderländer"

Die SED versuchte, das Einverständnis der anderen Verbündeten – neben der alles entscheidenden UdSSR vor allem Polens, der Tschechoslowakei und Ungarns – für den Mauerbau zu gewinnen. Diese Länder verfügten jedoch über wichtige Wirtschaftsbeziehungen zur Bundesrepublik, die sie nicht für ein DDR-Sonderinteresse gefährden wollten. Zudem waren sie nicht bereit, für die Probleme der trotz aller offiziellen Freundschaftsbekundungen im Grunde ungeliebten DDR finanziell zur Kasse gebeten zu werden: Die massive Ablehnung der „Bruderländer", der DDR Wirtschaftshilfe zu gewähren, hat demnach – wenn auch ungewollt – die Entscheidung für den Bau der Mauer befördert. Für die Sowjetunion war die Absperrung der Grenze zwar keine optimale Lösung, wurde jedoch als „unvermeidlich akzeptiert" [160: B. BONWETSCH/A. FILITOW, Chruschtschow, 170.]

Zeitpunkt der Entscheidung zum Mauerbau

Im engen Zusammenhang mit den Motiven für die Abriegelung steht die Frage, wann die Entscheidung zum Mauerbau fiel. Einiges weist darauf hin, dass schon seit dem Herbst 1960 eine Abriegelung eine „im obersten Führungskreis der SED und ihres Sicherheitsapparates fixierte Ausgangsposition kommender Verhandlungspolitik mit Moskau" war [202: A. WAGNER, Stacheldrahtsicherheit, 121]. Aktivitäten, die bereits in der zweiten Julihälfte 1961 zu beobachten waren, lassen es in Verbindung mit anderen Indizien für Historiker wie HOPE HARRISON und VLADISLAV ZUBOK/CONSTANTINE PLESHAKOV plausibel erscheinen, dass aufgrund des sowjetischen Einverständnisses von diesem Zeitpunkt an mit den konkreten Vorbereitungen der Abriegelung begonnen worden ist. BERND BONWETSCH und ALEXEJ FILITOW sind dagegen zu dem Schluss gekommen, dass erst auf einer Moskauer Tagung der Ersten Sekretäre der Kommunistischen Parteien des Warschauer Paktes vom 3. bis 5. August 1961 die eigentliche Entscheidung gefallen sei [160: Chruschtschow, 159]. Chruschtschow ging es nach dieser Lesart immer noch um einen Friedensvertrag und eine „Freie Stadt West-Berlin", die von der DDR kontrolliert worden wäre. Um dies bis zum Jahresende 1961 international durchzusetzen, habe Chruschtschow die Unterstützung der anderen Staaten des Ostblocks benötigt. Klärungsbedarf besteht weiterhin bezüglich des exakten Termins für die Genehmigung zum Mauerbau. Erst der Zugang zu weiteren sowjetischen Akten wird möglicherweise Erkenntnisfortschritte bringen. Bis dahin bleiben Unsicherheiten, die zu der Einschätzung geführt haben, dass zum gegenwärtigen Zeitpunkt diese spezifische Frage „mit den vorliegenden Dokumenten nicht befriedigend zu beantworten" ist [307: K.-H. SCHMIDT, Dialog, 50].

8. Fragile Stabilisierung nach dem Mauerbau

Der Mauerbau bedeutete für die DDR einen innen- wie außenpolitischen Einschnitt, so dass der 13. August 1961 sowohl in zeitgenössischen Darstellungen als auch in der Literatur als „heimlicher Gründungstag der DDR" bezeichnet worden ist [128: D. STARITZ, Geschichte, 196]. Warum es der DDR nach dem Mauerbau nicht gelang, auch den angestrebten Friedensvertrag mit der UdSSR zu erhalten, ist durch neuere Aktenfunde verständlicher geworden. Während schon vor der Öffnung der östlichen Archive darauf aufmerksam gemacht worden ist, dass Chruschtschow eine militärische Konfrontation mit dem Westen befürchtete und ihn der Gegensatz zu China weltpolitisch wachsamer gestimmt habe, werden inzwischen vermehrt die Sorgen vor einer ökonomischen Beeinträchtigung und einem westlichen Wirtschaftsboykott als Gründe für die sowjetische Unzugänglichkeit in dieser Frage angeführt [220: D. SELVAGE, End]. Der DDR sollte, wie vor allem HOPE HARRISON betont hat, die bislang bestehende Möglichkeit genommen werden, die Berlinfrage nach Belieben einzusetzen, um Außenpolitik auf eigene Faust zu betreiben. Bereits im Februar 1962 habe die Sowjetunion den Plan eines Separatfriedensvertrags ad acta gelegt, während Ulbricht weiter darauf beharrt habe. Tatsächlich glaubte die unter ihrem Legitimationsdefizit leidende DDR-Führung, auf den Vertrag nicht verzichten zu können. Ihr Drängen sowie die zunehmenden sowjetischen Klagen über ungenügende wirtschaftliche Anstrengungen der DDR verschlechterten das bilaterale Verhältnis in den Jahren 1962 bis 1964.

Mauerbau als außenpolitischer Einschnitt

Verschlechterung der ostdeutsch-sowjetischen Beziehungen

Während sich die Forderung nach einem Friedensvertrag schon bald als illusorisch erwies, wollte Ulbricht die durch den Mauerbau gewährte Ruhe nutzen, um durch eine gewisse Nachgiebigkeit gegenüber den Konsumforderungen der Bevölkerung eine innenpolitische Beruhigung zu erreichen. Dieser Versuch, die DDR durch das „Neue Ökonomische System" zu stabilisieren, war letztlich ebenso zum Scheitern verurteilt wie das inzwischen wieder aufgegebene großspurige Versprechen, den Westen wirtschaftlich zu überholen: „Having lost its battles with the working class during the 1950s, the SED elite was severly restricted in its choices of economic reform in the 1960s" [101: J. KOPSTEIN, Politics, 197].

Verhältnis der DDR zu Polen und der Tschechoslowakei

Der Mauerbau stellte auch für das Verhältnis der DDR zu den „Bruderländern" Polen und Tschechoslowakei eine Zäsur dar. Seit 1954 hatte es immer wieder Versuche gegeben, gemeinsam mit diesen Ländern ein „nördliches Dreieck" zu schaffen. Hierzu hatte beispielsweise ein vom polnischen Parteiführer Gomulka angestoßenes Projekt einer engeren Zusammenarbeit zwischen der DDR, Polen und der Tschechoslowakei gezählt, das die ökonomische Krise überwinden sollte. Diese Kooperationsprojekte wurden jetzt zurückgestellt. Damit war langfristig auch das seit 1959 erkennbare Bemühen zum Scheitern verurteilt, gemeinsam mit Polen und der Tschechoslowakei eine Art „EWG des Ostens" zu begründen, was auch auf größere Unabhängigkeit von der Sowjetunion abzielte [315: B. IHME-TUCHEL, Dreieck, 358]. Die sozialistischen Nachbarn waren nämlich nicht länger bereit, der DDR auf Dauer eine mit finanziellen Leistungen verbundene „Sonderrolle" zu gewähren. Die zunehmende Wirtschaftskonkurrenz führte damit sogar zu einer „längerfristigen Verstimmung" [Ebd., 359], während die DDR das Propagandabild einer wahren „Völkerfreundschaft" weiter aufrecht erhielt.

Deutsch-deutsches Verhältnis

Neben den Beziehungen zu den ostmittel- und südosteuropäischen Nachbarländern spielte in den sechziger Jahren das deutsch-deutsche Verhältnis für die DDR freilich weiter eine zentrale Rolle. Über die Politik jener Jahre ist die Forschung am ehesten durch Studien über die Deutschlandpolitik der SED informiert. Über diesen Umweg ist erkennbar, dass die „Westpolitik" der DDR nach dem Bau der Mauer vornehmlich dazu diente, entsprechende deutschlandpolitische Initiativen der Bundesrepublik zu konterkarieren, was sich z. B. in „Kampagnen gegen Bonn" niederschlug [217: M. LEMKE, Kampagnen]. Nachdem die gesamtdeutsche Option unter sozialistischen Vorzeichen ad acta gelegt worden war, suchte die SED in erster Linie die Anerkennung der DDR als souveräner Staat zu erreichen. In der Bundesrepublik war die SED zumindest auf lange Sicht durchaus erfolgreich. Beflügelt durch den Zeitgeist gelang es ihr, wie JOCHEN STAADT herausgearbeitet hat, sich in den sechziger Jahren durch die intensive Einflussnahme auf Parteien und Institutionen Gehör zu verschaffen, was sich spätestens in den siebziger Jahren politisch ummünzen ließ [221: Westpolitik; vgl. auch 216: H. KNABE, Unterwanderte Republik].

Hallstein-Doktrin als Hemmnis der DDR-Außenpolitik

Ein starkes Hemmnis für die Entfaltung der Außenpolitik der DDR blieb allerdings die Hallstein-Doktrin. Die optimistischen Erwartungen Ost-Berlins, diese aus eigener Kraft überwinden zu können, erwiesen sich als voreilig. Der außenpolitisch reputationsschädigende Mauerbau behinderte das geradezu verzweifelte Bemühen um internationale Anerkennung. Ost-Berlin fand gegen die Hallstein-Doktrin kein wirksames Gegenmittel. Weil die Bundesrepublik wirtschaftlich stärker war, brauchte sie im „diplomatischen Krieg" [97: W. KILIAN, Hallstein-Doktrin] häufig nicht einmal ökonomische Druckmittel anzuwenden, um ihre Stellung zu behaupten. Die Hallstein-Doktrin versperrte „ungefähr 18 Jahre (...) der DDR den Zugang zur internationalen Gleichberechtigung" [Ebd., 359]. Die mit ihr verfolgte Absicht einer politischen Isolation der DDR wurde „im großen und ganzen verwirklicht" [64: H. WENTKER, Außenpolitik, 396], bis die Bundesrepublik selbst auf ihre Anwendung verzichtete.

Auch über den Umweg der Dritten Welt versuchte die DDR im harten Konkurrenzkampf mit der wirtschaftlich überlegenen Bundesrepublik zu reüssieren. Die Entwicklungshilfepolitik Ost-Berlins hatte das Ziel, die völkerrechtliche Anerkennung durch Staaten der Dritten Welt mit Devisengewinnen und Rohstofflieferungen zu koppeln, um der stets drohenden Zahlungsunfähigkeit entgegenzuwirken. Letztlich blieben diese Maßnahmen, einschließlich einer groß aufgezogenen „Exportoffensive Entwicklungsländer", in der planwirtschaftlichen Misswirtschaft erfolglos [310: H.-J. DÖRING, Existenz]. Die unter Ulbricht geradezu verbissen betriebenen Versuche, „mit dem Faktor ‚Dritte Welt' die westdeutsche Blockadepolitik" zu durchbrechen, waren durch Misserfolge gekennzeichnet [332: A. TROCHE, Ulbricht, 109]. **Der Faktor Dritte Welt**

Die gelegentlichen Sorgen der DDR, Chruschtschow könne selbst nach dem Mauerbau noch geneigt sein, die DDR zu opfern, stellen sich durch den Spiegel der veröffentlichten Akten und nicht zuletzt durch die Memoiren des Kremlchefs im Nachhinein als unberechtigt heraus. Chruschtschow glaubte bis zu seinem Sturz, dass die DDR à la longue in einer komfortablen Position sei und nur abwarten müsse, um auch völkerrechtlich anerkannt zu werden.

Über die wirkliche Einstellung der DDR-Führung zur Wachablösung in Moskau gibt es nur wenig gesicherte Erkenntnisse. Schon vergleichsweise früh ist aufgrund von Indizien vermutet worden, Ulbricht sei „über die Art und Weise der Abhalfterung des eigenwilligen Beschützers" Chruschtschow verärgert gewesen und habe dies die neuen Kreml-Herren auch spüren lassen [302: F. OLDENBURG, Autonomie, 166]. Offensichtlich überwog in Ost-Berlin, nicht zuletzt bei Ulbricht und Honecker, zunächst die Skepsis über die neue Führung der Sowjetunion [236: M. KAISER, Machtwechsel, 75 f.]. **Ostberliner Skepsis gegenüber der neuen sowjetischen Führung**

Vor dem Hintergrund eines gewachsenen Selbstbewusstseins der DDR waren die Beziehungen Ulbrichts zu Breschnew von Beginn an belastet. Vor allem wirtschaftlich geriet die DDR gegenüber der Sowjetunion in die Defensive. Die ökonomisch motivierten Meinungsverschiedenheiten, die seit 1963 zunahmen und 1965 einen Höhepunkt erreichten, endeten für die SED-Führung mit einer Niederlage. Die in den späten siebziger Jahren gelegentlich vorgebrachte Vermutung, die Sowjetunion habe die DDR bewusst als Experimentierfeld benutzt, um die volkswirtschaftlich kaum kalkulierbaren Folgen einer Reform des planwirtschaftlichen Systems zunächst einmal in einem Satellitenstaat zu testen [vgl. hierzu 299], hat sich nicht bestätigt. Allerdings begannen sich unter Breschnew die „von der Sowjetunion gewährten Handlungsspielräume zu verringern" [106: M. LEMKE, Außenbeziehungen, 77]. Die UdSSR ließ „den kleineren, aber recht selbstbewusst auftretenden Bündnispartner DDR nachhaltig spüren (...), wer am längeren Hebel saß und die Bedingungen gegebenenfalls diktieren konnte" [236: M. KAISER, Machtwechsel, 100].

Trotz aller Bevormundungen verstand sich die DDR in den sechziger Jahren unverändert als ein Garant des sozialistischen Bündnisses. Bereits vor der Öffnung der Archive ist angenommen worden, dass Ulbricht sich sogar „immer mehr in die Rolle des sozialistischen Inquisitors gedrängt sah, der auch die schwankende Sowjetführung auf eine orthodoxe Linie, auf die Stärkung der Blockdisziplin und Abgrenzung von westlichen Einflüssen, auch von westlichen Wirtschaftskontakten, festzulegen suchte" [302: F. OLDENBURG, Autonomie, 168].

Begründet wurde diese Vermutung nicht zuletzt mit der Haltung der DDR zu den Vorgängen in der Tschechoslowakei im Jahr 1968. Bereits zeitgenössisch ist der Kurs der DDR gegenüber der ČSSR in der westlichen Forschung recht präzise beschrieben worden [I. SPITTMANN, Die SED im Konflikt mit der ČSSR, in: DA 1 (1968), 663–669]. Diese frühen Einschätzungen sind durch neuere Forschungen im Wesentlichen bestätigt worden. Für die SED hätte die Gewährung politischer Freiheiten im Nachbarland eine ernste Gefährdung der eigenen Herrschaft bedeutet. Auf die innenpolitischen Implikationen der Politik der SED, den Reformbestrebungen in der Tschechoslowakei mit entschiedener Härte zu begegnen, ist daher immer wieder hingewiesen worden [229: S. WOLLE, DDR-Bevölkerung]. Die Parteiführung war von Beginn an über die geistig-politischen Veränderungen des „Prager Frühlings" und die potenziellen Auswirkungen auf das Bündnis und das eigene Regime beunruhigt. Ulbricht schreckte allerdings vor der letzten Konsequenz der aktiven Beteiligung an einer gewaltsamen Lösung zurück. Er plä-

Belastete Beziehungen zu Breschnew

DDR als Garant des sozialistischen Bündnisses

Haltung der DDR zum „Prager Frühling" 1968

dierte für Manöver und militärischen Druck, überließ jedoch bei der Forderung nach Okkupation der UdSSR, Polen und Bulgarien „den Vortritt" [219: L. PREISS/V. KURAL/M. WILKE, Prager Frühling, 21].

Während die Mehrheit der Forscher einen weitgehend gemeinsamen außenpolitischen Kurs der SED konstatiert, hat vor allem MONIKA KAISER zwischen „Hardlinern" um Hermann Axen, Kurt Hager und Erich Honecker einerseits und Ulbricht andererseits unterschieden. KAISER ist der Ansicht, Ulbricht habe die Veränderungen in Prag „nicht gefürchtet, sondern herbeigesehnt" [236: Machtwechsel, 288]. Auch habe er nur zögerlich der „militärischen Lösung" zugestimmt, was seinen Widersachern bei seinem Sturz zusätzliche Argumente geliefert habe. Letztendlich habe sich jedoch die Haltung Ulbrichts „mehr in taktischer als in prinzipieller Hinsicht unterschieden" [Ebd., 300]. Diese Beurteilung kann sich jedoch im Wesentlichen nur auf spätere Aussagen berufen. RÜDIGER WENZKE zählt Ulbricht dagegen mit guten Gründen „von Anfang an zu den erbittertsten Gegnern des tschechoslowakischen Reformprozesses im Jahre 1968". Dieser habe in Abstimmung mit den kommunistischen Führungen der Sowjetunion und der anderen „Bruderländer" eine „intensive Politik der Einmischung, Verleumdung, Abgrenzung und letztlich offenen Konfrontation" betrieben [227: NVA, 69].

Monika Kaisers These

Rüdiger Wenzkes Interpretation

Die NVA und das MfS sicherten unter Anleitung der SED-Führung die militärischen Aktionen der „Bruderländer" vom DDR-Territorium aus ab [227: R. WENZKE, NVA; 224: M. TANTZSCHER, Maßnahme, 52]. Der Entschluss der sowjetischen Militärbefehlshaber, keine NVA-Gefechtstruppen einzusetzen, sind daher von KLAUS SCHROEDER weniger als eine politische, denn als eine „militärische Entscheidung" bezeichnet worden [126: SED-Staat, 186]. Offensichtlich erschien es der SED- Führung kaum relevant, dass bei einem Einmarsch ostdeutscher Truppen in das „Bruderland" Tschechoslowakei die dortige Bevölkerung sogleich den Vergleich mit Hitlers weniger als dreißig Jahre zurückliegenden „Griff nach Prag" im März 1939 gezogen hätte.

9. Kontroversen um die „neue Westpolitik" Ost-Berlins und den Sturz Ulbrichts

Die sog. neue Ostpolitik Willy Brandts bedeutete für die DDR nach dem Mauerbau eine weitere Zäsur, weil sie die Voraussetzung für eine eigene „neue Westpolitik" schuf und mit den Ostverträgen die seit langem vergeblich angestrebte Anerkennung durch die westliche Staatenwelt brachte. Während die Forschung zur Bundesrepublik die Bedeutung des „Machtwechsels" 1969 in letzter Zeit bisweilen relativiert, dagegen gesellschaftlich wirkmächtige Kontinuitäten betont und das Ende der Reformära im Zusammenhang der Wirtschaftskrise 1973/74 als wichtigen Einschnitt ansieht, bleibt das Jahr 1969 für die DDR von

Von der „Ära Ulbricht" zur „Ära Honecker"

außerordentlicher Bedeutung, weil es zugleich den Beginn des Übergangs von der „Ära Ulbricht" zur „Ära Honecker" markiert.

Ulbricht trat in politisch-wirtschaftlicher Perspektive gegen Ende der sechziger Jahre optimistisch-offensiv auf, während in der UdSSR die unter Chruschtschow geweckten hochfliegenden gesellschaftspolitischen Versprechen bereits wieder vorsichtig zurückgenommen wurden. Zudem zeichnete sich auch außenpolitisch die „Überwindung des Satelliten-Status der DDR" ab [93: A. HILLGRUBER, Deutsche Geschichte, 103]. Differenzen mit der sowjetischen Führungsmacht erwuchsen vor allem deswegen, weil Ulbricht das „Modell DDR" zum Vorbild eines sozialistischen Industriestaates machen wollte. Er verkannte damit freilich seine politische Bedeutung und überschätzte mehr und mehr „die politischen, wirtschaftlichen und ideologischen Leistungen, die unter seiner Leitung in der DDR erfolgten" [302: F. OLDENBURG, Autonomie, 169]. Nicht zuletzt die zu Gunsten der DDR ausfallenden ständigen Vergleiche mit den Aufbauleistungen der Sowjetunion führten dazu, dass er sich damit „überhob" [EBD.]. Wachsende Bedenken der Sowjetunion vor einem außenpolitischen Ausbrechen der DDR waren die Folge [276: J. MCADAMS, Germany Divided, 6 f.; 252: M.E. SAROTTE, Dealing, 31].

Ulbrichts Politik als Forschungsgegenstand

Die facettenreiche Politik Ulbrichts hat daher jüngst das verstärkte Interesse der Forschung gefunden, nachdem zuvor vornehmlich die westdeutschen Aspekte der Deutschland- bzw. der neuen Ostpolitik im Zentrum des Interesses gestanden hatten [251: H. POTTHOFF, Schatten; 230: P. BENDER, „Neue Ostpolitik"]. Im Lichte der neueren Forschung ist nicht zuletzt die Distanzierung Ulbrichts von den sowjetischen Positionen in der Deutschlandpolitik in den letzten Jahren seiner Amtszeit betont worden. Während neuere Honecker-Biografien ihrem Protagonisten durchgängig den Status eines gedankenarmen Funktionärs zuweisen [110; 123], hat das bislang negative Ulbricht-Bild in Nuancen sogar eine Aufhellung erfahren. Sieht man einmal von Untersuchungen ab, die mit apologetischem Tenor eine Neubewertung vorzunehmen versuchen [122: N. PODEWIN, Ulbricht], gibt es auch ernst zu nehmende Arbeiten, die Ulbricht in einem neuen Licht erscheinen lassen [85: M. FRANK, Ulbricht]. Diese Debatte kreist indessen nicht nur um außenpolitische Fragen, sondern auch um innen-, wirtschafts-, sozial- und kulturpolitische Aspekte in der Umbruchphase zwischen Ulbricht und Honecker, also mit Blick auf jene Jahre, die sogar als eine „faktische Doppelherrschaft" bezeichnet worden sind [236: M. KAISER, Machtwechsel, 24].

Die Frage, ob das Rubrum eines „verkannten Reformers" [KARL WILHELM FRICKE, Ulbricht – ein verkannter Reformer?, in: „FAZ" vom 7. Januar 1998] auch außenpolitisch Geltung beanspruchen kann, wird heute unterschiedlich beantwortet. Vor der Öffnung der östlichen Archive war der DDR im Prozess der Entspannungspolitik vielfach die Rolle des „übervorsichtigen Bremser(s)" zugeschrieben worden [121: B. VON PLATE, Außenpolitik, 593]. Ulbricht erschien folgerichtig als außenpolitisch engstirniger Kalter Krieger, der sich dem sowjetischen Entspannungswunsch widersetzt habe [294: J. KUPPE, Vergleich, 335; 228: G. WETTIG, Sowjetunion, 55–68]; eine Sichtweise, die z. T. auch in neuere Überblicksdarstellungen Eingang gefunden hat [350: J. W. YOUNG, Cold War, 259].

Ulbricht – ein „verkannter Reformer"?

Nach dem Zugang zu den Primärquellen ist hingegen angeführt worden, Ulbricht sei in seinem Hang zu ideologischen Eigensinnigkeiten geneigt gewesen, auf die neue Ostpolitik Willy Brandts nicht abgrenzend zu reagieren, sondern habe sie als eine Chance für eine gesamtdeutsche Verständigung unter sozialistischen Vorzeichen betrachtet. Vor allem MONIKA KAISER – die auch Ulbrichts Verhalten in der tschechoslowakischen Krise 1968 wohlwollender beurteilt – vertritt den pointierten Standpunkt, der unruhige „Reformer" Ulbricht habe an seiner politischen Utopie konsequent festgehalten. Während er die „neue Ostpolitik durchaus optimistisch" betrachtet habe, weil sie das Ende der Hallstein-Doktrin in Aussicht stellte, seien es die innerparteilichen Widersacher gewesen, die im Verein mit Moskau diese Bemühungen torpediert hätten [236: M. KAISER, Machtwechsel]. Problematisch ist indessen, dass derart weit reichende Interpretationen vielfach nicht hinreichend durch die Quellen gestützt sind und sich zur Absicherung ihrer Argumentation auf spätere Zeitzeugenaussagen berufen müssen [hierzu 252: M.-E. SAROTTE, Dealing, 18 f.]

Ulbricht und die neue Ostpolitik

Ulbricht erscheint trotz aller berechtigter Kritik an den Thesen KAISERS nicht mehr durchweg als entschiedener Entspannungsgegner. MARY ELISE SAROTTE vertritt die These, es sei dem „ideologisch waghalsigen" Ulbricht in erster Linie darum gegangen, durch Kontakte zum Westen das eigene System wirtschaftlich und technologisch zu stärken. Erst seine geringe Neigung, den sowjetischen außenpolitischen Initiativen Vorrang einzuräumen, habe ihn sein Amt gekostet [252: Dealing 17].

Mary Elise Sarottes Deutung

Auch die in diesem Zusammenhang aufgeworfene Frage, ob die Kehrtwendung Ulbrichts im Jahr 1969 – von der vehementen Ablehnung einer Zusammenarbeit mit der SPD zur Gesprächsbereitschaft – als Ausdruck der Suche nach einer Konföderation zu werten ist, hat ebenso unterschiedliche Beurteilungen erfahren wie die Motive für seine letztlich wenig konsequent wirkende Haltung. Während mittlerweile kaum noch bestritten wird, dass es Ulbricht außenpolitisch grundsätzlich um mehr Eigenständigkeit ging, ohne die machtpolitischen Grundfesten in Frage stellen zu wollen, betont MONIKA KAISER eher die „Kompromiss- und Verständigungsversuche", die von der Sowjetunion abgeblockt worden seien [236: Machtwechsel, 365]. Nach dem Ende der DDR ist von ehemaligen Mitarbeitern Ulbrichts die These präsentiert und sodann auch von Teilen der Forschung aufgenommen worden, der SED-Generalsekretär habe nach Konföderationsmöglichkeiten Ausschau gehalten [225: R. WEINERT, Wirtschaftsführung, 296], wofür sich allerdings bislang keine originären Quellenbelege haben finden lassen. Nicht so weit geht JOCHEN STELKENS, der es jedoch für durchaus plausibel hält, dass Ulbricht eine ökonomische Konföderation mit der Bundesrepublik vorgeschwebt habe, um schließlich Westdeutschland doch noch auf dem Gebiet der Wirtschaft hinter sich zu lassen [223: Machtwechsel, 529].

JOCHEN STAADT hat aus denselben Quellen den anders lautenden Schluss gezogen, es sei Ulbricht nicht um einen „‚nationalkommunistischen' Sonderweg" gegangen; auch lasse sich aus seinen Konzepten kein Konföderationsgedanke herauslesen. Es sei vielmehr dessen Absicht gewesen, durch eine ökonomische Stärkung und die Förderung der wissenschaftlichen Innovation die DDR auf westliches Niveau zu bringen und gegenüber der Bundesrepublik „stabil und konkurrenzfähig" zu machen. Hierzu sollte an der Kombination „von offensiver Westpolitik mit weiterer harter Abgrenzung" festgehalten werden [258: Machtkampf, 689].

Diese Debatte verweist ein weiteres Mal auf die internationalen Zusammenhänge um eine „Neubewertung ‚deutscher Ostpolitik'" [N. D. CARY, Reassessing Germany's Ostpolitik, in: CEH 33 (2000), 235–262; A. J. McADAMS, Revisiting the Ostpolitik in the 1990's, in: German Politics and Society 30 (Fall 1993), 49–60]. MARY ELISE SAROTTE hat darauf aufmerksam gemacht, wie sehr die deutsch-deutschen Auseinandersetzungen das Verhältnis zu ihren jeweiligen Supermacht-Partnern belastet haben [252: Dealing]. Die „Parallelität" des ost-westlichen Dialogs mit den deutsch-deutschen Vereinbarungen wird inzwischen ebenso betont [243: D. NAKATH, Gewaltverzicht] wie die Dynamik der komplexen „Dreiecksverhältnisse", der sich die DDR am wenigsten zu entziehen vermochte [233: S. FUCHS, Dreiecksverhältnisse; 248: F. OLDENBURG, Dreieck; 245: D. NAKATH, Dreieck; 291: P. BENDER, Dreieck; 246: D. NAKATH/G.-R. STEPHAN, Dreiecksverhältnis].

Stärker als früher wird darauf verwiesen, dass die „ideologischen Alleingänge" und die gesonderten deutsch-deutschen Verhandlungen Ulbrichts das Misstrauen der Sowjetunion erheblich verstärkt haben [85: M. FRANK, Ulbricht, 392, 402]. Die SED hatte sich aber auch in den Jahren ihrer „neuen Westpolitik" letztendlich stets den Wünschen der Sowjetunion zu beugen, die mittels eines raffinierten Systems des „micromanagement" [M. E. SAROTTE] agierte. Weil die DDR nicht mehr so fragil war, dass ein Kollaps unmittelbar bevorstand, war ihr eine Strategie der „Stärke durch Schwäche", anders als noch in der Berlin-Krise, nicht mehr möglich.

Die Taktik des „micromanagement", die erst durch die Kenntnis der Akten bekannt geworden ist, hat MARY ELISE SAROTTE veranlasst, zur Beschreibung des Sachverhalts das aus der Kriminalistik stammende Bild der „good cop/bad cop-routine" anzuwenden. Während Breschnew gegenüber den westlichen Verhandlungspartnern 1969/70 den konzilianten Part übernahm, wurde Ulbricht mit der Wahrnehmung der Rolle des unsympathischen „bad cop" beauftragt. Als die sowjetische Führung wenig später jedoch gegenüber Bonn Verhandlungsbereitschaft signalisierte, gelang es der DDR-Führung nur teilweise, die Hintergründe des von Moskau verordneten Kurswechsels zu durchschauen [252: Dealing, 30–36].

Bestätigt hat sich durch die Forschungen einmal mehr, dass die Moskauer Vereinbarungen über Gewaltverzicht und die Anerkennung der Grenzziehung Vorrang vor allen Vereinbarungen genossen, die Ost-Berlin mit Bonn schließen wollte. Mit Blick auf einen Vertrag zwischen Bonn und Moskau beharrte Ulbricht noch im Februar 1970 auf der Erwähnung der DDR-Grenzen, während die Sowjetunion nur von einer Soll-Regelung sprechen wollte. Während die SED „ängstlich auf ihren Maximalpositionen verharrte", war die Sowjetunion in den Gesprächen mit Bonn bald zu weitgehenden Konzessionen zu Lasten der DDR bereit [307: K.-H. SCHMIDT, Dialog, 246; 242: W. LINK, Entstehung, 313]. Der Erinnerung des freilich als Zeugen nicht immer zuverlässigen Sowjetdiplomaten VALENTIN FALIN zufolge wäre selbst die Übergabe West-Berlins an die Bundesrepublik „kein zu hoher Preis gewesen" [28: V. FALIN, Erinnerungen, 208], was für die DDR einen enormen Prestigeverlust bedeutet hätte.

Nach der im Frühjahr 1970 von Moskau verordneten „Denk-pause" im deutsch-deutschen Dialog wurde die DDR jedoch bald wieder mit einigen Schwierigkeiten auf einen gemäßigten Kurs gebracht. Nach Abschluss des Moskauer Vertrages im August 1970 – über dessen Hintergründe die SED-Führung nur unzureichend informiert wurde – sollte die westdeutsche Ratifizierung des Vertrages nicht gefährdet werden. Die DDR, die zuvor zur Unnachgiebigkeit veranlasst worden war, wurde nun angehalten, den Kontakt zu Bonn zu suchen. Das Einlenken der DDR, vor allem in der Frage einer völkerrechtlichen Anerkennung des ostdeutschen Staates, war wieder einmal dem sowjetischen „Doppelspiel" [252: M. E. SAROTTE, Dealing, 35] und der Steuerung durch deren „micromanagement" geschuldet. Sowohl bei den Gesprächen über ein Transitabkommen, bei den Berlin-Verhandlungen, an denen die DDR offiziell gar nicht beteiligt war, als auch schließlich bei den Verhandlungen über den Grundlagenvertrag war die Sowjetunion der entscheidende Faktor. Sie legte der DDR Kompromisslösungen nahe, weil die internationale Lage – vor allem der Konflikt mit China – Spannungen in Mitteleuropa als unzweckmäßig erscheinen ließ. Aber so sinnvoll eine ostdeutsche Konzessionsbereitschaft nach Westen für die globalen Interessen der UdSSR sein mochte, so groß war doch das grundsätzliche sowjetische Misstrauen über den Charakter der deutsch-deutschen Kontakte.

An diesem grundsätzlichen Dilemma änderte sich auch in der Folgezeit wenig. Nicht zuletzt in der Praxis des Grenzverkehrs nach Abschluss des Grundlagenvertrages musste die DDR ständige und gezielte Eingriffe der Sowjetunion hinnehmen. Die SED-Führung war dabei in einer Zwangslage: Sie schätzte die Vertragssicherheit, die finanziell einträglichen Abmachungen und günstigen Kreditmöglichkeiten in der Bundesrepublik, die eine Annäherung nahelegten. Zugleich verkannten die Machthaber in der DDR keineswegs die potenziellen negativen Auswirkungen einer zu weitgehenden Annäherung an die Bundesrepublik und wussten, dass sie vorsichtig zu agieren hatten. Die ständigen sowjetischen Ermahnungen empfanden sie daher als paternalistische Bevormundung.

Die Komplexität der Ost-Berliner „neuen Westpolitik" im Spannungsfeld zwischen Bonn und Moskau erklärt sich auch dadurch, dass parallel zu den Verhandlungen zwischen Ost und West in der DDR der Machtwechsel von Ulbricht zu Honecker stattfand. Die Hintergründe des Sturzes von Ulbricht nach dem „Krisenjahr" 1970 [so – allerdings ausschließlich innenpolitisch argumentierend – 247: G. NAUMANN/E. TRÜMPLER] stellen sich heute aufgrund der archivalischen Kenntnisse

Deutsch-deutscher Dialog

Sowjetunion als entscheidender Faktor in den deutsch-deutschen Vereinbarungen

Machtwechsel von Ulbricht zu Honecker

in neuem Licht dar. In der westlichen Literatur hat zwar ILSE SPITT-MANN schon zeitgenössisch vermutet, dass Ulbricht nicht freiwillig abgetreten, sondern „gestürzt worden" sei [I. SPITTMANN, Warum Ulbricht stürzte, in: DA 4 (1971), 586]. Ob seine Absetzung unter außenpolitischen Gesichtspunkten Folge seiner dogmatischen Härte war, die in Moskau Unwillen hervorgerufen habe, war dagegen lange ungewiss und wird bis heute kontrovers behandelt. Der Stellenwert der Außenpolitik für die Wachablösung ist entsprechend umstritten und hängt davon ab, wie man Ulbrichts Deutschlandpolitik bewertet.

Umstrittener Stellenwert der Außenpolitik für die Wachablösung

KLAUS SCHROEDER hat betont, Ulbricht habe keinen außenpolitischen und ideologischen Sonderweg beschritten, so dass der Dissens mit der KPdSU-Führung „eher auf Missverständnissen als auf prinzipiellen Meinungsverschiedenheiten" beruht habe [126: SED-Staat, 207]. Einer solchen Interpretation muss der Befund nicht widersprechen, dass der Sowjetunion Ulbrichts Versuche missfallen hätten, „den Austausch von Gewaltverzichtserklärungen mit dem Junktim einer vorherigen Anerkennung der DDR zu versehen" [258: J. STAADT, Machtkampf, 690]. JOCHEN STELKENS hat demgegenüber argumentiert, Ulbricht sei ins Kreuzfeuer geraten, weil er in der Frage der völkerrechtlichen Anerkennung der DDR kompromissbereit gewesen sei und sich nicht zuletzt aus wirtschaftlichem Kalkül der Bundesrepublik und dem Westen weiter habe öffnen wollen [223: Machtwechsel, 521].

Der entscheidende Unterschied zwischen Ulbricht und Honecker ist aber auch darin gesehen worden, dass ersterer an eine Wiedervereinigung unter sozialistischen Vorzeichen gedacht habe, während Honeckers Denken auf die Zweistaatlichkeit gezielt habe. Dies habe Moskau für Honecker votieren lassen [276: A.J. MCADAMS, Germany Divided, 93 f.]. Einen etwas anderen Akzent setzt MARY ELISE SAROTTE, die davon ausgeht, dass der Sturz in erster Linie Folge der von Ulbricht an den Tag gelegten außenpolitischen Unabhängigkeit war. Dies sei Moskau in einer schwierigen Phase der Détente als zu unberechenbar erschienen und man habe Ulbricht durch den verläßlicheren Honecker ersetzt, der sich die sowjetischen Sorgen zu eigen gemacht habe und gemeinsam mit Mittag, Axen und Stoph gegen Ulbricht vorgegangen sei [252: Dealing, 66]. Vor diesem Hintergrund gilt es freilich zu bedenken, dass auch Honeckers Gedankenbildung durch eine Dialektik in der nationalen Frage gekennzeichnet war, die einen parteiinternen Gegner wie Werner Krolikowski dessen „unverantwortliche doppelgesichtige Zick-Zack-Politik" beklagen ließ. Honecker nährte ein solches Misstrauen, als er beispielsweise auf einer Bezirksdelegiertenkonferenz der SED am 15. Februar 1981 in Ost-Berlin unter

Dialektik in der nationalen Frage

„anhaltende(m) starke(m) Beifall" erklärte, im Falle einer „sozialisti-
sche(n) Umgestaltung der Bundesrepublik Deutschland" stelle sich
„die Frage der Vereinigung beider deutschen Staaten vollkommen
neu. Wie wir uns dann entscheiden, daran dürfte wohl kein Zweifel
bestehen" (ND vom 16. Februar 1981). Selbst unter Honecker als Verfechter der Eigenstaatlichkeit blieb eine Wiedervereinigung unter sozialistischen Vorzeichen eine – allerdings zunehmend unwahrscheinli-
cher werdende – Option.

Die Forschung ist hinsichtlich des Wechsels von Ulbricht zu Honecker angesichts der sich teils ergänzenden, teils jedoch auch wider-
sprechenden Positionen noch nicht zu einem abschließenden Urteil
oder wenigstens zu einer minimalen Übereinstimmung gekommen. Einiges deutet jedoch darauf hin, dass der Wechsel von Ulbricht zu Honecker wohl weniger eine ideologische als eine machtpolitische Angelegenheit war. Die gescheiterte Wirtschaftspolitik Ulbrichts wurde als
wichtigste Begründung für dessen politische Demontage eingesetzt,
während außenpolitische Argumente nur hilfsweise benutzt wurden [zu
den gravierenden ökonomischen Motiven 222: A. STEINER, DDR-Wirtschaftsreform, 503–550]. Honecker verzichtete auf Eigenmächtigkeiten und präsentierte sich der Sowjetunion als braver und verläßlicher
Partner, der anders als der „unbotmäßige" Ulbricht den von Moskau ge-
wünschten Kurs einzuschlagen und einzuhalten versprach.

10. Kooperation und Abgrenzung im Kräftedreieck zwischen Moskau, Ost-Berlin und Bonn

Die Außenpolitik der DDR in den siebziger Jahren ist vergleichsweise
wenig erforscht. Dies liegt zum einen am noch fehlenden Aktenzugang,
zum anderen an der Tatsache, dass nach der Ratifizierung der Ostverträge das deutsch-deutsche Verhältnis in etwas ruhigere Fahrwasser
Konfrontation oder geriet und auch die internationale Politik fürs Erste relativ unspektaku-
Kooperation? lär verlief. Bisweilen wird für die Zeit nach Abschluss der Ostverträge
davon gesprochen, von der SED-Führung sei anstelle „der Konfron-
tation (…) eine Politik der Kooperation" angestrebt worden [245: D.
NAKATH, Dreieck, 115]. Einer solch harmonisierenden Sichtweise muss
freilich die begrenzte Ausgleichsbereitschaft der SED-Führung entge-
gengehalten werden. Die Ost-Berliner Machthaber waren weniger an
einer Zusammenarbeit mit Bonn interessiert als an ihrer Statusbes-
serung auf internationaler Ebene und im eigenen Bündnis.

Der durch die Ostverträge vergrößerte Aktionsradius akzentuierte die Ost-Berliner Deutschlandpolitik, die seit den fünfziger Jahren immer pronocierter als Außenpolitik interpretiert worden war. Nun sollte sie nicht länger vorwiegend innenpolitische Legitimität schaffen, sondern das politische Gewicht der DDR in Europa und der Welt verstärken [112: P.Ch. Ludz, DDR zwischen Ost und West, 301]. Der Versuch, eigene Interessen zu formulieren, war jedoch risikobehaftet. Schon zeitgenössisch ist auf die damit verbundene „politische Ambivalenz" verwiesen worden. Weil die besondere Stellung der DDR zur Bundesrepublik eine besondere Legitimationsproblematik mit sich brachte, die den anderen ostmittel- und südosteuropäischen Staaten fremd war, bedurfte die DDR „in politischer wie in moralischer Hinsicht dringend des Rückhalts am ‚sozialistischen Bruderbund‘ und der nationalen wie gesellschaftlichen ‚Abgrenzung‘" gegenüber der Bundesrepublik [305: F. Oldenburg/G. Wettig, Sonderstatus, II] – und zwar gerade in Zeiten, in denen die Blockkonfrontation nachzulassen schien.

Deutschlandpolitik als Außenpolitik

Die Dynamik des „Kräftedreiecks" Moskau-Bonn-Ost-Berlin ist durch einige Detailstudien exemplarisch illustriert worden. Zu den deutsch-deutschen Treffen in Erfurt und Kassel und ihren internationalen Implikationen haben beispielsweise Heinrich Potthoff, Detlef Nakath und Mary Elise Sarotte Materialien und Interpretationen vorgelegt [218; 253; 243], während ein autobiografischer Bericht die Ost-Berliner Perspektive schildert [47: K. Seidel, Balance]. Insbesondere das Treffen von Erfurt ist als wichtige Wegmarke bezeichnet worden, weil nicht nur die ostdeutsche Diktatur fortan Abgrenzung praktizierte: Die sowjetische Führung, die bis dahin die deutsch-deutsche Annäherung positiv bewertet hatte, weil sie im globalen Konflikt mit China eine Entlastung in Europa versprach, bezweifelte nach dem für die innere Legitimation des SED-Regimes nicht günstig ausgefallenen Lackmustest zunehmend die Fähigkeit Ost-Berlins, die deutsch-deutschen Beziehungen angemessen steuern zu können [253: M. E. Sarotte, Small Town].

Forschungen zu den deutsch-deutschen Treffen in Erfurt und Kassel

Die Abgrenzung von Bonn war zwar selbstgewollt, aber die SED-Führung musste ein weiteres Mal erkennen, dass es nicht möglich war, sich der sowjetischen Generallinie zu entziehen. Die Abhängigkeit von der Sowjetunion war selbst nach der Anerkennungswelle so groß, dass die DDR außen- und deutschlandpolitisch als „praktisch nicht handlungsfähig" eingeschätzt worden ist [245: D. Nakath, Dreieck, 114]. Der nach dem VIII. Parteitag der SED 1971 eingeschlagene Kurs trug diesem Umstand Rechnung. Die damit einhergehende Strategie ist als „bereitwillige Unterordnung unter die außenpolitischen Interessen der

Unveränderte Abhängigkeit von der Sowjetunion

Sowjetunion" bezeichnet worden [255: B.-E. SIEBS, Außenpolitik, 140]. Der Freundschaftsvertrag des Jahres 1975 mit der Sowjetunion war daher gleichermaßen Belohnung für die „Musterknabenrolle" der DDR [302: F. OLDENBURG, Autonomie, 174] wie „Rückversicherung und Sicherheitsgarantie" [255: B.-E. SIEBS, Außenpolitik, 140].

Die mit den Ostverträgen festgeschriebenen Ausgangsbedingungen veränderten sich in den folgenden Jahren nur marginal. Die Beziehungen zu Moskau waren von nun an durchgängig von dem bereits erwähnten sowjetischen Argwohn gekennzeichnet, dass sich hinter dem Deckmantel deutsch-deutscher Kontakte eine „Annäherungsbewegung anbahnen könnte, die sich der sowjetischen Kontrolle entziehen würde und die zu einer Herauslösung der DDR aus dem sowjetischen Machtbereich führen könnte" [305: F. OLDENBURG/G. WETTIG, Sonderstatus, II]. Die von der Sowjetunion eingeforderte „Abgrenzung" von der Bundesrepublik war angesichts der grundsätzlichen Bündnistreue der DDR allerdings unnötig. Die DDR war seit ihrer Gründung traditionell auf die Sowjetunion fixiert und spielte niemals mit dem Gedanken, in dem „Dreiecksverhältnis" die Beziehungen zu Moskau über Gebühr zu strapazieren. Honecker wusste um die Notwendigkeit der ideologischen Einheitlichkeit und hätte diese keinesfalls gefährdet, so dass der gelegentliche Ost-Berliner Unmut über das sowjetische Misstrauen und die entsprechenden Kontrollbemühungen aus der Rückschau sogar nachvollziehbar ist. Der wirtschaftlich und geopolitisch begründete Argwohn der UdSSR gegenüber der „Sonderrolle" der DDR ist daher berechtigterweise mit dem Signum „Obsessionen" belegt worden [307: K.-H. SCHMIDT, Dialog, 17].

Freilich muss bei der Bewertung der deutsch-deutschen Beziehungen zwischen der ideologischen Linientreue der SED und den gravierenden wirtschaftlichen Langzeitwirkungen unterschieden werden. Denn während die DDR-Führung mit Recht die Vorwürfe einer ideologischen Divergenz als unbegründet zurückwies, führten die von der Bundesregierung geleisteten Zahlungen zu einer Ökonomisierung der ostdeutschen Westpolitik und zwangsläufig zu einer wachsenden Abhängigkeit, die noch durch den engen Zusammenhang zwischen der Verschuldung der DDR im westlichen Ausland mit den innenpolitischen Notwendigkeiten akzentuiert wurde. Das von Honecker in den frühen siebziger Jahren in Gang gesetzte teure Sozial- und Wohlfahrtsprogramm sollte ein für allemal das Gespenst von 1953 vertreiben, sollte einen tschechoslowakischen „Sozialismus mit menschlichem Antlitz" unnötig machen und Proteste und Streiks verhindern, wie sie Polen im Jahr 1970 erschüttert hatten. Letztlich sollte die Loyalität der

Sowjetischer Argwohn gegenüber deutsch-deutschen Kontakten

Wachsende Abhängigkeit vom westlichen Ausland

Menschen in der DDR gewonnen und dem mangelnden Ansehen des Regimes entgegengewirkt werden. Dafür schienen die Zugeständnisse an die Bonner Seite – wie etwa Erleichterungen im Grenzverkehr und im Zwangsumtausch sowie der Häftlingsfreikauf gegen Devisen – ein akzeptabler Preis zu sein.

Die DDR war zudem in ihrer Devisennot geneigt, mit subventionierten Waren eher die westlichen Märkte als die Sowjetunion zu bedienen. Der Nettoverlust wurde in Kauf genommen, um mittels der Hartwährungen den technologischen Anschluss an den Westen zu erreichen. Obwohl Ost-Berlin zur Kenntnis nahm, dass dieses Kalkül in Moskau als fragwürdig interpretiert wurde, war Honecker zunächst nicht bereit, den Dialog mit Bonn aufzugeben. Der „Sonderkurs" der SED innerhalb des Ostblocks, so haben neuere Quellenfunde bestätigt, musste jedoch nach einem „Moskauer Sperrfeuer" 1974/75 korrigiert werden [249: F. OLDENBURG/G.-R. STEPHAN, Honecker, 792 bzw. 795]. „Moskauer Sperr-
feuer" 1974/75

Diese Differenzen zwischen Moskau und Ost-Berlin und die sowjetischen Sorgen vor einer zunehmenden Abhängigkeit der DDR von westlichen Krediten und der Sogwirkung der Bundesrepublik waren im Westen nicht unbekannt. Entsprechend wurde unter ökonomischen Gesichtspunkten von einem „latenten Interessengegensatz zwischen der DDR und der UdSSR" gesprochen [305: F. OLDENBURG/G. WETTIG, Sonderstatus, II]. Allerdings ist das bilaterale Verhältnis beider Staaten in den siebziger Jahren auch heute noch von vielen Spekulationen beherrscht. Die Forschung bleibt häufig, wenn sie nicht allein auf die spärlichen und nur eine Seite der Beziehungen spiegelnden Parteiakten der SED zurückgreifen will, auf die nicht immer zuverlässigen Erinnerungen der damaligen Protagonisten angewiesen. Über Einfluss und Rolle des sowjetischen Botschafters Pjotr Abrassimow, der zugleich arroganter Statthalter, wichtigster Diplomat in der DDR und Honeckers Mann des Vertrauens war, weiß man beispielsweise bislang ebenso wenig wie über seine Beweggründe für die Unterstützung des „Kronprinzen" Honecker. Die Hintergründe seiner Abberufung 1971 und seiner Wiedereinsetzung nach der Ablösung des Interimsbotschafters Michail Jefremow, schließlich seine Rolle bei den sowjetischen Versuchen, die zunehmenden „Alleingänge" Honeckers zu verhindern [255: B.-E. SIEBS, Außenpolitik, 39; 37: J. KWIZINSKIJ, Sturm, 263 f.], bedürfen ebenfalls weiterer Klärung. Rolle des sowjeti-
schen Botschafters

Neben den Beziehungen zur UdSSR blieb auch in den achtziger Jahren das durch „Annäherung und Abgrenzung" gleichermaßen gekennzeichnete [260: P. J. WINTERS] Verhältnis zur Bundesrepublik Dreh- und Angelpunkt der Außenpolitik. Die DDR versuchte nach dem Bedeutung des Ver-
hältnisses zu Bonn

Ende der sozialliberalen Koalition im Jahr 1982 und dem Wechsel der westdeutschen Regierungsverantwortung zu Helmut Kohl die „Koalition der Vernunft" fortzusetzen. Die Bereitschaft der christlich-liberalen Bonner Regierung zur Weiterführung der Kontakte wurde in Ost-Berlin als nächster Schritt auf dem Weg zur Anerkennung interpretiert.

Eher die bundesrepublikanische Politik betrifft die Frage, inwieweit die Fortsetzung der DDR-Kontakte durch die CDU/FDP-Koalition und die „Milliardenkredite" das DDR-Regime gefestigt haben. Trotz unterschiedlicher Interpretationen gibt es kaum einen Dissens darüber, dass die finanzielle Hilfe zur – allerdings nur vorübergehenden – Stabilisierung der DDR beigetragen hat [265: K.-R. KORTE, Deutschlandpolitik, 184; vgl. dazu 19: H. POTTHOFF, Koalition].

Die kontinuierliche wirtschaftliche Bindung der DDR an Bonn beruhte auf dem Umstand, dass die Unterstützung der UdSSR in den achtziger Jahren drastisch eingeschränkt wurde. Die Reduzierung der sowjetischen Erdöllieferungen 1981/82 wird von FRED OLDENBURG sogar als der „entscheidende Wendepunkt für eine Neueinschätzung der Prioritäten der DDR-Außenpolitik" bezeichnet [304: Das entgleiste Bündnis, 201]. Honecker reagierte zwar verstimmt auf die beständigen Warnungen vor dem Anwachsen der Auslandsverschuldung und den Hinweis, dass die innere Stabilität der DDR aufgrund der „nationalen Spaltung wesentlich geringer" sei als die der anderen sowjetischen Bündnispartner [37: J. KWIZINSKIJ, Sturm, 260]. Gleichwohl erhielt die Sowjetunion Schützenhilfe durch eine stärker nach Moskau gerichtete Tendenz im SED-Politbüro um Stoph, Krolikowski und Mielke, die gegen das Gespann Honecker/Mittag opponierten, ohne diesen insgeheim ausgetragenen Machtkampf allerdings für sich entscheiden zu können [I. KUSMIN, Die Verschwörung gegen Honecker, in: DA 28 (1995), 286–290; den Charakter der „Verschwörung" überzeugend minimierend 255: B.-E. SIEBS, Außenpolitik, 87].

Nachdem der sowjetische Druck in der Amtszeit Andropows vorübergehend nachgelassen hatte, boten die finanziellen Verpflichtungen Ost-Berlins gegenüber der Bundesrepublik bei einem improvisierten Treffen zwischen Tschernenko und Honecker am 17. August 1984 den Anlass zu „schwerwiegenden Meinungsverschiedenheiten" [290: H. ADOMEIT, Overstretch, 175]. Zeitgenössisch ist der Dissens bisweilen nicht nur auf ökonomische, sondern auch auf strategische Differenzen zurückgeführt worden. „Nicht Konfrontation und Selbstisolierung, sondern Dialog und friedliche Beziehungen", letztlich Kooperation, so lautete eine damalige Einschätzung, lägen nach DDR-Verständnis im Interesse der Staaten des Warschauer Paktes, während die Sowjetunion

„Milliardenkredite"

Ranküne gegen
Honecker

Meinungsverschie-
denheiten mit Mos-
kau in den frühen
achtziger Jahren

weltpolitisch einen konfrontativeren Kurs steuere [254: W. SEIFFERT, Natur, 1052]. Solche Einschätzungen haben sich als nur zum Teil zutreffend herausgestellt. Grundsätzlich bleibt festzuhalten, dass die Meinungsverschiedenheiten nicht zu einem generellen Zerwürfnis stilisiert werden dürfen, denn die DDR riskierte den Konflikt mit der Sowjetunion „mehr aus wirtschaftlichem Zwang als aus eigenem Willen" [64: H. WENTKER, Außenpolitik, 398]. Unter ideologischen, militärstrategischen und geopolitischen Aspekten überwogen die Gemeinsamkeiten, während der Dissens die geradezu natürlichen Ambivalenzen widerspiegelt, die im Verhältnis einer Großmacht und einer mit ihr verbündeten kleineren Macht auftreten.

Streitigkeiten als natürliche Ambivalenzen

11. Außenpolitik im Zeichen der internationalen Anerkennung

Im Zuge der Anerkennungswelle der frühen siebziger Jahre sind schon vergleichsweise früh die Beziehungen der DDR zu den Staaten der Dritten Welt untersucht worden. Bis in die sechziger Jahre hatte die Politik der SED gegenüber den Entwicklungsländern ganz im Banne des Kampfes um die völkerrechtliche Anerkennung gestanden. In den siebziger Jahren rückten die internationalen Aspekte stärker in den Vordergrund. Die DDR unterstützte beispielsweise als treuer Partner Moskaus Afrikapolitik, weil die Sowjetunion hier alleine überfordert war. Vor allem in Mosambik und Angola agierte die DDR als „Einflussagent der Sowjetunion" [302: F. OLDENBURG, Autonomie, 175]. Allerdings ist schon zeitgenössisch darauf hingewiesen worden, dass sich die Rolle der DDR in der Dritten Welt in den siebziger und achtziger Jahren nicht in der eines Erfüllungsgehilfen erschöpfte. Sie sollte vielmehr internationale Anerkennung schaffen und Autonomie gegenüber der UdSSR ermöglichen [318: W.J. KUHNS, Third World, V; 334: G.M. WINROW, Africa, 219].

Beziehungen zur Dritten Welt

Als folgenschwer erwiesen sich freilich auch hier die ideologischen Scheuklappen, die die Probleme der Dritten Welt auf den Aspekt der Systemauseinandersetzung zwischen Ost und West reduzierten und die DDR in vorderster Front sahen, wie beispielsweise in Afrika [311: U. ENGEL/H.-G. SCHLEICHER, Afrika, 104–147]. Die DDR legte dem Warenverkehr mit den Entwicklungsländern zudem oftmals dieselben Prinzipien zugrunde, die man dem Westen als neokolonial vorwarf. Die eklatanten Widersprüche zwischen Anspruch und Wirklichkeit der

Reduktion auf den Aspekt der Systemauseinandersetzung

DDR-Außenpolitik wurden auch in der Dritten Welt nicht aufgelöst. Zu Beginn der achtziger Jahre war der noch wenige Jahre zuvor an den Tag gelegte Optimismus einer außenpolitischen „Resignation" gewichen [255: B.-E. SIEBS, Außenpolitik, 216].

Veränderter Charakter der „Westpolitik"

Der Charakter der „Westpolitik" der DDR änderte sich nach der Zäsur der Anerkennungswelle grundlegend. War diese bis dahin in erster Linie Deutschlandpolitik in der einen oder anderen Form gewesen, wurde sie nun nicht nur in den Entwicklungsländern „Weltpolitik". Die DDR verfügte gegenüber den westeuropäischen Staaten über eine größere Gestaltungsfreiheit, weil sie den finanziell vorteilhaften Sonderstatus ausnutzen konnte, der ihr im Banne der deutschen Frage seitens der Bundesrepublik gewährt wurde. Es ist sogar vermutet worden, diese „neue Westpolitik" sei darauf gerichtet gewesen, „die sowjetische Existenzgarantie langfristig überflüssig werden zu lassen, die DDR in der Völkergemeinschaft als selbständiges Subjekt, als dauerhaften Staat zu etablieren, sie von der sowjetischen Mutter abzunabeln und gewissermaßen aus eigener Kraft politisch gehfähig zu machen" [105: J. KUPPE, Nichtsozialistische Welt, 176]. Allerdings ist diese These weder von den Quellen her genügend abgesichert noch ist sicher, ob dieser „Abnabelungsprozeß" in Absprache mit oder eventuell sogar gegen den Willen der Sowjetunion erstritten werden sollte.

Beurteilung der KSZE

Einer Fehleinschätzung unterlag die DDR mit Blick auf die KSZE. Diese war für die DDR „Ausdruck internationaler Gleichberechtigung par excellence" [H. HAFTENDORN, in: 309, 114]. Die Beteiligung an der KSZE kann als der Höhepunkt der DDR-Außenpolitik bezeichnet werden. Die in Abrüstungsfragen ausgesprochen dogmatische Haltung gegenüber westlichen Verhandlungsvorschlägen mochte dem Wunsch der SED-Führung entgegenkommen, ein kontrolliertes Spannungsniveau in Europa zu konservieren. Erst rückblickend hat sich jedoch gezeigt, dass der Preis, der für den mit der KSZE gewährten kurzfristigen Souveränitätsbeweis in Kauf genommen wurde – die fortwährenden Hinweise auf Menschenrechtsverletzungen in der DDR –, mittel- und langfristig recht hoch war.

Beurteilung der EWG/EG

Ähnlich kurzsichtig wie die Beurteilung der KSZE war die Einschätzung des Potenzials der Europäischen Wirtschaftsgemeinschaft bzw. der Europäischen Gemeinschaft. Weil die ihrem Dogmatismus verhaftete SED-Führung die EWG als staatsmonopolistische Einrichtung betrachtete, wurde sie zunächst wenig beachtet. Auch der politischen Bedeutung der westeuropäischen Gemeinschaft wurde nur flüchtige Aufmerksamkeit geschenkt und der Prozess der europäischen Integration unterschätzt [329; 335]. Bis zu ihrem Ende gelang der DDR keine sachliche Bewertung der Integrationskraft der EWG; statt dessen blieb die offizielle Politik durch die ideologisch begründete „Realitätsverweigerung" gekennzeichnet [329: K.-P. SCHMIDT, Europäische Gemeinschaft, 414].

Es fehlen zwar noch übergreifende Analysen zum Verhältnis zwischen der DDR und den Staaten der westlichen Welt, aber der bisherige Befund lässt kaum einen Zweifel, dass dem „zweiten deutschen Staat" trotz aller äußeren Erfolge kein Durchbruch gelang, sondern vielmehr nach der Zäsur der Anerkennungswelle die bilateralen Beziehungen zu den westlichen Staaten stagnierten. Obwohl die völkerrechtliche Aufnahme in die Staatengemeinschaft eine Intensivierung der europäischen und außereuropäischen Beziehungen zur Folge hatte, blieben die Ergebnisse weit hinter den Erwartungen zurück. Ende der siebziger Jahre wurde bereits recht lapidar bemerkt, über die Beziehungen der DDR zu den westlichen Mächten gebe es „nicht viel Aufregendes zu berichten", weil sich die DDR „unsicher und tastend auf einem ungewohnten Terrain" bewege und – da sie nichts zu bieten habe – keineswegs ein attraktiver Ansprechpartner für die westlichen Staaten sei [J. KUPPE, Die DDR im Westen, in: DA 12 (1979), 1299–1311, hier 1300]. Letztlich blieben die Anstrengungen der DDR, außerhalb des eigenen Lagers Fuß zu fassen, nur oberflächlich erfolgreich. In die Geschichte werden sie eingehen, so ist pointiert geurteilt worden, „als Beispiel für einen Versuch, außenpolitisch etwas zu retten, was aufgrund eingebauter Defekte und innenpolitischer Defizite frühzeitig verloren war" [105: J. KUPPE, Nichtsozialistische Welt, 182]. Insofern muss die Westpolitik der DDR in den siebziger und achtziger Jahren als profillos und geradezu bloß reaktiv eingeschätzt werden [235: M. HOWARTH, Westpolitik].

> Stagnation der Beziehungen zu den westlichen Staaten

Dieser Eindruck wird inzwischen durch eine Reihe von Einzeluntersuchungen zu den bilateralen Beziehungen der DDR bestätigt. Paradigmatisch hierfür steht das Verhältnis zur westlichen Führungsmacht USA. Die Vereinigten Staaten hatten die DDR noch bis Mitte der sechziger Jahre als eine „stalinistische" Macht in vollständiger Abhängigkeit von der UdSSR betrachtet. Selbst in den Jahren der Entspannungspolitik blieb Washingtons Verhältnis zur DDR von Zurückhaltung geprägt. Die USA ließen sich von der grassierenden europäischen Annäherungseuphorie der frühen siebziger Jahre nicht anstecken, was dazu führte, dass die Beziehungen zu Ost-Berlin unterkühlt blieben. Als eine der letzten westlichen Mächte nahmen die Vereinigten Staaten von Amerika im September 1974 die diplomatischen Beziehungen zur DDR auf. In den folgenden Jahren begründeten die Menschenrechtsverletzungen in der DDR die amerikanische Zurückhaltung, der die

> Einzeluntersuchungen zu bilateralen Beziehungen
>
> USA

SED-Führung nichts entgegensetzen konnte. Diese vertraute ganz der Blockdynamik und der sowjetischen Unterstützungsgarantie und musste schließlich hilflos mit ansehen, dass sich die USA in der Endphase des DDR-Regimes ganz die westdeutsche Einschätzung des „zweiten deutschen Staates" zu eigen machten [321: CH. OSTERMANN, USA; 287: P. ZELIKOW/C. RICE, Germany].

Großbritannien

Auch Großbritannien war in den fünfziger Jahren ein unerschütterlicher Verfechter der westdeutschen Interpretation der „so-called D.D.R.", die erst in den sechziger Jahren durch alternative Sichtweisen Konkurrenz bekam. Allerdings war die DDR nicht in der Lage, diese Tendenzen auszunutzen, weil der diktatorische Charakter des DDR-Regimes und die britischen wirtschaftspolitischen Prioritäten gleichermaßen eine Ausrichtung Londons nach Bonn und nicht nach Ost-Berlin nahe legten [313: H. HOFF, Großbritannien]. Die Periode nach der Aufnahme diplomatischer Beziehungen im Jahr 1973 ist angesichts des begrenzten Aktenzugangs noch nicht umfassend bearbeitet. Allerdings spricht nicht viel für die Annahme, dass die Briten am Ende etwa traditionelle Gleichgewichtsüberlegungen für eine ausreichende Begründung erachtet hätten, um die ostdeutsche Diktatur als Staat zu erhalten.

Frankreich

Kein grundsätzlich anderes Bild vermittelt der Blick auf die Beziehungen zwischen der DDR und Frankreich. In den fünfziger Jahren versuchte Ost-Berlin zunächst die französischen Sorgen vor einer deutschen Revanchementalität zu instrumentalisieren. Trotz aller Beteuerungen, dass der östliche Teil Deutschlands der eigentliche „Friedensstaat" sei, ging das offizielle Frankreich auf diese Avancen nicht ein. Als de Gaulle den Elysée-Vertrag unterzeichnete und damit der angeblich „militaristischen" Bundesrepublik eine Art Unbedenklichkeitsbescheinigung ausstellte, war dies einmal mehr Beweis für die Unfähigkeit der DDR, Befürchtungen vor einem zu mächtigen Westdeutschland auszunutzen. In der Öffentlichkeit blieb die Wahrnehmung der DDR – trotz eines zunehmenden „Polit-Tourismus" französischer Staatsmänner in die DDR – auf das Umfeld der starken französischen KP beschränkt. Selbst als der von seinen europäischen Visionen enttäuschte de Gaulle eine „Politik der Nadelstiche" gegen das westliche Bündnis begann, brachte das für Ost-Berlin nur geringe Vorteile. Erst als die neue Ostpolitik die französischen Sorgen vor einem deutschdeutschen Sonderweg wieder wachsen ließ, trat Paris in engeren Kontakt zur SED-Führung, um nicht den Einfluss auf die Entwicklung zu verlieren [323: U. PFEIL, Frankreich; mit zusätzlichen Beiträgen zum Verhältnis zwischen Ost-Berlin und Paris 322: DERS. (Hrsg.), République]. Der DDR gelang es jedoch nicht, das Verhältnis zu Paris zu vertiefen, so dass sich in den beiden letzten Jahrzehnten der DDR an der gegenseitigen Wahrnehmung wenig änderte, bis der realpolitisch denkende und handelnde François Mitterand 1989 das Verschwinden der DDR am Ende als unvermeidlich akzeptierte.

Auch in Italien, wo es wie in Frankreich eine einflussreiche kommunistische Partei mit intensiven Kulturverbindungen zur DDR gab, *Italien* blieb die Bundesrepublik der eigentliche Bezugspunkt. Selbst die italienischen Kommunisten wollten sich niemals so recht von den „Errungenschaften" des „Arbeiter- und Bauernstaates" überzeugen lassen. Die DDR war zu keiner Zeit in der Lage, mehr als nur die Rolle eines Störfaktors der westdeutsch-italienischen Beziehungen einzunehmen, wie zwei neuere Monografien belegen [320: J. LILL, Völkerfreundschaft; 325: CH. PÖTHIG, Italien].

Nicht anders gestaltete sich das Verhältnis der DDR zu den mittleren und kleinen westlichen Staaten, das in den letzten Jahren verstärkte Beachtung in der Forschung gefunden hat. Der zeitliche Schwerpunkt dieser Arbeiten liegt in den Jahren vor der Anerkennungswelle, weil die archivalischen Sperrfristen für diese Periode bereits gefallen sind. Analysen liegen beispielsweise für das Verhältnis der DDR zu mitteleuropäischen Staaten wie Dänemark [319], Belgien [314] und der Schweiz [330] vor; aber auch Staaten an der europäischen Peripherie wie Finnland [327] und Island [316] haben jüngst das Interesse der Historiker gefunden. Das sich hier ergebende Bild zeigt, dass es der DDR auch in diesen Ländern nicht gelang, den Status zu überwinden, lediglich als der „zweite deutsche Staat" angesehen zu werden. *Andere westliche Staaten*

Einen Sonderfall stellte das sich schwierig gestaltende Verhältnis zum Vatikan dar. Die SED-Führung betrachtete den Heiligen Stuhl, der *Sonderfall Vatikan* kontinuierlich die Verletzung der Menschenrechte in der DDR anprangerte, als reaktionäre Macht. Erst in den siebziger Jahren entkrampften sich die Beziehungen. Allerdings wuchs nach der Wahl des Polen Wojtyla zum Papst im Jahr 1978 in der DDR die nicht unberechtigte Sorge, dieser werde sich für die polnische Oppositionsbewegung einsetzen und damit das östliche Bündnis schwächen. Mit Erleichterung registrierte man in Ost-Berlin dagegen, dass Johannes Paul II. zwar Antikommunist war, aber in erster Linie als Pole dachte und daher den „Besonderheiten der ‚deutschen Frage' kein besonderes Wohlwollen" entgegenbrachte [328: B. SCHÄFER, Vatikan].

Grundsätzlich problematisch war das Verhältnis der DDR zu Israel. Dies lag nicht nur am durchaus zweifelhaften Anspruch der DDR, *Israel* als das neue und vermeintlich bessere Deutschland weder moralische noch materielle Verantwortung für das „Dritte Reich" übernehmen zu müssen. Aus der ideologischen Auseinandersetzung um die Entkolonisierung in Verbindung mit dem Bemühen um völkerrechtliche Anerkennung resultierte zudem eine betont israelfeindliche Politik, die beispielsweise die DDR 1956 im Suezkonflikt eindeutig für Ägypten Partei nehmen ließ. In den sechziger und siebziger Jahren positionierte sich Ost-Berlin darüber hinaus als dezidierter Fürsprecher der palästinensischen Befreiungsbewegung und unterstützte deren bewaffneten Kampf u.a. durch die Ausbildung von militärischem Führungspersonal, was ihr im arabischen Raum Sympathien einbrachte [326: K. POLKEHN, Palästina]. Erst in den letzten Jahren der DDR entspannte sich das Verhältnis zu Israel, ohne dass es allerdings noch zu einer förmlichen Aufnahme diplomatischer Beziehungen gekommen wäre [331: A. TIMM, Hammer].

Regressive West-
politik in den
achtziger Jahren

In der zweiten Hälfte der achtziger Jahre wurde die Westpolitik der DDR angesichts des neuen Entspannungsprozesses geradezu regressiv. Trotz aller durchaus erfolgreichen Bemühungen, im Westen als gleichberechtigter Ansprechpartner aufzutreten, kulturpolitische Aktivitäten zu entfalten und dies durch eine rege Reisediplomatie zu unterstreichen, blieb der DDR wenig mehr als die „Imagepflege", während die diplomatischen Beziehungen zur „Routine-Sache" geronnen [235: M. HOWARTH, Westpolitik, 95]. Freilich bleibt festzuhalten, dass für einen grundsätzlich schwachen Staat wie die DDR selbst diese „Normalität" schon als Erfolg gelten durfte.

Kulturbeziehungen

In diesem Zusammenhang zeigte sich, wie gering letztlich die Bedeutung von Kulturbeziehungen vor dem Hintergrund der machtpolitischen Auseinandersetzung einzuschätzen war. Der DDR mochte es zwar gelingen, über den kulturellen Sektor punktuelle Aufmerksamkeit zu gewinnen und dies in eine ephemere Akzeptanz umzumünzen, aber diese Bemühungen waren à la longue ebenso erfolglos wie der Versuch, die ostdeutschen Leistungssportler als „Diplomaten im Trainingsanzug" für den Klassenauftrag zu nutzen [257: J. STAADT, Olympische Spiele, 221]. In der existenziellen Krise waren Kulturbeziehungen nicht in der Lage, die DDR zu retten.

12. „Friedenssicherung" und „Zweiter Kalter Krieg"

Quellenlage und
Forschungsdefizite

Obwohl die Akten des MfAA für die achtziger Jahre der Forschung noch nicht zugänglich sind, erlauben manche Parteiakten Einblicke in die „friedenspolitischen" Strategien der SED-Führung. Freilich gibt es noch erhebliche Forschungsdefizite hinsichtlich der Bewertung ihrer Forderungen nach „Friedenssicherung" und „Entspannung". Ungeklärt sind nicht zuletzt die Hintergründe der von Ost-Berlin immer wieder in internen Analysen und externen Verlautbarungen gleichermaßen beschworenen zentralen Interpretationsfigur der „friedlichen Koexistenz".

Aufklärungsbedarf besteht in diesem Zusammenhang auch darüber, was die SED-Führung unter dem Schlagwort der „deutsch-deutschen Verantwortungsgemeinschaft" verstanden hat. Vor allem seitens der ehemaligen Protagonisten aus der DDR-Nomenklatur wird diese in verzerrter Sichtweise als Ausdruck des Verständigungswillens und des Wunsches nach einer europäischen Sicherheitspartnerschaft dargestellt [47: K. SEIDEL, Balance; 43: J. NITZ, Unterhändler; 45: A. SCHALCK-GOLODKOWSKI, Erinnerungen]. In der westlichen Forschung wird hingegen gelegentlich von einem „kaum versteckten Schlagabtausch" zwischen Ost-Berlin und Moskau gesprochen. Die SED-Führung habe eine „Strategie des Weiterverhandelns" [304: F. OLDENBURG, Das entgleiste Bündnis, 202] und der „Schadensbegrenzung" [278: P. MOREAU, Wende, 291] bevorzugt und auf einem „Mittelweg" versucht, „von der Entspannung zu retten, was zu retten noch möglich war" [255: B.-E. SIEBS, Außenpolitik, 169]. Honecker habe sich „als Sachwalter einer eher moderaten Haltung im Osten und Barriere gegen Scharfmacher" gesehen; die Bereitschaft der DDR, Gemeinsamkeiten in Fragen der Sicherheitspolitik zu wirklichen Fortschritten im Ost-West-Verhältnis zu nutzen, ist dabei vergleichsweise hoch eingeschätzt worden [251: H. POTTHOFF, Schatten, 175].

Aber auch die sich zuspitzende ökonomische Krise wird als Grund dafür angeführt, dass Honecker selbst gegen Widerstände in der SED und der Sowjetunion die neue Eiszeit im Ost-West-Konflikt habe überwinden wollen [283: M. SODARO, Moscow, 296–300]. Die friedenspolitischen Offensiven der DDR sollten die Außenhandelsfähigkeit bewahren, das internationale Prestige als „Friedensmacht" erhöhen und die Eigenständigkeit von Moskau demonstrieren. Die „Friedenssicherung" sei beschworen worden, um sich als souveräner Staat zu präsentieren und sich durch den Verweis auf eine deutsche „Verantwortungsgemeinschaft" gegenüber der Sowjetunion und den anderen Staaten des östlichen Bündnisses zu profilieren [18: D. NAKATH/G.-R. STEPHAN, Hubertusstock].

Gleichwohl lassen diese Interpretationen viele Fragen offen. Ein Blick auf die Praxis der Außenpolitik zeigt, dass die SED-Führung die Moskauer Aufrüstungspolitik der späten siebziger und frühen achtziger

„Deutsch-deutsche Verantwortungsgemeinschaft"

Widersprüche in der Rüstungspolitik

Jahre ohne weiteres akzeptiert hat. Ihre Argumentation war in sich widersprüchlich, weil sie einerseits gegen die westliche Nachrüstung polemisierte, aber andererseits an der Maxime festhielt, „Friede und Fortschritt in der Welt" seien „nicht ohne militärische Überlegenheit auf östlicher Seite durchzusetzen" [305: F. OLDENBURG/G. WETTIG, Sonderstatus, 16].

Offenbar glaubte die SED-Führung, ihre eigene Position innerhalb des wieder auflebenden Kalten Krieges verbessern zu können. Der

Interesse am Erhalt einer gemäßigten Blockkonfrontation

DDR war aus existenziellen Gründen am Erhalt einer gemäßigten Blockkonfrontation gelegen. In gewissem Sinne begünstigte die Nachrüstung die DDR sogar, weil der Rüstungsschub systemstabilisierend wirkte. Der in den militärstrategischen Angelegenheiten zu Tage tretende Gleichklang der Mächte des Warschauer Paktes war zugleich auch geeignet, die Diskrepanzen zwischen SED-Führung und KPdSU in der deutsch-deutschen Frage abzubauen.

Gab es jedoch auch ernsthafte Überlegungen und Besorgnisse hinsichtlich der kollektiven Sicherheit oder musste die auf eine Kooperation mit Bonn wirtschaftlich angewiesene DDR lediglich „friedenspolitisch taktieren", während sie gleichzeitig an die „Räson der Sowjetunion" gebunden blieb [265: K.-R. KORTE, Deutschlandpolitik, 187]? Sieht man einmal von ausgesprochen problematisch zu bewertenden Aussagen von DDR-Politikern aus den neunziger Jahren ab, gibt es kaum Hinweise darauf, dass die SED-Führung durch ein genuines Bedrohungsgefühl beunruhigt war.

Auf dem Feld der „Friedenssicherung" waren die Appelle zur Abrüstung offenbar der Erkenntnis geschuldet, dass die DDR sich damit

Friedenspropaganda

als Friedensstaat präsentieren konnte. Im Gegensatz zur Bundesrepublik, die nach einer kontrovers geführten Debatte die Herausforderung der Nachrüstung annahm, konnte die DDR mit ihren Friedensappellen geschickt von der Militarisierung der eigenen Gesellschaft und ihrer Willfährigkeit gegenüber Moskau in der Stationierungsfrage ablenken. Insofern war „Friedenspolitik" für die DDR auch der vorübergehend erfolgreiche Versuch, die Bundesrepublik als aggressive Macht zu zeichnen und dadurch zugleich den Anspruch auf völkerrechtliche Gleichberechtigung ins internationale Bewusstsein zu heben. Daneben diente die Friedenspropaganda auch zur Verschärfung der Konflikte innerhalb der NATO-Länder, die durch die Rüstungsdebatten und die damit einhergehenden Demonstrationswellen in erhebliche Turbulenzen gerieten. Ob man in diesem Zusammenhang tatsächlich noch von einer deutsch-deutschen „Koalition der Vernunft" sprechen kann [19: H. POTTHOFF, Koalition], erscheint weiterhin diskussionsbedürftig.

Während die DDR propagandistisch und organisatorisch die westliche Friedensbewegung unterstützte, wurden Friedensinitiativen in der DDR massiv unterdrückt, wenn sie nicht den Vorgaben der SED entsprachen. Nicht bestätigt hat sich zudem die Vermutung, Honecker habe in der Frage der Stationierung der Mittelstreckenraketen mit der kritischen eigenen Friedensbewegung übereingestimmt [so noch 121: B. VON PLATE, Außenpolitik, 603]. Neue Quellenfunde belegen vielmehr, dass sich die DDR gerade durch ihre Propaganda eher die Wehrlosmachung des Westens als die Bewahrung des Friedens zum Ziel gesetzt hatte [250: M. PLOETZ, Sowjetunion, 146-155]. Die „Friedenspolitik" der DDR muss daher als janusköpfig bezeichnet werden. Honecker hat „selbst in internen Gesprächen die Positionen der UdSSR in der Sicherheitspolitik weitgehend undifferenziert und pauschal" verfochten [251: H. POTTHOFF, Schatten, 176]. Bis heute steht gerade angesichts der konsequenten Unterdrückung der DDR-Friedensbewegung noch nicht fest, wie beispielsweise auch BENNO-EIDE SIEBS hervorhebt, ob die SED-Führung wirklich in erster Linie die „Angst um die eigene Existenz" umtrieb oder ob es sich nicht doch um „Machtpolitik" handelte [255: B.-E. SIEBS, Außenpolitik, 172].

Der inhärente Widerspruch zwischen dem Insistieren auf einer europäischen Sicherheitspartnerschaft und der Realität der Diktatur zeigte sich in der Behandlung der Menschenrechtsfragen. Hier tut sich die gleiche Schwierigkeit auf, die bereits Stalins Verständnis von „Wahlen" und „Demokratie" betraf, das mit dem westlichen Werteverständnis nicht kompatibel war. Honecker führte 1975 bezeichnenderweise aus, man verstehe „etwas anderes unter Menschenrechten als der Westen" [23: H. AXEN, Diener, 360]. Offenkundig war er einer der wenigen in der SED-Führung, die erkannten, dass man international „mit den Menschenrechten noch viele Probleme bekommen" werde [Ebd., 365]. Hermann Axen war dagegen beispielsweise so sehr den marxistischen Denkschablonen verhaftet, dass er erst rückblickend die Widersprüche anerkannte: „Das ist mir damals so nicht bewusst gewesen. Wir sahen das so, wie es die sowjetischen Genossen darstellten: Der Westen benutzt die Menschenrechte, um von den wichtigsten Problemen, von Frieden und Sicherheit, abzulenken" [Ebd., 364].

Die Unterzeichnung der Schlussakte von Helsinki erforderte allerdings seit den späten siebziger Jahren, weil Rücksicht auf die internationale Lage genommen werden musste, eine verfeinerte Repressionspolitik, was nicht zuletzt durch subtilere Verfolgungsmethoden und einen abermaligen Ausbau des MfS erreicht wurde [86: K.W. FRICKE, MfS]. Die Expansion des Sicherheitsapparats, verbunden mit sog. wei-

Janusköpfigkeit der „Friedenspolitik"

Menschenrechte

Verfeinerte Repressionspolitik

cheren Formen der Verfolgung in den beiden letzten Jahrzehnten des Regimes [237: H. KNABE, Formen], war somit auch eine Folge der außenpolitischen Veränderungen, die dem Legitimationsbedürfnis Rechnung trugen und zugleich innenpolitische Gefahren schufen.

Wenig Aufmerksamkeit ist bislang der Frage geschenkt worden, ob in der DDR die langfristigen Folgen der eigenen Kompromisslosigkeit in der Stationierungsfrage bedacht wurden. Denn die seit Mitte der siebziger Jahre durch die Stationierung der SS-20 neu in Gang gesetzte Aufrüstungsspirale trug seit den frühen achtziger Jahren mit dem amerikanischen Raketenprojekt der Strategic Defense Initiative (SDI) zur Schwächung der Sowjetunion und schließlich zum Zusammenbruch des gesamten östlichen Bündnisses bei.

Langfristige Folgen der Haltung in der Stationierungsfrage

Weiterer Aufklärungsbedarf besteht auch hinsichtlich der Haltung der SED-Führung zu der von der Sowjetunion betriebenen Politik, die Détente für ein aggressives Ausgreifen – auf dem afrikanischen Kontinent und in Afghanistan – zu nutzen [341: J.M. HANHIMÄKI, Ironies]. Insbesondere die Afghanistan-Politik der DDR wirft bislang mehr Fragen auf, als Antworten darauf gegeben wurden. BENNO-EIDE SIEBS vertritt die Ansicht, es sei Honecker darum gegangen, die deutsch-deutschen Beziehungen aus diesem Konflikt der Großmächte möglichst herauszuhalten [255: Außenpolitik, 183]. Allerdings muss er sich bei dieser Einschätzung vornehmlich auf spätere Aussagen außenpolitischer Akteure stützen; die bislang bekannten Akten vermitteln dagegen das Bild einer Parteiführung, die das sowjetische Vorgehen niemals offen in Frage stellte. In den führenden Gremien der DDR-Außenpolitik wurde offensichtlich auch nicht thematisiert, dass die sowjetische Intervention einer verhängnisvollen Re-Ideologisierung des Ost-West-Konflikts Vorschub leistete, zum „imperial overstretch" [290: H. ADOMEIT] der UdSSR beitrug und damit deren Fähigkeit verringerte, den überlebensnotwendigen Schutz der DDR zu garantieren. Dieses Manko erscheint rückblickend um so bedeutsamer, als im Gegensatz dazu die Verstrickung der westlichen Führungsmacht USA in die „Stellvertreterkriege" in Korea und Vietnam bei den europäischen Partnern stets zu Besorgnis über eine mögliche Ablenkung der USA von Europa geführt hatte.

Afghanistan-Politik

Zur Polenpolitik der DDR in der kritischen Phase der Gewerkschaftsbewegung Solidarnosc wurden schon zeitgenössisch recht präzise Untersuchungen vorgelegt [241: J. KUPPE/TH. AMMER, Haltung; 231: D. BINGEN, Polen]. Die damaligen Vermutungen, den ostdeutschen Parteiführern sei die sowjetische Haltung „nicht radikal genug" gewesen [302: F. OLDENBURG, Autonomie, 179], haben sich inzwischen quellengestützt bestätigt. Die SED-Führung gehörte zu denjenigen

Polenpolitik

Staaten im sowjetischen Machtbereich, die am energischsten ein Eingreifen forderten [239: M. KUBINA/M. WILKE, SED; 240: M. KUBINA/ M. WILKE/R. GUTSCHE, SED-Führung]. Einiges deutet darauf hin, dass Honecker im Herbst 1980 tatsächlich fest mit einer sowjetischen Intervention im Nachbarstaat rechnete. Zudem wurden konkrete Vorbereitungen für einen Militärschlag getroffen, der im Ernstfall unter sowjetischer Führung gemeinsam mit tschechoslowakischen und polnischen Verbänden hätte durchgeführt werden sollen. Trotz aller auch nach außen vertretenen Entspannungsparolen forderte die DDR einen aggressiven Kurs und zog aus innerer Schwäche die gewaltsame „Befriedung" Polens der Verbesserung der Ost-West-Beziehungen vor.

Eine militärische Lösung in Polen hätte wohl den Ost-West-Konflikt weiter verschärft. Aber selbst innerhalb des Ostblocks zeigten sich gravierende Konsequenzen. Die interne Niederschlagung der Freiheitsbewegung trug erheblich dazu bei, dass sich die „angespannten, von gegenseitigen Vorbehalten und von Misstrauen gezeichneten" Beziehungen zwischen Ost-Berlin und Warschau bis zum Ende der DDR nicht mehr erholen sollten [259: G. STROBEL, Beziehungen DDR – Polen, 603]. Die von Partei und Staat verordnete „Freundschaft von oben" blieb nicht mehr als eine Fassade [336: K. ZIEMER, Beziehungen, 664], während für die DDR das Problem akut wurde, sich fortan nicht mehr nur gegen Westen, sondern auch im Osten abgrenzen zu müssen.

Abgrenzung auch im Osten

13. Das Ende der DDR

Der rasche Zusammenbruch der DDR kam unerwartet; das gilt im allgemeinen ebenso wie für die Wissenschaft. Die DDR hatte noch Mitte der achtziger Jahre Prestigeerfolge erringen können. Hierzu zählten zahlreiche offizielle Auslandsreisen Honeckers, aber vor allem sein „Arbeitsbesuch" in der Bundesrepublik im Jahr 1987, der den äußeren Rahmen eines Staatsbesuches hatte. Diese Visite stellte nach BENNO-EIDE SIEBS den „wohl größten außenpolitischen Erfolg und persönlichen Triumph" Honeckers dar [255: Außenpolitik, 407]. Die SED-Führung hatte zwar den Eindruck, dass der liberal-konservativen Regierung in Bonn nicht daran gelegen war, den ostdeutschen Staat zu schwächen, erkannte jedoch durchaus die potenziellen politisch-ideologischen Langzeitfolgen der beim Honeckerbesuch vereinbarten Intensivierung des deutsch-deutschen Reiseverkehrs [8: H.-H. HERTLE/R. WEINERT/M. WILKE, Staatsbesuch, 21], während in der Bundesrepublik

„Arbeitsbesuch" 1987 als größter außenpolitischer Erfolg Honeckers

zeitgenössisch eher der Eindruck der Stabilität der DDR überwog. Noch in einer Analyse aus dem Jahr 1989 war mit Verweis auf das seit 1949 vielmals prophezeite und dann nicht eintretende Ende der DDR von einer „Erfolgsgeschichte" und einem „zwar mühevollen, doch letztendlich erfolgreichen" Weg die Rede [121: B. VON PLATE, Außenpolitik, 589]. Der Außenpolitik der DDR wurde attestiert, „aktiv, konstruktiv und erfolgreich" zu sein [81: W. BRUNS, Außenpolitik, 249]. Entsprechende Beurteilungen waren bei weitem nicht auf die deutsche Historiografie beschränkt. Selbst ein ausgesprochen kritischer Beobachter wie etwa ZBIGNIEW BRZEZINSKI hat dem „kommunistischen Preußen" im Jahr 1989 eine vergleichsweise günstige Prognose gestellt und es als „disciplined, motivated, and productive" charakterisiert [The Grand Failure. The Birth and Death of Communism in the Twentieth Century, New York 1989, 249].

Aufgrund solcher Fehleinschätzungen hat sich in der zeitgeschichtlichen Forschung eine z. T. polemisch geführte Debatte darüber entzündet, ob nicht die „Dialogbereitschaft" der westlichen Politik und Wissenschaft, aber auch jener Teile der westdeutschen Presse, die gegenüber dem SED-Regime eine geradezu devote Haltung einnahmen, den zweiten Staat außenpolitisch gestärkt und ihm eine ungerechtfertigte Pseudo-Rechtmäßigkeit verliehen habe.

Letztlich wurde der „Schein des Wandels durch Annäherung" [57: M. SABROW, Streit, 130] erst nach dem Ende der ostdeutschen Diktatur offenkundig. Die DDR hatte es beispielsweise verstanden, die euphorischen Erwartungen der westdeutschen Sozialdemokraten auszunutzen, die ihre Ostpolitik weiterzuführen wünschten und – vor dem Hintergrund der Stationierung der SS-20 und des Afghanistankrieges – für die Illusion der „Sicherheitspartnerschaft" mit der DDR „erhebliche konzeptionelle Klimmzüge" machen mussten [232: F. FISCHER, Ostpolitik, 377]. Die propagandistische Ausnutzung der SPD-Nebenaußenpolitik durch die SED hat später zum Vorwurf geführt, dem „Charme" der Entspannungspropaganda erlegen zu sein [238: H. KNABE] und der reformunfähigen DDR unverdiente Legitimität verschafft zu haben [88: T. GARTON ASH, Im Namen Europas, 483–501].

Weitgehend unbestritten ist, dass die sowjetische Aufgabe der Breschnew-Doktrin und der Verzicht auf die bedingungslose Gefolgschaft im November 1986 die Fundamente des sozialistischen Systems schwer erschütterten und für den Wandel in ihrer Hemisphäre einleiteten, der auch an den Grenzen der DDR nicht Halt machte [13: D. KÜCHENMEISTER/G.-R. STEPHAN, Entfernung; 273: W. LOTH, Sowjetunion, 120–124]. Gorbatschow versuchte „to restructure the Soviet-

Marginalien (linker Rand):
Fehleinschätzungen

„Schein des Wandels durch Annäherung"

Erschütterung der Fundamente des sozialistischen Systems 1986

East European relationship from that of imperial domination to that of hegemony" [290: H. ADOMEIT, Overstretch, 272]. Als entscheidendes Kriterium wird in diesem Zusammenhang der „Verlust des Willens" zur imperialen Herrschaft angesehen [Ebd., 273]. Aber auch eine gewisse imperiale Überheblichkeit mag unter Gorbatschow eine Rolle bei der zunehmenden Ignorierung ostdeutscher Nöte gespielt haben: „Messy East-Central European affairs could be a bottomless pit and the communist apparatchiks there were too far below him for him to want to be bothered with them" [288: V. ZUBOK, Evidence, 8]. Während Gorbatschow aus der inneren Krise die Konsequenz einer auch außenpolitischen Kurskorrektur zog und den Staaten des Ostblocks eine relative Souveränität über die eigene Entwicklung zubilligte [25: W. DASCHITSCHEW, Wechselwirkung] – deren Grenzen freilich nicht erkennbar waren –, haben Honecker und auch andere Mitglieder des Politbüros wohl instinktiv die damit verbundenen spezifischen Gefahren für die DDR erahnt, ohne freilich auf den Gang der Dinge noch Einfluss nehmen zu können.

Offenkundig ist die Entfremdung und zunehmende Sprachlosigkeit zwischen Gorbatschow und Honecker, die in den „Vieraugengesprächen" der beiden Spitzenpolitiker dokumentiert und auch in privaten Aufzeichnungen nachweisbar ist [12: D. KÜCHENMEISTER (Hrsg.), Vieraugengespräche; 35: W. KOTSCHEMASSOW, Mission]. Bereits für die Zeit des Herbstes 1985 ist eine erste „Ernüchterung" erkennbar [262: R. BIERMANN, Moskau, 107], bis der Dissens bei einem Besuch Honeckers in Moskau im Oktober 1986 nicht mehr zu überbrücken war. Es gehört zu den Paradoxien der DDR-Außenpolitik, dass die SED-Führung notgedrungen bemüht blieb, die mit dem Verzicht auf die Breschnew-Doktrin verbundenen Freiräume für die eigenen Interessen zu nutzen, um „größere Eigenständigkeit im Dienste des Status quo" anzustreben [130: W. SÜSS, Eigenständigkeit], obwohl sie diese eigentlich ablehnte. Das ostdeutsche Regime wurde daher Opfer einer letztlich fatalen „wechselseitige(n) Blockade" Honeckers und Gorbatschows [286: G. WETTIG, Niedergang, 431], die nur durch eine, allerdings von Gorbatschow niemals wirklich vorgesehene, militärische Intervention hätte aufgebrochen werden können. Zweifellos ließen die unverkennbaren wirtschaftlichen Schwächen des Ostblocks selbst den „Musterknaben" DDR zunehmend als eine Belastung erscheinen, so dass die Bereitschaft zur unbedingten Verteidigung der DDR kaum noch vorhanden war.

Die Degeneration des Ostblocks musste zwangsläufig zur Folge haben, dass „der ostdeutsche Staat seine Raison d'être" verlor [128: D.

Entfremdung zwischen Honecker und Gorbatschow

Keine Reformen in
der DDR

STARITZ, Geschichte, 390]. Die einzige Chance der DDR lag in politischer Bewegungslosigkeit und einer Beibehaltung der gemäßigten Blockkonfrontation. Während in den übrigen Staaten des sowjetischen Einflussbereichs im Sog von Perestroika und Glasnost die Gedanken der Erneuerung aufgegriffen wurden, um das Hergebrachte zu stabilisieren, war dieser Weg für die DDR nicht möglich: Reformen hätten die Verhältnisse in der DDR notgedrungen denen der Bundesrepublik annähern müssen und damit zugleich die Notwendigkeit eines „zweiten

Ablehnung des
sowjetischen Weges

deutschen Staates" immer stärker in Zweifel gezogen. Obwohl dieses Dilemma bis 1989 nicht grundlegend thematisiert wurde, war es doch ein wesentliches Motiv für die SED-Führung, den sowjetischen Weg immer entschiedener abzulehnen.

Während sich Honecker weiterhin als Gralshüter der kommunistischen Lehre verstand, erodierte zugleich mit der realpolitischen und ideologischen Unterstützung durch die Sowjetunion die „Existenzgrundlage der SED-Herrschaft" [262: R. BIERMANN, Moskau, 109]. Keine außenpolitische Strategie, so hat BENNO-EIDE SIEBS schlüssig geurteilt, hätte zu diesem Zeitpunkt noch den „baldigen Zusammenbruch der DDR aufschieben oder gar verhindern können" [255: Außenpolitik, 407 f.].

In diesem Zusammenhang wäre es für das tiefere Verständnis der Außenpolitik der DDR weiterführend, wenn mehr darüber bekannt wäre, ob und in welcher Form es in den achtziger Jahren aus der „zweiten Reihe" der DDR-Führung ein Aufbegehren gegen die unflexible Außenpolitik gegeben hat. Sowjetische Politiker haben rückblickend darauf aufmerksam gemacht, dass bereits Mitte der achtziger Jahre die schwere ökonomisch-politische Krise des östlichen Bündnisses erkennbar gewesen sei, die SED-Führung die Zeichen der Zeit nicht erkannt und sich als beratungsresistent erwiesen habe. Seitens der ehemaligen Ost-Berliner Protagonisten wird den sowjetischen Politikern wiederum in der Retrospektive vorgeworfen, sie hätten keine Lösung für das spezifische ostdeutsche Problem gewusst.

Mögliche Formen
des Widerspruchs

Ostdeutscher Widerspruch hätte sich in unterschiedlichster Form ausdrücken können: In einer Öffnung nach Westdeutschland mit allen damit einhergehenden möglichen Konsequenzen; in einer Angleichung an den außenpolitischen Kurs der UdSSR; oder in einem Gleichklang mit den sich emanzipierenden sozialistischen Nachbarstaaten. Im bürokratischen Apparat und in wissenschaftlichen Instituten gab es zwar einige Funktionäre, die offenbar ein wirklichkeitsgetreues Bild der außenpolitischen Lage der DDR zeichneten, aber die „Aussprachen darüber fanden nur in kleinen Kreisen statt" [G. SIEBER, Schwierige Beziehungen. Die Haltung der SED zur KPdSU und zur Perestroika, in: 40: H. MODROW (Hrsg.), Das Große Haus, 71–95, hier 94]. Die Ansicht, es habe – auf unterer Parteiebene – beispielsweise in Fragen der Sicherheitspolitik wirklich eine „politische Erosion" gegeben [285: G.-R. STEPHAN, Beziehungen, 118], ist noch nicht quellengestützt nachgewiesen worden, so dass eine Neuorientierung, geschweige denn ein Aufbegehren fraglich erscheint. Nur punktuell wurde innerhalb der Nomenklatur das heikle Thema berührt, welche potenziellen Folgen der Verzicht auf die ideologischen Komponenten im Kampf zwischen Ost und West hätte haben müssen.

Das Lebensgesetz der DDR erforderte einfach die Aufrechterhaltung der doktrinären Systemauseinandersetzung, wollte der „zweite deutsche Staat" nicht seine Existenzberechtigung verlieren. Zu denjenigen, die die Liquidierung der DDR befürchteten, gehörte Otto Reinhold, Parteiideologe und Mitglied des Zentralkomitees der SED, der konsequent auf den „prinzipiellen Unterschied zwischen der DDR und anderen sozialistischen Ländern" aufmerksam machte und in diesem Sinn am 19. August 1989 die entscheidende rhetorische Frage stellte: „Welche Existenzberechtigung sollte eine kapitalistische DDR neben einer kapitalistischen Bundesrepublik haben? Keine natürlich" [Die „sozialistische Identität" der DDR. Überlegungen von Otto Reinhold in einem Beitrag für Radio DDR am 19. August 1989, in: Blätter für deutsche und internationale Politik 34 (1989), 1175] – eine Erkenntnis, die er noch am Nachmittag des 9. November 1989 variierte: „Ohne Sozialismus in der DDR wird es auf die Dauer keine zwei deutschen Staaten geben" [Zitiert nach 284: G.-R. STEPHAN, Die letzten Tage, 316]. Freilich, neben den zeitgenössischen Ermahnungen und späteren Anschuldigungen – etwa dem Vorwurf, Moskau habe begonnen, „dem Kind der Sowjetunion" die „Lebensstränge abzuklemmen" [42: H. MODROW, Perestroika, 111] – fehlen selbst aus der Rückschau überzeugende Alternativvorschläge. Das Tragische aus der Sicht der DDR war, dass es ab 1986/87 keine wirkliche Option mehr gab.

Insofern war die DDR in einer weitaus dramatischeren Lage als die anderen Staaten des Ostblocks, was damals im übrigen außerhalb Deutschlands zumeist hellsichtiger erkannt worden ist: Viele Bundesdeutsche hatten sich bereits in der Zweistaatlichkeit eingerichtet und glaubten ein „postnationales Stadium" erreicht zu haben, während die Nachbarn Deutschlands nicht aus den Augen verloren hatten, „dass die Nation auch für Deutschland noch eine politisch wirksame Kategorie darstellte" [U. PFEIL, Einleitung, in: 324, 16].

Als Ungarn seine Grenzen nach Österreich für DDR-Flüchtlinge

(Randnotizen:) Aufrechterhaltung der Systemauseinandersetzung als Lebensgesetz der DDR

Dramatische Lage der DDR

öffnete, blieb eine sowjetische Reaktion aus. Zur Verweigerung einer militärischen Intervention trugen schließlich die Eindrücke bei, die Gorbatschow anläßlich des Besuchs zum 40. Jahrestag der DDR im Oktober 1989 gewann. Auch der Schock über die in den Gesprächen mit Egon Krenz am 1. November angedeutete und alle Erwartungen übersteigende Wirtschaftsmisere bestärkte die sowjetische Führung, den Dingen ihren Lauf zu lassen [288; 272].

Ursachen für den
Zusammenbruch der
DDR

Der Zusammenbruch der DDR wird kaum monokausal erklärt. BEATE IHME-TUCHEL hat die entsprechenden Forschungsergebnisse wie folgt zusammengefasst: „Grundsätzlich lässt sich feststellen, dass weitgehend einhellig in der Aufgabe der ,Breschnew-Doktrin' die notwendige Voraussetzung für den Zusammenbruch gesehen wird, mithin diesem Faktor höchstes Gewicht beigemessen wird. Auch jene Autoren, die den Anteil der diversen innenpolitischen Faktoren stärker gewichten, verweisen im Allgemeinen darauf, dass ohne die Aufgabe des sowjetischen Vormachtanspruchs in Ostmitteleuropa und der DDR (...) ein Kollaps des Staatssozialismus zum damaligen Zeitpunkt undenkbar gewesen wäre. Für die DDR bedeutete der Verlust der bedingungslosen sowjetischen Unterstützung den Entzug ihrer wichtigsten, möglicherweise ihrer einzigen, Machtbasis. Dass sie nur so lange existieren konnte, wie die Sowjetunion ihr (...) zur Seite stand, wird kaum bestritten" [4: B. IHME-TUCHEL, DDR, 76].

Gewichtung einzelner Faktoren

Hinsichtlich der Gewichtung der innen- und außenpolitischen Faktoren ist jedoch eine überzeugende analytische Hierarchisierung noch nicht zu erkennen. Vor allem in manchen Arbeiten zum inneren Zerfall des Regimes wird der Tatsache nur beiläufiges Interesse zuteil, dass „nicht nur am Anfang, sondern auch am Ende der DDR (...) die internationale Politik" stand [64: H. WENTKER, Außenpolitik, 401]. Der

Außenpolitische
Faktoren

entscheidende Nexus zwischen außenpolitischer Ursache und innenpolitischer Ableitung des Untergangs der DDR wird häufig stillschweigend vorausgesetzt, bisweilen mit einer salvatorischen Klausel bedient und in einigen Ausnahmefällen sogar völlig negiert. Diesem Befund korrespondiert, dass der Kollaps der kommunistischen Welt und die damit einhergehende Auflösung des bipolaren Systems noch keine wirklich ausgewogene Würdigung erfahren haben und bisweilen gar schlicht übergangen werden [vgl. hierzu 288: V. ZUBOK, Evidence, 5]. Künftige Arbeiten zum inneren Zusammenbruch der DDR werden zweifellos dem Umstand mehr Aufmerksamkeit schenken müssen, dass alle Demonstrationen zivilen Ungehorsams und bürgerlicher Resistenz hätten unterdrückt werden können, wenn hierfür noch der sowjetische Wille vorhanden gewesen wäre. Der Herbst 1989 wäre in die-

sem Fall nach ähnlichem Muster wie der Juni 1953 verlaufen, ohne
dass die Bürgerbewegung eine Chance gehabt hätte oder gar die westlichen Staaten eingegriffen hätten.

Auch die wirtschaftlich desolate Lage der DDR erklärt allein
nicht den Zusammenbruch der Herrschaft. Die DDR wurde in ihrer
Glaubwürdigkeit und Akzeptanz dadurch geschwächt, dass man an
Kollektivierungsprogrammen und einem planwirtschaftlichen System
festhielt, dessen Mangelhaftigkeit sich schon genügend oft erwiesen
hatte. Die „sozialistische Zentralplanwirtschaft", die nicht in der Lage
war, Angebot und Nachfrage befriedigend zu regulieren und nur einen
rudimentären marktwirtschaftlichen Warentausch zuließ, hatte seit den
späten vierziger Jahren mit Enteignungen und zaghaften Reformen, die
immer wieder scheiterten, die Wirtschaft der DDR schließlich so ver-
krustet, dass die wichtigsten Voraussetzungen für eine leistungsfähige
Ökonomie fehlten [127: O. SCHWARZER, Zentralplanwirtschaft; 222:
A. STEINER, DDR-Wirtschaftsreform]. Hieran jedoch grundsätzliche
Überlegungen zu knüpfen, ist offensichtlich nicht statthaft gewesen,
weil es marxistische Dogmen in Frage gestellt hätte. Ungeachtet der
Schwäche des planwirtschaftlichen Systems reicht diese ernüchternde
Bilanz freilich nicht zur Erklärung des Endes der DDR aus. Die DDR
hatte zuvor bereits eine ganze Reihe gravierender ökonomischer Krisen überstanden, ohne zusammengebrochen zu sein. Die SED hatte
zwar seit den siebziger Jahren alle grundlegenden Reformpläne aufgegeben und war daher schlecht auf die weltwirtschaftlichen Herausforderungen der achtziger Jahre vorbereitet. Allerdings wäre die DDR mit
ökonomischer und politischer Hilfe von außen durchaus noch über-
lebensfähig gewesen [101: J. KOPSTEIN, Politics, 197]. Die wirtschaftlichen Ursachen allein erklären also nicht den Niedergang der ostdeutschen Diktatur. Zwar hätte Unterstützung von außen nichts an der
strukturellen Krise der DDR und an ihrer sich in den achtziger Jahren
dramatisierenden ökonomischen Degeneration geändert, aber ein un-
mittelbarer Zusammenbruch des ostdeutschen Regimes wäre verhindert worden.

Rückblickend ist davon gesprochen worden, das Schicksal der
DDR habe sich „irgendwann im Spätsommer 1989" entschieden, als der
„Lebensnerv der DDR (...) riss oder durchschnitten wurde" [37: J.
KWIZINSKIJ, Sturm, 12 f.]. Es gibt jedoch bislang nur ex post-Hinweise
darauf, dass Gorbatschow von der Unvermeidlichkeit des Endes der
DDR oder gar einer Wiedervereinigung überzeugt gewesen sein könnte.
Damalige sowjetische Akteure haben von einer „völlige(n) Konzepti-
onslosigkeit" der sowjetischen Deutschlandpolitik nach dem 9. Novem-

Margin notes:

Wirtschaftliche
Faktoren

Gorbatschows
enigmatische
Deutschlandpolitik

ber 1989 gesprochen [W. DASCHITSCHEW, Die sowjetische Deutschlandpolitik in den achtziger Jahren. Persönliche Erlebnisse und Erkenntnisse, in: DA 28 (1995), 54–67, hier 67; ähnlich 24: V. BOLDIN, Ten
Years, 143] oder haben einen „surrealistischen Wust von Ideen" beklagt
[37: J. KWIZINSKIJ, Sturm, 12]. Freilich fehlen nach wie vor überzeugende Darstellungen der für das Überleben der DDR so existenziellen außenpolitischen Entscheidungsprozesse unter Gorbatschow. Einer
der Berater Gorbatschows hat davon gesprochen, der Kremlchef habe
„kein besonderes Interesse für die sozialistische Gemeinschaft" gehabt
[51: A. TSCHERNAJEW, Weltmacht, 79]. Über die „ideologischen Folgen"
eines solchen Denkens habe er sich keine Gedanken gemacht und nach
dem Sturz Honeckers „noch eine gewisse Übergangsperiode" einge-
plant, bevor es zur als unvermeidlich angesehenen Wiedervereinigung
kommen würde [Ebd., 266]. Solange jedoch die entsprechenden sowjetischen Akten der Forschung nicht zur Verfügung stehen, muss Gorbatschows Politik weiterhin als „enigmatisch" eingeschätzt [272: J. LÉVES-
QUE, Enigma] und vermutet werden, dass dieser in den Jahren 1989/90
über kein konkretes außenpolitisches Konzept hinsichtlich Deutschlands und der DDR verfügt hat.

Die damit zusammenhängende Frage nach den konkreten Entscheidungen zum Verzicht der UdSSR auf die DDR ist ebenfalls noch
nicht schlüssig beantwortet. Die vergleichsweise große Auslegungsfä-
higkeit der sowjetischen Signale – der offizielle Verzicht auf die
Breschnew-Doktrin erfolgte erst mit dreijähriger Verspätung im Herbst
1989 – führte dazu, dass die politische Nomenklatur der DDR sich in
hermetischer Selbstbezogenheit und im Jahr 1989 in geradezu autisti-
scher Manier auf die konsequente Unterstützung durch die Sowjetunion verließ.

Über die außenpolitischen Vorgänge der Jahre 1989/90 ist die
Forschung gut informiert, zum Teil sogar besser als über bestimmte
Ereignisse des Kalten Krieges, deren Akten noch auf lange Zeit den
Sperrfristen unterliegen. Zwar sind die außenpolitischen Akten des
MfAA verschlossen, aber die besonderen Umstände haben die Bundesregierung dazu angeregt, von den üblichen Aktenveröffentli-
chungsprinzipien abzugehen und einen Sonderband mit Material u.a.
aus dem Kanzleramt veröffentlichen zu lassen, das auch über die Ost-
Berliner Politik Rückschlüsse zulässt [5: Dokumente zur Deutschland-
politik]. Nicht zuletzt haben viele der Protagonisten, die zur Zeit des
Mauerfalls und des Endes der DDR Führungspositionen innehatten,
inzwischen ihre Sicht der Dinge in Erinnerungsbänden niedergeschrie-
ben.

Quellen zu den außenpolitischen Vorgängen der Jahre 1989/90

Der Ablauf des Zusammenbruchs ist mittlerweile auf dem neuesten Forschungsstand zusammengefasst worden [für den inneren Verlauf 266: H.-H. HERTLE, Der Fall; für die internationalen Zusammenhänge 281: A. RÖDDER, Staatskunst]. Die „Entscheidungsjahre 1989/90" [265: W. WEIDENFELD] werden in ihrer Komplexität kaum verständlich, wenn sie nicht vor der Folie der internationalen Politik am Ende des Kalten Krieges betrachtet werden. Hierzu liegen einige grundlegende Werke vor, die das außenpolitische Ende der DDR vornehmlich aus der übergeordneten Perspektive des Ost-West-Gegensatzes behandeln [263: R.L. GARTHOFF, Transition; 279: D. OBERDORFER, Cold War] oder die versuchen, eine vergleichende Geschichte des Zusammenbruchs der Moskauer Satelliten zu schreiben [282: S. SAXONBERG, Fall]. Differenziert informiert von amerikanischer Warte aus die Studie von PHILIP ZELIKOW und CONDOLEEZZA RICE über den Zusammenbruch der DDR [287]. Einen umfassenderen Überblick verschafft das vierbändige Werk über die „Geschichte der deutschen Einheit" [265]. Freilich bieten diese Bände mit Blick auf die Außenpolitik der DDR in der Hauptsache eine umfangreiche Materialsammlung. Für eine Synthese der DDR-Außenpolitik in der Phase ihrer Agonie ist es offensichtlich noch zu früh.

Zum Forschungsstand über den Ablauf des Zusammenbruchs

Referenzpunkt der Spezialstudien zum Ende der DDR ist der 9. November 1989. Nach der Öffnung der Mauer lautete die Frage, „ob dieser Staat überhaupt weiter bestehen sollte" [264: T. GARTON ASH, Jahrhundert, 393]. Freilich kam diesem Tag zwar für das Ende des „zweiten deutschen Staates", nicht jedoch für die Außenpolitik der DDR eine zentrale Bedeutung zu. Im Zusammenhang mit dem 9. November 1989 entstanden zunächst einige Mythen, die vor allem publizistisch wirksam wurden: Freilich sind die Interpretationen, die Maueröffnung sei eine gezielte Rettungsaktion zur Stabilisierung der DDR oder sogar eine überlegte Staatsaktion zur Verhinderung einer gewaltsamen Eskalation gewesen, überzeugend zurückgewiesen worden. Keine der an den Entscheidungen unmittelbar beteiligten Institutionen und Akteure hat den Fall der Mauer gewollt; sie wurden vielmehr vom „kumulierenden äußeren und inneren Problemdruck zu Ad-hoc-Entscheidungen jenseits der jahrzehntelang eingespielten Routinen gezwungen", so dass der Gesamtvorgang treffend als „unbeabsichtigte Selbstauflösung des SED-Staates" bezeichnet worden ist [266: H.-H. HERTLE, Der Fall, 299]. Weitgehend gültig ist daher immer noch die Interpretation von TIMOTHY GARTON ASH, der schon 1993 das Fazit gezogen hat, die Ereignisse könnten am besten als eine „Mischung aus gesundem Menschenverstand und Schlamperei der neuen Parteiführung" beschrieben werden [88: Im Namen Europas, 505].

9. November 1989

In den kritischen Tagen unmittelbar nach der Öffnung der Mauer hing für das Überleben der DDR viel von der Haltung der Sowjetunion ab. Vor allem das MfS und die NVA erhielten nun noch einmal außenpolitische Bedeutung, weil sie – allerdings erfolglos – Meldungen nach Moskau lancierten, die das Szenario des bevorstehenden staatlichen Chaos zu evozieren bemüht waren. Zu diesem Zeitpunkt hätte sich die Dynamik des Auflösungsprozesses nicht mehr ohne einen gewaltsamen Eingriff aufhalten lassen, was seitens der sowjetischen Führung, wie schon im Monat zuvor, auch jetzt ausgeschlossen wurde.

Der dramatische Zerfall der SED-Strukturen in den folgenden Wochen schwächte die außenpolitische Handlungsfähigkeit der DDR fundamental. Dies wiederum verstärkte im Verbund mit den inneren Problemen und der Desintegration des Warschauer Paktes im Dezember 1989 und besonders im Januar 1990 den sowjetischen Eindruck, dass die DDR als eigenständiger Staat nicht länger vorstellbar sei und es jetzt wesentlich darauf ankomme, den Prozess der Annäherung zwischen West- und Ostdeutschland so gut wie noch eben möglich zu kontrollieren [262: R. BIERMANN, Moskau, 770 f.].

Die von der DDR in diesen Monaten entwickelten Konzepte verrieten den Geist der Verzweiflung. Über die Ursprünge des von Hans Modrow vorgetragenen „Konföderationsplans" herrscht in der bisher vorliegenden Literatur Uneinigkeit. Der damalige sowjetische Botschafter in Bonn Kwizinskij hat den Vorschlag auf seine Idee zurückgeführt, der Bundesrepublik mittels der DDR-Opposition mit ostdeutschen Initiativen zuvorzukommen, um zwei eigenständige Staaten mit unterschiedlichen Gesellschaftssystemen zu erhalten [37: J. KWIZINSKIJ, Sturm, 17]. Aber auch der sowjetische Botschafter in Ost-Berlin Kotschemassow hat den Anspruch erhoben, den entsprechenden Entwurf für Modrow erarbeitet zu haben [35: W. KOTSCHEMASSOW, Mission, 214].

Die Beantwortung der Frage, ob die DDR zu jenem Zeitpunkt noch eine Überlebenschance hatte, hängt wesentlich davon ab, bis wann die Existenz eines „zweiten deutschen Staates" überhaupt noch vorstellbar war. Letztlich ist sie eine ebenso akademische Frage wie diejenige, wann der Kalte Krieg geendet hat [351: V. M. ZUBOK, Explanations; 337: TH. BLANTON, When]. Der DDR wird rückblickend zumeist eine schlechte Prognose erteilt. Die Ansicht, die DDR hätte sich durch ein rechtzeitiges Einschwenken auf den Kurs Gorbatschows retten können [diese Ansicht beispielsweise bei: 82: E. CROME/R. KRÄMER, Verschwundene Diplomatie, 137], ist zurückgewiesen worden, weil die DDR beim „Versuch, die Flucht nach vorn anzutreten, noch

Marginalien:

Haltung der Sowjetunion

Dramatischer Zerfall der SED-Strukturen

Uneinheitliche Meinungen über Modrows „Konföderationsplan"

Grundsätzliche Fragen nach Überlebensfähigkeit der DDR

eher zusammengebrochen wäre" [267: E. Jesse, Der innenpolitische Weg zur deutschen Einheit, 136]. Die „letzte Chance" zu einer grundlegenden Neugestaltung wird gelegentlich ins Jahr 1968 verlegt, als die DDR den demokratischen Kommunismus des Prager Frühlings hätte verteidigen müssen und statt dessen in eine zwanzig Jahre dauernde Stagnation geraten sei [132: H. Weber, DDR, 224]. Freilich überwiegen die Stimmen derjenigen, die der DDR aufgrund ihrer Abhängigkeit vom Willen der Sowjetunion, ihrer strukturellen Defizite und ihrer fehlenden inneren Legitimation von Beginn an die Fähigkeit zur souveränen Existenz absprechen.

Allerdings sollte das Ende der DDR vom Neuanfang des wiedervereinigten Deutschland streng unterschieden werden. Der Untergang des SED-Regimes musste nicht zwangsläufig in den dann tatsächlich stattfindenden Prozess der faktischen Eingliederung der DDR in den Geltungsbereich des Grundgesetzes münden. In der Perspektive des wiedervereinigten Deutschland hatte die SED-Führung unter Modrow recht früh zu akzeptieren, dass im Januar/Februar 1990 ohne sie Gespräche zwischen Gorbatschow, Baker und Kohl über die Modalitäten einer Wiedervereinigung geführt wurden.

Unterscheidung zwischen Ende der DDR und Wiedervereinigung

Die dramatisch reduzierten Handlungschancen der SED-Regierung sanken vor dem Hintergrund der demokratischen Wahlen zur Volkskammer gegen Null. Außenpolitisch blieb die DDR daher auch unter der Regierung de Maizière ohne wirkliche Einwirkungsmöglichkeiten. Der neue Außenminister Meckel, welcher ohne eine „fundierte Zuarbeit aus der Ministerialbürokratie" auskommen musste [J. Staadt, Der Mann, der die Nummer zwei vertrat, in: „FAZ" vom 8. Mai 2000], operierte in den Verhandlungen mit einem personellen Aufgebot aus Altkadern und diplomatischen Neulingen aus der Friedens- und Dissidentenbewegung, was bei den anderen Mächten im besten Fall als mangelnde Professionalität, im schlechtesten Fall als Zeichen der Irrelevanz verstanden wurde. Meckel hat rückblickend durchaus zutreffend bemerkt, im Kreis der 2 + 4-Außenminister habe man weder damit gerechnet noch gewollt, „dass mit der demokratischen DDR noch ein wirklicher Akteur auf das Spielfeld trat" [39: M. Meckel, Außenpolitik, 82; zur außenpolitischen Gedankenbildung und den Zukunftsvorstellungen in Meckels Amtszeit 261: U. Albrecht, Abwicklung].

Fehlende Einwirkungsmöglichkeiten für Außenminister Meckel

Die unter ihm ventilierten Vorstellungen über die Friedensordnung und das zukünftige Deutschland – eine erweiterte KSZE statt der NATO, ein forcierter Abbau von Kernwaffen, die „Neutralisierung" Deutschlands bzw. die Schaffung einer „Sicherheitszone" – waren zudem nicht geeignet, die erheblichen Vorbehalte der europäischen Nachbarn zu entkräften. Es stand außer Zweifel, dass die Ost-Berliner Regierung nicht mehr in der Lage war, gegen den Willen der Bonner Bundesregierung zeitliche Vorgaben für die Wiederherstellung der staatlichen Einheit zu machen. Insofern ist der letztlich eingeschlagene Weg als „alternativlos" eingeschätzt worden [277: H. MISSELWITZ, Verhandlungen, 698]. Richtung und Tempo des Wiedervereinigungsprozesses wurden durch die internationale Konstellation, nicht durch Ost-Berlin bestimmt.

Das in seiner Bedeutung bisweilen überschätzte sowjetisch-deutsche Gipfeltreffen im Kaukasus am 15./16. Juli 1990 war nur der Abschluss dieses Prozesses. Entgegen einer weit verbreiteten „Kaukasus-Mär" [A. RÖDDER, in: „FAZ" vom 29. September 2000] wurde von Gorbatschow schon in Washington am 31. Mai 1990 zugesagt, dem wiedervereinigten Deutschland die Wahl des Bündnisses freizustellen. Diese Absprache, die für den weiteren Prozess der „Abwicklung" der DDR grünes Licht gab, verwies einmal mehr auf den weltpolitischen Zusammenhang der Geschichte der DDR. Nur in Einzelfragen gelang es der DDR noch, außenpolitischen Einfluss zu nehmen. Meckel wurde beispielsweise in der Frage deutscher Streitkräfte und seiner damit verbundenen Forderung, die „legitimen Sicherheitsinteressen" der Sowjetunion zu beachten, gar vorgeworfen, „russischer (...) als die Russen" zu argumentieren [„Der Spiegel" 31/1990 vom 30. Juli 1990, 57]. Überblickt man die in ihren politischen Orientierungen und Vorstellungen kaum vergleichbaren Ost-Berliner Regierungen der Jahre 1989/90, wird ihre frappierende Gemeinsamkeit unter dem Aspekt erkennbar, dass sie kaum mehr über außenpolitischen Handlungsspielraum verfügten.

Gipfeltreffen im Kaukasus 15./16. Juli 1990 (marginal note)

Geschichte der DDR im weltpolitischen Zusammenhang (marginal note)

14. Die Außenpolitik der DDR vor dem Hintergrund der Geschichte des Kalten Krieges: Ergebnisse und Desiderate der Forschung

Der Untergang der DDR hatte langfristige Ursachen. Die SED-Führung wollte nicht wahrhaben, dass der Marxismus die Basis der eigenen Existenz bildete, zugleich aber auch den Grund für das Scheitern bot. Weil die Ideologie alternatives Denken nicht zuließ, führte die Identifizierung der SED-Führung mit ihrem Regime erst nach dem Zusammenbruch bei einigen Funktionären zu einem Bewusstseinswandel und der „Entlassung aus der selbstverschuldeten Gefangenschaft des Kollektivs" [W. REINHARD, Geschichte der Staatsgewalt,

Marxistische Ideologie als Hemmnis individueller Initiativen (marginal note)

München 1999, 473]. Das gesamte System geriet daher in eine Phase des selbsterhaltenden Stillstands. Außenpolitische, ideologische und wirtschaftliche Faktoren waren in einem bis heute noch nicht genau bestimmbaren Mischungsverhältnis für den Systemzusammenbruch verantwortlich.

Trotz der in der Rückschau offensichtlichen Unterlegenheit des Marxismus-Leninismus gegenüber der westlichen Demokratie bleibt zu fragen, wie ernsthaft die Bedrohung durch das östliche Bündnis gewesen ist und ob die DDR ein „aggressiver Staat" war. Eine Antwort muss die Gefährdung des Weltfriedens durch die Sowjetunion und den Warschauer Pakt mitbedenken, die aufgrund ihres ideologischen Anspruchs durchaus „offensive Züge" hatten [82: E. CROME/R. KRÄMER, Verschwundene Diplomatie, 132]. Gerade die DDR legte in ihrer Außenpolitik eine Bündnistreue und einen „ideologischen Extremismus" an den Tag, die aus legitimatorischen Notwendigkeiten heraus über den der „Bruderländer" hinausgingen [345: T. SMITH, New Bottles, 583]. Die ambivalente Formel der „friedlichen Koexistenz" behauptete einerseits die Möglichkeit friedlicher Zusammenarbeit zwischen Staaten unterschiedlicher Gesellschaftsordnungen, bestand jedoch andererseits auf der grundsätzlichen Fortführung des ideologischen Kampfes zwischen „Imperialismus" und Sozialismus. Die aus diesem Spagat resultierende aggressive Komponente blieb bis zum Schluss erhalten und ist als ein grundlegender „Fehler" bezeichnet worden: „Er machte die DDR letztlich unberechenbar, auch wenn jede einzelne ihrer Aktionen, auf dem Raster der ‚Friedlichen Koexistenz' geprüft, durchschaubar" war [105: J. KUPPE, Nichtsozialistische Welt, 181].

„Bedrohungscharakter der DDR"

Die Außenpolitik der DDR muss daher auch vor dem Hintergrund der über vierzig Jahre andauernden Systemauseinandersetzung zwischen Ost und West betrachtet werden. Seit dem Ende des Kalten Krieges hat die Forschung archivalische und wissenschaftliche Fortschritte gemacht, die sich auch für die post-mortem-Untersuchung der DDR als weiterführend erweisen. Jenseits alter Debatten um „Traditionalisten" und „Revisionisten" hat sich inzwischen ein Konsens gebildet, der die historiografischen Lager im Sinne einer „New Cold War History" einander erheblich angenähert hat. Die vermittelnden Positionen ehemals unterschiedlicher Denkschulen, die beispielsweise von JOHN LEWIS GADDIS und MELVYN LEFFLER vorgetragen worden sind, ordnen die DDR inzwischen in die Geschichte des östlichen Bündnisses ein [in: 349: O.A. WESTAD (Hrsg.), Reviewing the Cold War].

Einordnung der DDR in die Geschichte des östlichen Bündnisses und der Systemauseinandersetzung

Aus der wissenschaftlichen Vogelperspektive wird dabei immer deutlicher erkennbar, wie eng das Schicksal der DDR an die Sowjetunion geknüpft war. In der Sowjetunion war die Utopie der besseren Gesellschaft durch einen „totalitären, messianistischen Herrschaftsanspruch" [303: F. OLDENBURG, Endliche Geschichte, 172] und mit Hilfe eines hierarchischen und diktatorischen Führungssystems erstrebt worden. Die SED-Führung blieb durchgängig davon abhängig, dass die Sowjetunion nicht zuletzt aus Glaubwürdigkeitserwägungen heraus den ostdeutschen Staat für unverzichtbar hielt. Die Nuklearwaffen und das globale Gleichgewicht des Schreckens ermöglichten eine Systemstabilität, die auch der DDR zugute kam und ihr unter dem Schirm der Sowjetunion 40 Jahre lang den Anschein eines funktionierenden Subsystems erlaubten. Als jedoch die seit den sechziger Jahren zunehmende Überbürdung auf dem Rüstungssektor von der Sowjetunion nicht mehr ausglichen werden konnte, wirkte sich dies für die DDR letztendlich fatal aus. Der „Modernisierungsdruck" [Ebd.] führte schließlich zur sowjetischen Entscheidung, die totalitäre Ideologie und damit in Konsequenz das sowjetische Herrschaftssystem aufzugeben. Als schließlich auch die Bereitschaft zum Erhalt der DDR schwand, war der „zweite deutsche Staat" verloren. In der DDR gab es zwar hinter verschlossenen Türen Überlegungen für das Worst-case-Szenario „Was wird aus der DDR, wenn die Sowjets sie fallenlassen?" [Diskussionsbeitrag Manfred Uschner, in 14: Band V, 1. Deutschlandpolitik, 908 f.], aber diese drangen nicht zu den außenpolitischen Akteuren durch und hätten zudem kaum realistische Lösungen ermöglicht.

Stärker als früher wird daher heute auf die ideologischen Ursachen des Kalten Krieges und seiner Bündnisdynamik hingewiesen [343: M. LEFFLER, Parts, 45]. Die Geschichte der Außenpolitik der DDR wird künftig wahrscheinlich stärker als Ideologiegeschichte vor dem Hintergrund eines Krieges der Weltanschauungen geschrieben werden müssen. Die ostdeutsche Diktatur hatte zwar die genetischen Defekte der sowjetkommunistischen Strukturen geerbt, aber die wirtschaftliche Gebrechlichkeit, die fehlende moralische Grundlage des Unterdrückungssystems und das daraus resultierende Protestpotenzial allein hätten noch nicht ihr Ende bedeuten müssen.

Der sich parallel zum Ende des reformunfähigen sowjetischen Blocks vollziehende Untergang der DDR erfolgte, weil die machtpolitische Unterstützung verloren ging und ein „zweiter deutscher Staat" in einer Welt, die nach wie vor im Wesentlichen nationalstaatlich organisiert ist, anachronistisch wirkte. Das Verschwinden der DDR hat zudem

gezeigt, dass militärisches Potenzial allein nicht immer den Gang der Geschichte bestimmt: Der Kollaps des sowjetischen Machtzentrums und der Untergang der DDR geschahen zu einem Zeitpunkt, als die militärische Leistungsfähigkeit des Warschauer Paktes durchaus noch gewährleistet war, obwohl dieser gegenüber den USA waffentechnisch in Rückstand geraten war. Aber wenn die UdSSR gewollt hätte, hätte sie die DDR auch nach dem Fall der Mauer noch wie 1953 mit militärischen Mitteln erhalten können.

Forschungslücken bestehen freilich noch in einer ganzen Reihe von Fragen. Es müsste beispielsweise eingehend untersucht werden, warum die DDR außenpolitisch fast immer aus der Defensive zu reagieren gezwungen war und warum der Versuch, durch die Außenpolitik ein spezifisches „nation building" zu ermöglichen, trotz aller „Anerkennungserfolge" am Ende so kläglich scheiterte. Trotz aller scheinbaren Staatlichkeit zeigte das Verhalten der DDR auf internationalem Parkett immer die niemals befriedigend aufgelöste Spannung zwischen nomineller Souveränität und einer faktischen Benachteiligung gegenüber den anderen Satellitenstaaten des sowjetischen Bündnisses, die nicht durch eine „nationale Frage" in ihrem Aktionsradius gefesselt waren. Dies mag auch zur Erklärung der Tatsache dienen, dass die DDR – sieht man einmal von Parteitagsbeschlüssen ab – niemals eine tragfähige außenpolitische Staatsräson entwickelt hat. *(Forschungslücken)*

Nach wie vor fällt es schwer, die Perzeptionen, Zukunftsvorstellungen und Gedankenbildungen der außenpolitischen Entscheidungsträger innerhalb der SED-Nomenklatur zu erkennen. Noch in der Zeit der DDR ist die Frage beispielsweise für obsolet erklärt worden, ob es sich bei der Außenpolitik der DDR um angewandte Ideologie oder um „Interessenpolitik" handle, für die die Ideologie lediglich einen Nebelvorhang darstelle. Angesichts der aus westlicher Sicht kaum entwirrbar engen „Wechselbeziehung zwischen ideologischer Motivation und macht- bzw. interessenpolitischem Handeln" seien „nachvollziehbare Kausalbeziehungen" nicht zu analysieren, zumal die SED-Führung auch nicht zu erkennen gebe, was ihr oberstes „nationales" Interesse überhaupt sei [104: J. KUPPE, Außenpolitik, 31 f.]. Zugleich war ein langfristiges außenpolitisches Konzept der DDR nicht zu entdecken, vielmehr wurde „Beharrlichkeit bei der Verfolgung von Minizielen (…) mit Folgerichtigkeit und Konsequenz bei der Durchsetzung strategischer Fernziele verwechselt" [J. KUPPE, Die DDR im Westen, in: DA 12 (1979), 1299–1311, hier 1311]. *(Zukunftsvorstellungen und Gedankenbildungen der SED-Führung)*

Rückblickend haben außenpolitische Akteure mit einem gewissen Erstaunen darauf hingewiesen, dass die DDR über keine „langfristige, schriftlich fixierte strategische Konzeption" verfügt habe [47: K. SEIDEL, Balance, 6] und auch in der Forschung ist darauf aufmerksam ge- *(Fehlende außenpolitische Konzeption)* macht worden, dass es „keinen strategischen ‚Masterplan'" gegeben habe, der die Außenpolitik auf ein bestimmtes Ziel hin hätte entwickeln können [255: B.-E. SIEBS, Außenpolitik, 417]. Oberstes Interesse der DDR war zunächst die Schaffung und dann die Bewahrung der nationalen Existenz.

Schaffung und Bewahrung der nationalen Existenz als oberstes Interesse

Der als eine Art Ersatz-Staatsräson entwickelte Wunsch nach internationaler Anerkennung blieb letztlich unerfüllt, weil es dem zweiten Staat an innerer Legitimität mangelte. „Legitimität" kann sich zwar durchaus aus purer Macht ableiten, aber die spezifische deutsch-deutsche Konkurrenz bot besondere Bedingungen, die sich langfristig gegen die DDR auswirkten. Die Delegitimierung der DDR bietet daher auch ein anschauliches Beispiel für die Berechtigung des Plädoyers von JOHN LEWIS GADDIS, in außenpolitischen Studien neben den ideologischen auch die moralischen Aspekte stärker zu bedenken [338: On Moral Equivalency]. Auch unter diesem Gesichtspunkt scheiterte die DDR, weil es ihr niemals gelang, die innere Legitimation zu erhalten, die sie à la longue zu einem gleichberechtigten oder sogar überlegenen Pendant zur Bundesrepublik hätte machen können.

Fehlende innere Legitimation der DDR

Weil sich in diesem Fall Legitimität aus „demokratisch begründetem politischen Pluralismus, rechtsstaatlicher Sicherheit und ökonomischer Effizienz" [96: P. GRAF KIELMANSEGG, Nach der Katastrophe, 625] ergibt, bot die Bundesrepublik ein attraktives Gegenmodell, gegen das die DDR vierzig Jahre lang vergeblich ankämpfte. Die USA agierten in Westeuropa unstreitig als „Empire by invitation" [GEIR LUNDESTAD]; demgegenüber blieb die Sowjetunion in ihrem Machtbereich eine Okkupationsmacht und die DDR war – nicht anders als die übrigen Diktaturen im östlichen Europa – zeit ihres Lebens ein „Kollaborationsregime" [115: W.J. MOMMSEN, DDR, 23].

Gegenmodell Bundesrepublik

Die DDR litt zudem unter dem Manko, dass Diktaturen offensichtlich in geringerem Maße als bislang angenommen in der Lage sind, ihre Koalitionen aufrecht zu erhalten. Für den Erhalt des Ostblocks wäre wahrscheinlich eine größere Flexibilität notwendig gewesen, die es erlaubt hätte, auch außerhalb des Moskauer Einflussgebiets weitere politisch-ökonomische Machtzentren entstehen zu lassen. Ein ähnlich unabhängiges Wirtschaftssystem wie die EWG war im östlichen Machtbereich allerdings aus systemimmanenten Gründen nicht vorstellbar und auf militärischer Ebene war der Warschauer Pakt in noch viel größerem Maß sowjetisch dominiert, als dies bei der NATO im Hinblick auf die USA der Fall war: Ein Mitspracherecht der DDR gab es bis zum Schluss nicht. Die DDR hatte sich ebenso wie die übrigen Satellitenstaaten nach Moskau auszurichten und eigene bündnis-

Mangelnde bündnispolitische Flexibilität

politische Ideen konnten nur in stark begrenztem Umfang mit Zustimmung des Kreml durchgeführt werden. Die DDR war letztlich unfähig, flexibel auf Herausforderungen zu reagieren. Der außenpolitische Entscheidungsprozess verlief nicht auf dem Wege der Beratung, sondern durch Befehl und Gehorsam.

Der totalitäre Machtanspruch, die dogmatische Verfolgung festgelegter Ziele und die Reformunfähigkeit legen den Gedanken nahe, die Funktionsmechanismen der DDR-Außenpolitik zukünftig in einem Vergleich mit anderen Perioden deutscher Geschichte im 20. Jahrhundert zu untersuchen und ihre Außenpolitik einmal der wilhelminischen Zeit, der Weimarer Republik, der bundesrepublikanischen und nicht zuletzt der Außenpolitik des „Dritten Reiches" gegenüberzustellen, um Gleichartiges ebenso herauszuarbeiten wie Unterschiede deutlich zu machen.

Vergleichende Untersuchung als Desiderat der Forschung

Stellt man die ideologischen Hemmnisse, die außenpolitische Eindimensionalität, die frappierende Ideenarmut, die mangelnde Kooperationsbereitschaft unter den Verbündeten des Warschauer Paktes und nicht zuletzt die fehlende moralische Legitimation in Rechnung, stellen sich am Ende Fragen, die noch nicht befriedigend beantwortet sind. Wenn die Außenpolitik der DDR tatsächlich als dysfunktional eingeschätzt werden muss, wie es die derzeitige Forschung nahelegt: Warum hat dieses menschenverachtende System, das von Beginn an mit kapitalen strukturellen Fehlern behaftet war, überhaupt so lange Bestand gehabt? Und warum ist von vielen, wenn nicht sogar den meisten derjenigen, die sich bis 1989/90 wissenschaftlich mit der DDR beschäftigt haben, die innere und äußere Fragilität nicht erkannt worden? Möglicherweise fällt eine Antwort auf die zweite Frage leichter als auf die erste. Es waren wohl auch „Verblendungszusammenhänge", die in der ideologisierten Zeit des Kalten Krieges für viele im Westen die DDR in einem so milden Licht erscheinen ließen, dass man die tönernen Füße dieses Kunststaates nicht erkennen wollte.

Offene Fragen

Ideologische „Verblendungszusammenhänge"

III. Quellen und Literatur

Wenn nicht anders angegeben entsprechen die Abkürzungen den Siglen der Historischen Zeitschrift.

APuZ	Aus Politik und Zeitgeschichte. Beilage zur Wochenzeitung Das Parlament
CWIHP	Cold War International History Project
ČSSR	Tschechoslowakische Sozialistische Republik
DA	Deutschland Archiv
EVG	Europäische Verteidigungsgemeinschaft
FAZ	Frankfurter Allgemeine Zeitung
KoKo	Kommerzielle Koordinierung
Kominform	Kommunistisches Informationsbüro
Komintern	Kommunistische Internationale
KSZE	Konferenz über Sicherheit und Zusammenarbeit in Europa
MBFR	Mutual Balanced Force Reduction
MfAA	Ministerium für Auswärtige Angelegenheiten
MfS	Ministerium für Staatssicherheit
ND	Neues Deutschland
NÖSPL	Neues Ökonomisches System der Planung und Leitung der Volkswirtschaft
NVA	Nationale Volksarmee
RGW	Rat für Gegenseitige Wirtschaftshilfe
SBZ	Sowjetische Besatzungszone
SDI	Strategic Defense Initiative
SED	Sozialistische Einheitspartei Deutschlands
SKK	Sowjetische Kontroll-Kommission
SMAD	Sowjetische Militäradministration in Deutschland
UNESCO	United Nations Educational, Scientific and Cultural Organization
ZK	Zentralkomitee

A. Gedruckte Quellen

1. Akteneditionen und Dokumentationen

1. Akten zur Auswärtigen Politik der Bundesrepublik Deutschland, hrsg. im Auftrag des Auswärtigen Amtes vom Institut für Zeitgeschichte. 1949/50–1953 und 1963–1971, München 1994–2002.

2. R. BADSTÜBNER/W. LOTH, Wilhelm Pieck – Aufzeichnungen zur Deutschlandpolitik 1945–1953, Berlin 1994.

3. B. BONWETSCH/G. BORDJUGOV/N. NAIMARK (Hrsg.), Sowjetische Politik in der SBZ 1945–1949. Dokumente zur Tätigkeit der Propagandaverwaltung (Informationsverwaltung) der SMAD unter Sergej Tjulpanov, Bonn 1998.

4. Dokumente zur Deutschlandpolitik, hrsg. v. Bundesministerium des Innern unter Mitwirkung des Bundesarchivs, II. Reihe: 9. Mai 1945 bis 4. Mai 1955; III. Reihe: 5. Mai 1955 bis 9. November 1958; IV. Reihe: 10. November 1958 bis 30. November 1966, V. Reihe: 1. Dezember 1966 bis 20. Oktober 1969, VI. Reihe: 21. Oktober 1969 bis 31. Dezember 1970, Frankfurt am Main bzw. München 1961/2002.

5. Dokumente zur Deutschlandpolitik. Deutsche Einheit. Sonderedition aus den Akten des Bundeskanzleramtes 1989/90, bearb. v. H. J. KÜSTERS/D. HOFMANN, München 1998.

6. Geschichte der Außenpolitik der DDR. Abriß, hrsg. vom INSTITUT FÜR INTERNATIONALE BEZIEHUNGEN POTSDAM-BABELSBERG, Berlin-Ost 1984.

7. H.-H. HERTLE/G.-R. STEPHAN (Hrsg.), Das Ende der SED. Die letzten Tage des Zentralkomitees, 4. Aufl. Berlin 1999.

8. DERS./R. WEINERT/M. WILKE, Der Staatsbesuch. Honecker in Bonn: Dokumente zur deutsch-deutschen Konstellation des Jahres 1987, Berlin 1991.

9. D. HOFFMANN/K.-H. SCHMIDT/P. SKYBA (Hrsg.), Die DDR vor dem Mauerbau. Dokumente zur Geschichte des anderen deutschen Staates 1949–1961, München 1993.

10. Inventar der Befehle des Obersten Chefs der Sowjetischen Militäradministration in Deutschland (SMAD) 1945–1949. Im Auftrag des Instituts für Zeitgeschichte zusammengestellt und bearb. v. J. FOITZIK, München u. a. 1995.

11. M. JUDT (Hrsg.), DDR-Geschichte in Dokumenten, Berlin 1998.

12. D. KÜCHENMEISTER (Hrsg.), Honecker – Gorbatschow. Vieraugengespräche, Berlin 1993.

13. DERS./G.-R. STEPHAN, Gorbatschows Entfernung von der Breshnew-Doktrin. Die Moskauer Beratung der Partei- und Staatschefs des Warschauer Vertrages vom 10./11. November 1986, in: ZfG 42 (1994), 713–721.

14. Materialien der Enquete-Kommission „Aufarbeitung von Geschichte und Folgen der SED-Diktatur in Deutschland", hrsg. vom Deutschen Bundestag, 9 Bände in 18 Teilbänden, Baden-Baden/Frankfurt am Main 1995.

15. Materialien der Enquete-Kommission „Überwindung der Folgen der SED-Diktatur im Prozeß der deutschen Einheit", hrsg. vom Deutschen Bundestag, 8 Bände in 14 Teilbänden, Baden-Baden/ Frankfurt am Main 1999.

16. W. MEISSNER/A. FEEGE (Hrsg.), Die DDR und China 1949 bis 1990. Politik – Wirtschaft – Kultur. Eine Quellensammlung, Berlin 1995.

17. MINISTERIUM FÜR AUSWÄRTIGE ANGELEGENHEITEN DER DDR UND DER UdSSR: DDR – UdSSR. 30 Jahre Beziehungen 1949 bis 1979. Dokumente und Materialien, 2 Bände, Berlin 1982.

18. D. NAKATH/G.-R. STEPHAN, Von Hubertusstock nach Bonn. Eine dokumentierte Geschichte der deutsch-deutschen Beziehungen auf höchster Ebene 1980–1987, Berlin 1995.

19. H. POTTHOFF, Die „Koalition der Vernunft". Deutschlandpolitik in den 80er Jahren, München 1995.

20. P. PRZYBYLSKI, Tatort Politbüro. Die Akte Honecker, Berlin 1991.

21. DERS., Tatort Politbüro. Band 2: Honecker, Mittag und Schalck-Golodkowski, Berlin 1992.

22. G.-R. STEPHAN (Hrsg.), „Vorwärts immer, rückwärts nimmer!" Interne Dokumente zum Zerfall von SED und DDR 1988/89, Berlin 1994.

2. Persönliche Quellen

23. H. AXEN, Ich war ein Diener der Partei. Autobiographische Gespräche mit H. Neubert, Berlin 1996.

24. V. BOLDIN, Ten Years That Shook the World. The Gorbachev Era as Witnessed by His Chief of Staff, New York 1994.

25. W. DASCHITSCHEW, Die Wechselwirkung der gegenseitigen Beziehungen zwischen der Bundesrepublik Deutschland, der DDR und der Sowjetunion im Zeitraum 1970–1989, in: DA 26 (1993), 1460–1470.

26. L. DE MAIZIÈRE, Anwalt der Einheit. Ein Gespräch mit Christine de Maizière, Berlin 1996.
27. M. DJILAS, Gespräche mit Stalin, Gütersloh 1962.
28. V. FALIN, Politische Erinnerungen, München 1993.
29. M. GORBATSCHOW, Erinnerungen, Berlin 1996.
30. DERS., Wie es war. Die deutsche Wiedervereinigung, Berlin 1999.
31. A. GROMYKO, Erinnerungen. Internationale Ausgabe, Düsseldorf/Wien/New York 1989.
32. H. GRUNERT, Für Honecker auf glattem Parkett. Erinnerungen eines DDR-Diplomaten, 2. Aufl. Berlin 1995.
33. Das Herrnstadt-Dokument. Das Politbüro der SED und die Geschichte des 17. Juni 1953, hrsg. v. N. STULZ-HERRNSTADT, Reinbek 1990.
34. E. HONECKER, Moabiter Notizen, Berlin 1994.
35. W. KOTSCHEMASSOW, Meine letzte Mission. Fakten, Erinnerungen, Überlegungen, Berlin 1994.
36. E. KRENZ, Wenn Mauern fallen. Die friedliche Revolution. Vorgeschichte – Ablauf – Auswirkungen, Wien 1990.
37. J. KWIZINSKIJ, Vor dem Sturm: Erinnerungen eines Diplomaten, Berlin 1993.
38. W. LEONHARD, Die Revolution entläßt ihre Kinder. Neuauflage mit einem ergänzenden Essay des Autors, Köln 1981.
39. M. MECKEL, Die Außenpolitik der DDR nach der freien Wahl 1990, in: H. MISSELWITZ/R. SCHRÖDER (Hrsg.), Mandat für Deutsche Einheit: Die 10. Volkskammer zwischen DDR-Verfassung und Grundgesetz, Opladen 2000, 75–90.
40. H. MODROW (Hrsg.), Das Große Haus. Insider berichten aus dem ZK der SED, 2. Aufl. Berlin 1995.
41. DERS., Ich wollte ein neues Deutschland, Berlin 1998.
42. DERS., Die Perestroika. Wie ich sie sehe. Persönliche Erinnerungen und Analysen eines Jahrzehntes, das die Welt veränderte, Berlin 1998.
43. J. NITZ, Unterhändler zwischen Berlin und Bonn, Berlin 2001.
44. G. SCHABOWSKI, Der Absturz, Berlin 1991.
45. A. SCHALCK-GOLODKOWSKI, Deutsch-deutsche Erinnerungen, Reinbek 2000.
46. K. SCHIRDEWAN, Aufstand gegen Ulbricht. Im Kampf um politische Kurskorrektur, gegen stalinistische, dogmatische Politik, Berlin 1994.
47. K. SEIDEL, Berlin-Bonner Balance. 20 Jahre deutsch-deutsche Beziehungen, Berlin 2002.

48. W. SEMJONOW, Von Stalin bis Gorbatschow. Ein halbes Jahrhundert in diplomatischer Mission 1939–1991, Berlin 1995.

49. Der Sturz. Erich Honecker im Kreuzverhör, hrsg. v. R. ANDERT/W. HERZBERG, Berlin/Weimar 1990.

50. S. TALBOTT (Hrsg.), Krushchev Remembers, Boston u. a. 1970, dt. u. d. T. Chruschtschow erinnert sich, Reinbek 1971; Krushchev Remembers. The Last Testament, Boston u. a. 1974; Khrushchev Remembers. The Glasnost Tapes, Boston 1990.

51. A. TSCHERNAJEW, Die letzten Jahre einer Weltmacht. Der Kreml von innen, Stuttgart 1993.

52. E. WINKELMANN, Moskau, das war's. Erinnerungen des DDR-Botschafters in der Sowjetunion 1981 bis 1987, Berlin 1997.

B. Literatur

1. Zum Forschungsstand

53. B. BOUVIER, Forschungen zur DDR-Geschichte. Aspekte ihrer Konjunktur und Unübersichtlichkeit, in: AfS 38 (1998), 555–590.

54. G. METZLER, Zeitgeschichte im Parlament. Die Materialien der Enquete-Kommission „Aufarbeitung von Geschichte und Folgen der SED-Diktatur in Deutschland", in: HZ 266 (1998), 97–109.

55. D. NAKATH/G. NEUGEBAUER/G.-R. STEPHAN (Hrsg.), „Im Kreml brennt noch Licht". Die Spitzenkontakte zwischen SED/PDS und KPdSU 1989–1991, Berlin 1998.

56. G.A. RITTER, Die DDR in der deutschen Geschichte, in: VfZ 50 (2002), 171–200.

57. M. SABROW, Der Streit um die Verständigung. Die deutsch-deutschen Zeithistorikergespräche in den achtziger Jahren, in: A. BAUERKÄMPER/M. SABROW/B. STÖVER (Hrsg.), Doppelte Zeitgeschichte. Deutsch-deutsche Beziehungen 1945–1990, Bonn 1998, 113–130.

58. K. SCHROEDER (Hrsg.), Geschichte und Transformation des SED-Staates, Berlin 1994.

59. DERS. /J. STAADT, Der diskrete Charme des Status-quo: DDR-Forschung in der Ära der Entspannungspolitik, in: 58, 309–346.

60. W. SCHULLER, Kein bloß „anderer" Blick. Geschichte und Geschichtswissenschaft in der DDR, in: 92, 104–112.

61. Vademekum DDR-Forschung. Ein Leitfaden zu Archiven, Forschungseinrichtungen, Bibliotheken, Einrichtungen der politi-

schen Bildung, Vereinen, Museen und Gedenkstätten, hrsg. v. U. MÄHLERT, Opladen 1997.

62. H. WEBER, „Asymmetrie" bei der Erforschung des Kommunismus und der DDR-Geschichte? Probleme mit Archivalien, dem Forschungsstand und bei den Wertungen, in: APuZ B 26 (1997), 3–14.

63. DERS., Zum Stand der Forschung über die DDR-Geschichte, in: DA 31 (1998), 249–257.

64. H. WENTKER, Die Außenpolitik der DDR, in: NPL 46 (2001), 389–411.

2. Handbücher

65. Biographisches Handbuch der SBZ/DDR 1945–1990, hrsg. v. G. BAUMGARTNER/D. HEBIG, München 1996/97.

66. Handbuch zur deutschen Einheit 1949 – 1989 – 1999. Neuausgabe 1999, hrsg. v. W. WEIDENFELD/K.-R. KORTE, Bonn 1999.

67. H.-A. JACOBSEN/G. LEPTIN/ U. SCHEUNER/E. SCHULZ (Hrsg.), Drei Jahrzehnte Außenpolitik der DDR. Bestimmungsfaktoren, Instrumente, Aktionsfelder, München/Wien 1979.

68. Lexikon des DDR-Sozialismus. Das Staats- und Gesellschaftssystem der Deutschen Demokratischen Republik, hrsg. v. R. EPPELMANN/H. MÖLLER/G. NOOKE/D. WILMS, Paderborn u. a. 1996.

69. SBZ von A – Z. Ein Taschen- und Nachschlagebuch über die Sowjetische Besatzungszone Deutschlands, 9. Aufl. Bonn 1965.

70. SBZ-Biographie. Ein biographisches Nachschlagebuch über die Sowjetische Besatzungszone Deutschlands, 3. Aufl. Bonn 1964.

71. SBZ-Handbuch. Staatliche Verwaltungen, Parteien, gesellschaftliche Organisationen und ihre Führungskräfte in der Sowjetischen Besatzungszone Deutschlands 1945–1949, 2. Aufl. München 1993.

72. Die SED. Geschichte – Organisation – Politik. Ein Handbuch, hrsg. v. A. HERBST/G.-R. STEPHAN/J. WINKLER, Berlin 1997.

73. C. STERN, Die SED. Ein Handbuch über Aufbau, Organisation und Funktion des Parteiapparats, Köln o. J. (1954).

74. Wer war Wer in der DDR. Ein biographisches Handbuch. Stark erweiterte und aktualisierte Ausgabe, hrsg. v. B.-R. BARTH u. a., Frankfurt 1995.

75. Wer war Wer in der DDR? Ein biographisches Lexikon, hrsg. v. H. MÜLLER-ENBERGS/J. WIELGOHS/D. HOFFMANN, Bonn 2000.

3. Allgemeine Darstellungen zur Geschichte der DDR und ihrer Außenpolitik

76. H. AMOS, Die Westpolitik der SED 1948–1961. „Arbeit nach Westdeutschland" durch die Nationale Front, das Ministerium für Auswärtige Angelegenheiten und das Ministerium für Staatssicherheit, Berlin 1999.

77. R. BADSTÜBNER, Vom „Reich" zum doppelten Deutschland. Gesellschaft und Politik im Umbruch, Berlin 1999.

78. P. BENDER, Episode oder Epoche? Zur Geschichte des geteilten Deutschland, 3. Aufl. München 1997.

79. S. BOCK, Vier Jahrzehnte Außenpolitik – Abläufe, Inhalte, Wirkungen, in: 103, 39–55.

80. W. BRUNS, Die Außenpolitik der DDR, Berlin 1985.

81. DERS., Die Außenpolitik der DDR, in: W. WOYKE (Hrsg.), Netzwerk Weltpolitik. Großmächte, Mittelmächte und Regionen und ihre Außenpolitik nach dem Zweiten Weltkrieg, Opladen 1989, 249–272.

82. E. CROME/R. KRÄMER, Die verschwundene Diplomatie. Rückblicke auf die Außenpolitik der DDR, in: WeltTrends 1 (1993), 128–146.

83. A. DASBACH MALLINCKRODT, Wer macht die Außenpolitik der DDR? Apparat, Methoden, Ziele, Düsseldorf 1972.

84. H. END, Zweimal deutsche Außenpolitik. Internationale Dimensionen des innerdeutschen Konflikts 1949–72, Köln 1973.

85. M. FRANK, Walter Ulbricht. Eine deutsche Biographie, Berlin 2001.

86. K.W. FRICKE, MfS intern. Macht, Strukturen, Auflösung der DDR-Staatssicherheit. Analyse und Dokumentation, Köln 1991.

87. M. FULBROOK, Anatomy of a Dictatorship. Inside the GDR 1949–1989, 2. Aufl. Oxford 1997.

88. T. GARTON ASH, Im Namen Europas. Deutschland und der geteilte Kontinent, München/Wien 1993.

89. G. GUTMANN/M. HAENDCKE-HOPPE (Hrsg.), Die Außenbeziehungen der DDR, Heidelberg 1981.

90. J. HACKER, Deutsche Irrtümer. Schönfärber und Helfershelfer der SED-Diktatur im Westen, Berlin/Frankfurt am Main 1992.

91. M. HAENDCKE-HOPPE, Die Außenwirtschaftsbeziehungen der DDR und der innerdeutsche Handel, in: W. WEIDENFELD/H. ZIMMERMANN (Hrsg.), Deutschland-Handbuch. Eine doppelte Bilanz 1949–1989, Düsseldorf 1989, 639–652.

92. G. Helwig (Hrsg.), Rückblicke auf die DDR. Festschrift für Ilse Spittmann-Rühle, Köln 1995.

93. A. Hillgruber, Deutsche Geschichte 1945–1986. Die „deutsche" Frage in der Weltpolitik, 8. Aufl. Stuttgart/Berlin/Köln 1995.

94. B. Ihme-Tuchel, Die DDR (Kontroversen um die Geschichte), Darmstadt 2002.

95. K. Jarausch/H. Siegrist, Amerikanisierung und Sowjetisierung in Deutschland 1945–1970, Frankfurt am Main/New York 1997.

96. P. Graf Kielmansegg, Nach der Katastrophe. Eine Geschichte des geteilten Deutschland, Berlin 2000.

97. W. Kilian, Die Hallstein-Doktrin. Der diplomatische Krieg zwischen der BRD und der DDR 1955–1973. Aus den Akten der beiden deutschen Außenministerien, Berlin 2001.

98. Ch. Klessmann, Die doppelte Staatsgründung. Deutsche Geschichte 1945–1955, 5. Aufl. Göttingen 1991 (erste Aufl. 1982).

99. Ders., Der schwierige gesamtdeutsche Umgang mit der DDR-Geschichte, in: APuZ B 30–31 (2001), 3–5.

100. J. Kocka/M. Sabrow (Hrsg.), Die DDR als Geschichte. Fragen – Hypothesen – Perspektiven, Berlin 1994.

101. J. Kopstein, The Politics of Economic Decline in East Germany, 1945–1949, Chapel Hill/London 1997.

102. B. Kregel, Außenpolitik und Systemstabilisierung in der DDR, Opladen 1979.

103. D. Küchenmeister/D. Nakath/G.-R. Stephan (Hrsg.), ... abgegrenzte Weltoffenheit ... Zur Außen- und Deutschlandpolitik der DDR, Potsdam 1999.

104. J. Kuppe, Die Außenpolitik der DDR. Versuch einer politischen Bewertung, in: 89, 31–60.

105. Ders., Die DDR und die nichtsozialistische Welt. Ein Essay zur Außenpolitik der DDR, in: 92, 175–182.

106. M. Lemke, Die Außenbeziehungen der DDR (1949–1966). Prinzipien, Grundlagen, Zäsuren und Handlungsspielräume, in: 324, 63–80.

107. M.R. Lepsius, Die Teilung Deutschlands und die deutsche Nation, in: L. Albertin/W. Link, Politische Parteien auf dem Weg zur parlamentarischen Demokratie in Deutschland, Düsseldorf 1981, 417–449.

108. K. Löw, Die bundesdeutsche politikwissenschaftliche DDR-Forschung und die Revolution in der DDR, in: Ders. (Hrsg.), Ursachen und Verlauf der deutschen Revolution 1989, 2. Aufl. Berlin 1993, 123–140.

109. DERS., ... bis zum Verrat der Freiheit: Die Gesellschaft der Bundesrepublik und die „DDR", München 1993.

110. J.N. LORENZEN, Erich Honecker. Eine Biographie, Reinbek 2001.

111. P. CH. LUDZ, Maximen und Möglichkeiten der Außenpolitik der DDR in den siebziger Jahren, in: Außenpolitik und Außenbeziehungen der DDR. Vierte Tagung zum Stand der DDR-Forschung in der Bundesrepublik. DA Sonderheft November 1971, 2–12.

112. DERS., Die DDR zwischen Ost und West. Politische Analysen 1961 bis 1976, 4. Aufl. München 1980.

113. S. MEUSCHEL, Legitimation und Parteiherrschaft in der DDR. Zum Paradox von Stabilität und Revolution in der DDR 1945–1989, Frankfurt am Main 1992.

114. G. MEYER, Die DDR-Machtelite in der Ära Honecker, Tübingen 1991.

115. W. J. MOMMSEN, Die DDR in der deutschen Geschichte, in: APuZ B 29–30 (1993), 20–29.

116. DERS., Der Ort der DDR in der deutschen Geschichte, in: 100, 26–39.

117. I. MUTH, Die DDR-Außenpolitik 1949–1972. Inhalte, Strukturen, Mechanismen, Berlin 2000.

118. D. NAKATH, Außenpolitik, in: 72, 263–277.

119. W. OSTEN, Die Außenpolitik der DDR. Im Spannungsfeld zwischen Moskau und Bonn, Opladen 1969.

120. TH. PIRKER/M. R. LEPSIUS/R. WEINERT/H.-H. HERTLE, Der Plan als Befehl und Fiktion. Wirtschaftsführung in der DDR. Gespräche und Analysen, Opladen 1995.

121. B. VON PLATE, Die Außenpolitik und internationale Einordnung der DDR, in: W. WEIDENFELD/H. ZIMMERMANN (Hrsg.), Deutschland-Handbuch. Eine doppelte Bilanz 1949 – 1989, Düsseldorf 1989, 589–604.

122. N. PODEWIN, Walter Ulbricht. Eine neue Biographie, Berlin 1995.

123. N. PÖTZL, Erich Honecker. Eine deutsche Biographie, Stuttgart/ München 2002.

124. E. RICHERT, Das zweite Deutschland. Ein Staat, der nicht sein darf, Gütersloh 1964.

125. B. VON ROSENBLADT, Außenpolitik und internationale Beziehungen, in: H. RAUSCH/TH. STAMMEN (Hrsg.), DDR. Das politische, wirtschaftliche und soziale System, 2. Aufl. München 1974.

126. K. SCHROEDER, Der SED-Staat. Partei, Staat und Gesellschaft 1949–1990, München 1998.

127. O. SCHWARZER, Sozialistische Zentralplanwirtschaft in der SBZ/

DDR. Ergebnisse eines ordnungspolitischen Experiments (1945–1989), Stuttgart 1999.

128. D. STARITZ, Geschichte der DDR. Erweiterte Neuausgabe, Frankfurt am Main 1996.

129. S. SUCKUT/W. SÜSS (Hrsg.), Staatspartei und Staatssicherheit. Zum Verhältnis von SED und MfS, Berlin 1997.

130. W. SÜSS, Größere Eigenständigkeit im Dienste des Status quo. Die DDR und ihre Blockführungsmacht, in: G.-J. GLAESSNER (Hrsg.), Die DDR in der Ära Honecker, Opladen 1988, 186–213.

131. H. TIMMERMANN, (Hrsg.), Die DDR – Analysen eines aufgegebenen Staates, Berlin 2001.

132. H. WEBER, DDR. Grundriß der Geschichte 1945–1990, Hannover 1991.

133. DERS., Die DDR 1945–1990. 3., überarbeitete und erweiterte Aufl., München 2000.

134. DERS./U. MÄHLERT (Hrsg.), Terror. Stalinistische Parteisäuberungen 1936–1953. Erweiterte Sonderausgabe, Paderborn u. a. 2001.

135. G. WETTIG, Sowjetunion und SBZ/DDR, in: 68, 526–532.

136. H. A. WINKLER, Der lange Weg nach Westen. Bd. 2: Deutsche Geschichte vom „Dritten Reich" bis zur Wiedervereinigung, München 2000.

137. K.-H. WOITZIK, Die Auslandsaktivität der sowjetischen Besatzungszone Deutschlands, Mainz o. J. (1967).

4. Zu einzelnen Phasen der Außenpolitik

4.1 1945–1949

138. S. CREUZBERGER, Die sowjetische Besatzungsmacht und das politische System der SBZ, Weimar/Köln/Wien 1996.

139. P. ERLER/H. LAUDE/M. WILKE (Hrsg.), „Nach Hitler kommen wir". Dokumente zur Programmatik der Moskauer KPD-Führung 1944/45 für Nachkriegsdeutschland, Berlin 1994.

140. J. FOITZIK, Sowjetische Militäradministration in Deutschland (SMAD) 1945–1949. Struktur und Funktion, Berlin 1999.

141. DERS., Zum Verhältnis zwischen SED und Besatzungsmacht: Konkordanz und Dissens, in: 142, 55–64.

142. D. HOFFMANN/H. WENTKER (Hrsg.), Das letzte Jahr der SBZ. Politische Weichenstellungen und Kontinuitäten im Prozeß der Gründung der DDR, München 2000.

143. M. JODL, Amboß oder Hammer? Otto Grotewohl. Eine politische Biographie, Berlin 1997.

144. W. LOTH, Stalins ungeliebtes Kind. Warum Moskau die DDR nicht wollte, Berlin 1994.

145. G. MAI, Der Alliierte Kontrollrat in Deutschland 1945–1948. Alliierte Einheit – deutsche Teilung? München 1995.

146. A. MALYCHA, Partei von Stalins Gnaden? Die Entwicklung der SED zur Partei neuen Typs in den Jahren 1946 bis 1950, Berlin 1996.

147. DERS., „Wir haben erkannt, daß die Oder-Neiße-Grenze die Friedensgrenze ist". Die SED und die neue Ostgrenze 1945 bis 1951, in: DA 33 (2000), 193–207.

148. DERS., Die SED. Geschichte ihrer Stalinisierung 1946–1953, Paderborn u. a. 2000.

149. H. MEHRINGER (Hrsg.), Von der SBZ zur DDR. Studien zum Herrschaftssystem in der Sowjetischen Besatzungszone und in der Deutschen Demokratischen Republik, München 1995.

150. N. NAIMARK, Die Sowjetische Militäradministration in Deutschland und die Frage des Stalinismus, in: ZfG 43 (1995), 293–307.

151. DERS., Die Russen in Deutschland. Die sowjetische Besatzungszone 1945 bis 1949, Berlin 1997.

152. E. SCHERSTJANOI, Die deutschlandpolitischen Absichten der UdSSR 1948. Erkenntnisstand und forschungsleitende Problematisierungen, in: 142, 39–54.

153. S. SUCKUT, Die Entscheidung zur Gründung der DDR. Die Protokolle der Beratungen des SED-Parteivorstandes am 4. und 9. Oktober 1949, in: VfZ 39 (1991), 125–175.

154. B. THOSS (Hrsg.), Volksarmee schaffen – ohne Geschrei! Studien zu den Anfängen einer „verdeckten Aufrüstung" in der SBZ/DDR 1947–1952, München 1994.

155. U. WENGST, Zwischen Aufrechterhaltung der Einheit und Teilung der Nation: Das Jahr 1948 in der deutschen Geschichte, in: 142, 25–38.

156. G. WETTIG, Treue Dienste für den Kreml. Zur Rolle der KPD/SED in der sowjetischen Deutschland-Politik 1945–1952, in: DA 33 (2000), 399–416.

157. W. K. WOLKOW, Die deutsche Frage aus Stalins Sicht (1947–1952), in: ZfG 48 (2000), 20–49.

4.2 1949–1961

158. A. BARING, Der 17. Juni 1953. Mit einem Vorwort von R. LÖWENTHAL, 2. Aufl. Stuttgart 1983 (zuerst 1965).

159. S. BJØRNSTAD, Soviet policy and the Stalin note of 10 march 1952, University of Oslo, Department of History, Fall 1996.

160. B. BONWETSCH/A. FILITOW, Chruschtschow und der Mauerbau. Die Gipfelkonferenz der Warschauer-Pakt-Staaten vom 3.–5. August 1961, in: VfZ 48 (2000), 155–198.

161. R. VAN DIJK, Der 17. Juni 1953 als Krise im Kalten Krieg, in: DA 30 (1997), 291–293.

162. Der Fall Berija. Protokoll einer Abrechnung. Das Plenum des ZK der KPdSU Juli 1953. Stenographischer Bericht, hrsg. v. V. KNOLL/L. KÖLM, 2. Aufl. Berlin 1999.

163. A. FISCHER (Hrsg.), Wiederbewaffnung in Deutschland nach 1945, Berlin 1986.

164. J. FOITZIK, „Hart und konsequent ist der neue politische Kurs zu realisieren". Ein Dokument zur Politik der Sowjetunion gegenüber der DDR nach Berijas Verhaftung im Juni 1953, in: DA 33 (2000), 32–49.

165. H. GRAML, Eine wichtige Quelle – aber mißverstanden, in: 210, 117–137.

166. P. GRIEDER, The East German leadership 1946–1973. Conflict and crisis, Manchester/New York 1999.

167. M. HAGEN, DDR – Juni '53. Die erste Volkserhebung im Stalinismus, Stuttgart 1992.

168. A. HEGEDÜS/M. WILKE (Hrsg.), Satelliten nach Stalins Tod. Der „Neue Kurs". 17. Juni 1953 in der DDR. Ungarische Revolution 1956, Berlin 2000.

169. H.-H. HERTLE/K. JARAUSCH/CH. KLESSMANN (Hrsg.), Mauerbau und Mauerfall. Ursachen – Verlauf – Auswirkungen, Berlin 2002.

170. B. IHME-TUCHEL, Das Bemühen der SED um die staatliche Anerkennung durch Jugoslawien 1956/57, in: ZfG 42 (1994), 695–702.

171. DIES., „Manche haben vom Polyzentrismus geträumt". Die Reaktion der SED auf die polnische Krise von 1956, in: 131, 569–585.

172. M. KAISER, Wechsel von sowjetischer Besatzungspolitik zu sowjetischer Kontrolle? Sowjetische Einflußnahme und ostdeutsche Handlungsspielräume im Übergangsjahr von der SBZ zur DDR, in: 296, 187–231.

173. M. KITTEL, Genesis einer Legende. Die Diskussion um die Stalin-Noten in der Bundesrepublik 1952–1958, in: VfZ 41 (1993), 355–389.

174. CH. KLESSMANN/B. STÖVER (Hrsg.), 1953 – Krisenjahr des Kalten Krieges in Europa, Köln/Weimar/Wien 1999.

175. A. KNIGHT, Berija: Stalin's First Lieutenant, Princeton 1993.
176. I.-S. KOWALCZUK/A. MITTER/S. WOLLE (Hrsg.), Der Tag X –
     17. Juni 1953. Die „Innere Staatsgründung" der DDR als Ergeb-
     nis der Krise 1952/54, 2. Aufl. Berlin 1996.
177. M. KRAMER, The Early Post-Stalin Succession Struggle and
     Upheavals in East-Central Europe: Internal-External Linkages in
     Soviet Policy Making, in: The Journal of Cold War Studies 1
     (Winter 1999), 3–55.
178. M. LEMKE, Die Berlinkrise 1958 bis 1963. Interessen und Hand-
     lungsspielräume der SED im Ost-West-Konflikt, Berlin 1995.
179. DERS., Prinzipien und Grundlagen der Außenbeziehungen der
     DDR in der Konstituierungsphase des DDR-Außenministeriums
     1949–1951, in: 296, 233–274.
180. DERS., Einheit oder Sozialismus? Die Deutschlandpolitik der SED
     1949 – 1961, Köln/Weimar/Wien 2001.
181. J. N. LORENZEN, Die Jugoslawien-Politik der DDR 1953–1957
     und die Haltung der Bundesrepublik, in: DA 29 (1996), 58–66.
182. W. LOTH, Die Entstehung der „Stalin-Note". Dokumente aus
     Moskauer Archiven, in: 210, 19–115.
183. H. MÜLLER-ENBERGS, Der Fall Rudolf Herrnstadt. Tauwetter vor
     dem 17. Juni, Berlin 1991.
184. CH. OSTERMANN, „This is not a Politburo But a Madhouse". The
     Post-Stalin Succession Struggle, Soviet Deutschlandpolitik, and
     the SED, in: CWIHP Bulletin 10 (March 1998), Washington D.C.
     1998, 61–110.
185. DERS., Uprising in East Germany 1953, Budapest 2001.
186. W. OTTO, Sowjetische Deutschlandnote 1952. Stalin und die
     DDR. Bisher unveröffentlichte Notizen Wilhelm Piecks, in: BzG
     33 (1991), 374–389.
187. J. RICHTER, Reexamining Soviet Policy Towards Germany During
     the Beria Interregnum, CWIHP Working Paper 3, Washington
     D.C. 1992.
188. T. RIPPER, Die Stalin-Note vom 10. März 1952. Die Entwicklung
     der wissenschaftlichen Debatte, in: Zeitgeschichte 26 (1999),
     372–396.
189. G. A. RITTER, Weder Revolution noch Reform. Die DDR im Kri-
     senjahr 1956 und die Intellektuellen, in: W. VON KIESERITZKY/K.-
     P. SICK (Hrsg.), Demokratie in Deutschland, München 1999, 336–
     362.
190. K. RUCHNIEWICZ, Reaktionen der DDR auf die Oktober-Ereig-
     nisse in Polen im Jahre 1956, in: 131, 669–696.

191. J. RÜHLE/G. HOLZWEISSIG, 13. August 1961. Die Mauer von Berlin, Köln 1981.

192. E. SCHERSTJANOI (Hrsg.), „Provisorium für längstens ein Jahr". Protokoll des Kolloquiums Die Gründung der DDR, Berlin 1993.

193. DIES., Zum Verhältnis zwischen SED- und KPdSU-Führung, in: 72, 177–196.

194. DIES., Die sowjetische Deutschlandpolitik nach Stalins Tod 1953. Neue Dokumente aus dem Moskauer Außenministerium, in: VfZ 46 (1998), 497–549.

195. DIES., Die Sowjetische Kontrollkommission in Deutschland (1949–1953), in: Das SKK-Statut. Zur Geschichte der Sowjetischen Kontrollkommission in Deutschland 1949 bis 1953, München 1998.

196. DIES., „In 14 Tagen werden Sie vielleicht schon keinen Staat mehr haben". Vladimir Semenov und der 17. Juni 1953, in: DA 31 (1998), 907–937.

197. H.-P. SCHWARZ (Hrsg.), Die Legende von der verpaßten Gelegenheit. Die Stalin-Note vom 10. März 1952, Stuttgart/Zürich 1982.

198. I. SPITTMANN/K. W. FRICKE (Hrsg.), 17. Juni 1953. Arbeiteraufstand in der DDR, Köln 1982.

199. D. STARITZ, Die SED, Stalin und der „Aufbau des Sozialismus" in der DDR, in: DA 24 (1991), 686–700

200. R. STEININGER, Eine Chance zur Wiedervereinigung? Die Stalin-Note vom 10. März 1952, Bonn 1985.

201. DERS., Der Mauerbau. Die Westmächte und Adenauer in der Berlinkrise 1958–1963, München 2001.

202. A. WAGNER, Stacheldrahtsicherheit. Die politische und militärische Planung und Durchführung des Mauerbaus 1961, in: 169, 119–137.

203. G. WETTIG, Entmilitarisierung und Wiederbewaffnung in Deutschland 1943–1955. Internationale Auseinandersetzungen um die Rolle der Deutschen in Europa, München 1967.

204. DERS., Die Stalin-Note vom 10. März 1952 auf der Basis diplomatischer Akten des russischen Außenministeriums, in: DA 26 (1993), 786–805.

205. DERS., Die beginnende Umorientierung der sowjetischen Deutschland-Politik im Frühjahr und Sommer 1953, in: DA 28 (1995), 495–507.

206. DERS., Die sowjetische Politik während der Berlin-Krise von 1958–1962, in: DA 30 (1997), 383–398.

207. DERS., Berijas Pläne im Licht neuer Quellen, in: 174, 49–69.

208. DERS., Die Note vom 10. März 1952 im Kontext von Stalins Deutschland-Politik seit dem Zweiten Weltkrieg, in: 210, 139–196.
209. M. WILKE/T. VOIGT, „Neuer Kurs" und 17. Juni – Die zweite Staatsgründung der DDR 1953, in: 168, 24–135.
210. J. ZARUSKY (Hrsg.), Die Stalin-Note vom 10. März 1952. Neue Quellen und Analysen, München 2002.
211. V. ZUBOK, Krushchev and the Berlin Crisis (1958–1962), CWIHP Working Paper 6, Washington D.C. 1993.
212. DERS., „Unverfroren und grob in der Deutschlandfrage ...". Berija, der Nachfolgestreit nach Stalins Tod und die Moskauer DDR-Debatte im April-Mai 1953, in: 174, 29–48.

4.3 1961–1969

213. D. GIESE, Die SED und ihre Armee. Die NVA zwischen Politisierung und Professionalismus 1956–1965, München 2002.
214. H. HARRISON, Ulbricht and the Concrete „Rose": New Archival Evidence on the Dynamics of Soviet-East German Relations and the Berlin Crisis (1958–62), CWIHP Working Paper 5, Washington D.C. 1993.
215. DIES., Driving the Soviets up the Wall: A Super-Ally, a Superpower, and the Building of the Berlin Wall, 1958–61, in: Cold War History 1 (2000), 53–74.
216. H. KNABE, Die unterwanderte Republik. Stasi im Westen, Berlin 1999.
217. M. LEMKE, Kampagnen gegen Bonn. Die Systemkrise der DDR und die Westpropaganda der SED 1960–1963, in: VfZ 41 (1993), 151–174.
218. H. POTTHOFF, Bonn und Ost-Berlin 1969–1982. Dialog auf höchster Ebene und vertrauliche Kanäle. Darstellung und Dokumente, Bonn 1997.
219. L PREISS/V. KURAL/M. WILKE, Die SED und der „Prager Frühling" 1968. Politik gegen einen „Sozialismus mit menschlichem Antlitz", Berlin 1996.
220. D. SELVAGE, The End of the Berlin Crisis: New Evidence From the Polish and East German Archives, in: CWIHP Bulletin 11 (Winter 1998), Washington D.C., 218–229.
221. J. STAADT, Die geheime Westpolitik der SED 1960–1970: Von der gesamtdeutschen Orientierung zur sozialistischen Nation, Berlin 1993.
222. A. STEINER, Die DDR-Wirtschaftsreform der sechziger Jahre. Konflikt zwischen Effizienz- und Machtkalkül, Berlin 1999.

223. J. STELKENS, Machtwechsel in Ost-Berlin. Der Sturz Walter Ulbrichts 1971, in: VfZ 45 (1997), 503–533.

224. M. TANTZSCHER, „Maßnahme Donau und Einsatz Genesung". Die Niederschlagung des Prager Frühlings 1968/69 im Spiegel der MfS-Akten (Analysen und Berichte, hrsg. v. Bundesbeauftragten für die Unterlagen des Staatssicherheitsdienstes der ehemaligen Deutschen Demokratischen Republik, Reihe B 1/1994), Berlin 1994.

225. R. WEINERT, Wirtschaftsführung unter dem Primat der Parteipolitik, in: 120, 285–308.

226. A. WENGER, Der lange Weg zur Stabilität. Kennedy, Chruschtschow und das gemeinsame Interesse der Supermächte am Status quo in Europa, in: VfZ 46 (1998), 69–99.

227. R. WENZKE, Die NVA und der Prager Frühling 1968. Die Rolle Ulbrichts und der DDR-Streitkräfte bei der Niederschlagung der tschechoslowakischen Reformbewegung, Berlin 1995.

228. G. WETTIG, Die Sowjetunion, die DDR und die Deutschlandfrage 1965–1976. Einvernehmen und Konflikt im sozialistischen Lager, Stuttgart 1976.

229. S. WOLLE, Die DDR-Bevölkerung und der Prager Frühling, in: APuZ B 36 (1992), 35–45.

4.4 1969–1985

230. P. BENDER, Die „Neue Ostpolitik" und ihre Folgen. Vom Mauerbau bis zur Vereinigung, München 1995.

231. D. BINGEN (Hrsg.), Polen 1980–1984. Dauerkrise oder Stabilisierung? Strukturen und Ereignisse in Politik, Gesellschaft und Wirtschaft, Baden-Baden 1985.

232. F. FISCHER, „Im deutschen Interesse". Die Ostpolitik der SPD von 1969 bis 1989, Husum 2001.

233. S. FUCHS, „Dreiecksverhältnisse sind immer kompliziert". Kissinger, Bahr und die Ostpolitik, Hamburg 1999.

234. G.-J. GLAESSNER, Die DDR in der Ära Ostpolitik, Opladen 1988.

235. M. HOWARTH, Die Westpolitik der DDR zwischen internationaler Aufwertung und ideologischer Offensive (1966–1989), in: 324, 81–98.

236. M. KAISER, Machtwechsel von Ulbricht zu Honecker. Funktionsmechanismen der SED-Diktatur in Konfliktsituationen 1962 bis 1972, Berlin 1997.

237. H. KNABE, „Weichere" Formen der Verfolgung in der DDR. Zum

Wandel repressiver Strategien in der Ära Honecker, in: DA 30 (1997), 709–719.

238. DERS., Der diskrete Charme der DDR. Stasi und Westmedien, Berlin/München 2001.

239. M. KUBINA/M. WILKE, „Hart und kompromißlos durchgreifen". Die SED contra Polen 1980/81. Geheimakten der SED-Führung über die Unterdrückung der polnischen Oppositionsbewegung, Berlin 1995.

240. DERS./M. WILKE/R. GUTSCHE, Die SED-Führung und die Unterdrückung der polnischen Oppositionsbewegung 1980/81, Köln 1994.

241. J. KUPPE/TH. AMMER, Die Haltung der SED zur Lage in Polen 1980/81 im Spiegel der DDR-Presse, Bonn 1981.

242. W. LINK, Die Entstehung des Moskauer Vertrages im Lichte neuer Archivalien, in: VfZ 49 (2001), 295–315.

243. D. NAKATH, Gewaltverzicht und Gleichberechtigung. Zur Parallelität der deutsch-sowjetischen Gespräche und der deutsch-deutschen Gipfeltreffen in Erfurt und Kassel im Frühjahr 1970, in: DA 31 (1998), 196–213.

244. DERS., Erfurt, Kassel und die Mächte. Zum Beginn des deutschdeutschen Dialogs im Frühjahr 1970, in: DA 33 (2000), 216–222.

245. DERS., Das Dreieck Bonn – Ost-Berlin – Moskau, in: 324, 99–115.

246. DERS./G.-R. STEPHAN, Das Dreiecksverhältnis Bonn – Moskau – Ost-Berlin, Berlin 1999.

247. G. NAUMANN/E. TRÜMPLER, Von Ulbricht zu Honecker. 1970 – ein Krisenjahr der DDR, Berlin 1990.

248. F. OLDENBURG, Das Dreieck Moskau – Ost-Berlin – Bonn 1975–1989. Aus den Akten des SED-Parteiarchivs, Köln 1994.

249. DERS./G.-R. STEPHAN, Honecker kam nicht bis Bonn. Neue Quellen zum Konflikt zwischen Ost-Berlin und Moskau 1984, in: DA 28 (1995), 791–805.

250. M. PLOETZ, Wie die Sowjetunion den Kalten Krieg verlor. Von der Nachrüstung zum Mauerfall, Berlin/München 2000.

251. H. POTTHOFF, Im Schatten der Mauer. Deutschlandpolitik 1961 bis 1990, Berlin 1999.

252. M.E. SAROTTE, Dealing with the Devil. East Germany, Détente, and Ostpolitik, 1969–1973, Chapel Hill/London 2001.

253. DIES., A Small Town in (East) Germany: The Erfurt Meeting of 1970 and the Dynamics of Cold War Détente, in: Diplomatic History 25 (2001), 85–104.

254. W. Seiffert, Die Natur des Konflikts zwischen der SED-Führung und Moskau, in: DA 17 (1984), 1043–1059.

255. B.-E. Siebs, Die Außenpolitik der DDR 1976–1989. Strategien und Grenzen, Paderborn u. a. 1999.

256. I. Spittmann, Die DDR unter Honecker, Köln 1990.

257. J. Staadt, Die SED und die Olympischen Spiele 1972, in: 58, 211–232.

258. Ders., Walter Ulbrichts letzter Machtkampf, in: DA 29 (1996), 686–700.

259. G. Strobel, Die Beziehungen DDR – Polen in den achtziger Jahren, in: 131, 587–604.

260. P. J. Winters, Zwischen Annäherung und Abgrenzung, in: M. Haendcke-Hoppe/E. Lieser-Triebnigg (Hrsg.), 40 Jahre innerdeutsche Beziehungen, Berlin 1990, 179–193.

4.5 1985–1990

261. U. Albrecht, Die Abwicklung der DDR. Die „2+4-Verhandlungen". Ein Insiderbericht, Opladen 1992.

262. R. Biermann, Zwischen Kreml und Kanzleramt: Wie Moskau mit der deutschen Einheit rang, Paderborn u. a. 1997.

263. R. L. Garthoff, The Great Transition: American-Soviet Relations and the End of the Cold War, Washington D.C. 1994.

264. T. Garton Ash, Ein Jahrhundert wird abgewählt. Aus den Zentren Mitteleuropas 1980–1990, München/Wien 1990.

265. Geschichte der deutschen Einheit. Bd. 1: K.-R. Korte, Deutschlandpolitik in Helmut Kohls Kanzlerschaft, Stuttgart 1998; Bd. 2: D. Grosser, Das Wagnis der Währungs-, Wirtschafts- und Sozialunion, Stuttgart 1998; Bd. 3: W. Jäger, Die Überwindung der Teilung, Stuttgart 1998; Bd. 4: W. Weidenfeld, Außenpolitik für die deutsche Einheit. Die Entscheidungsjahre 1989/90, Stuttgart 1998.

266. H.-H. Hertle, Der Fall der Mauer: Die unbeabsichtigte Selbstauflösung des SED-Staates, 2. durchgesehene Aufl. Opladen/Wiesbaden 1999.

267. E. Jesse, Der innenpolitische Weg zur deutschen Einheit, in: Ders./A. Mitter (Hrsg.), Die Gestaltung der deutschen Einheit, Bonn/Berlin 1992, 111–141.

268. H. Joas/M. Kohli, Der Zusammenbruch der DDR: Fragen und Thesen, in: Dies. (Hrsg.), Der Zusammenbruch der DDR. Soziologische Analysen, Frankfurt am Main 1993, 7–28.

269. R. Kiessler/F. Elbe, Ein runder Tisch mit scharfen Kanten. Der diplomatische Weg zur deutschen Einheit, Baden-Baden 1993.

270. D. KÜCHENMEISTER, Wann begann das Zerwürfnis zwischen Honecker und Gorbatschow? Erste Bemerkungen zu den Protokollen ihrer Vier-Augen-Gespräche, in: DA 26 (1993), 30–40.

271. E. KUHRT u. a. (Hrsg.), Am Ende des realen Sozialismus. Bd. 1: Die SED-Herrschaft und ihr Zusammenbruch, Opladen 1996.

272. J. LÉVESQUE, The Enigma of 1989. The USSR and the Liberation of Eastern Europe, Berkeley 1997.

273. W. LOTH, Die Sowjetunion und das Ende der DDR, in: K. JARAUSCH/M. SABROW (Hrsg.), Weg in den Untergang. Der innere Zerfall der DDR, Göttingen 1999, 119–152.

274. CH. S. MAIER, Das Verschwinden der DDR und der Untergang des Kommunismus, Frankfurt am Main 1999.

275. I. F. MAXIMYTSCHEW, Die DDR-Politik der UdSSR 1987–1990. Moskau und die letzte Phase der deutschen Zweistaatlichkeit, in: Potsdamer Bulletin für Zeithistorische Studien 20/21 (Dezember 2000), 19–28.

276. A. J. MCADAMS, Germany Divided: From the Wall to Reunification, Princeton 1993.

277. H. MISSELWITZ, Die 2+4-Verhandlungen aus der Sicht eines Zeitzeugen, in: 131, 697–711.

278. P. MOREAU, Die SED in der Wende, in: 271, 289–339.

279. D. OBERDORFER, From the Cold War to a New Era. The United States and the Soviet Union, 1983–1991, Baltimore/London 1998.

280. F. OLDENBURG, Gorbatschows Deutschlandspolitik und die Implosion der DDR, in: K. ECKART/J. HACKER/S. MAMPEL (Hrsg.), Wiedervereinigung Deutschlands. Festschrift zum 20-jährigen Bestehen der Gesellschaft für Deutschlandforschung, Berlin 1998, 259–282.

281. A. RÖDDER, Staatskunst statt Kriegshandwerk. Probleme der deutschen Vereinigung von 1990 in internationaler Perspektive, in: HJb 118 (1998), 223–260.

282. S. SAXONBERG, The Fall. A Comparative Study of the End of Communism in Czechoslovakia, East Germany, Hungary and Poland, Amsterdam 2001.

283. M. SODARO, Moscow, Germany, and the West from Khrushchev to Gorbachev, Ithaca/London 1990.

284. G.-R. STEPHAN, Die letzten Tage des Zentralkomitees der SED 1988/1989. Abläufe und Hintergründe, in: DA 26 (1993), 296–325.

285. DERS., Deutsch-deutsche Beziehungen vor dem Hintergrund von „Glasnost" und „Perestroika" (1982–1990), in: 324, 117–134.

286. G. WETTIG, Niedergang, Krise und Zusammenbruch der DDR. Ursachen und Vorgänge, in: 271, 379–455.
287. P. ZELIKOW/C. RICE, Germany Unified and Europe Transformed (1995). Dt. u. d. T. Sternstunde der Diplomatie. Die deutsche Einheit und das Ende der Spaltung Europas, Berlin 1997.
288. V. ZUBOK, New Evidence on the „Soviet Factor" in the Peaceful Revolutions of 1989, in: CWIHP Bulletin 12/13 (Fall/Winter 2001), Washington D.C. 2001, 5–23.

5. Strukturanalysen zum Verhältnis zwischen DDR und Sowjetunion

289. H. ADOMEIT, Die Sowjetmacht in internationalen Krisen und Konflikten. Verhaltensmuster, Handlungsprinzipien, Bestimmungsfaktoren, Baden-Baden 1983.
290. DERS., Imperial Overstretch: Germany in Soviet Policy from Stalin to Gorbachev, Baden-Baden 1998.
291. P. BENDER, Das ungleichseitige Dreieck. Kräfteverschiebung zwischen Moskau, Ost-Berlin und Bonn, in: ZfG 49 (2001), 525–532.
292. H. HARRISON, The Bargaining Power of Weaker Allies in Bipolarity and Crisis: The Dynamics of Soviet-East German Relations, 1953–1961, Diss. (Columbia Univ.) 1993.
293. I.-S. KOWALCZUK/S. WOLLE, Roter Stern über Deutschland. Sowjetische Truppen in der DDR, Berlin 2001.
294. J. KUPPE, Vergleich der sowjetischen und DDR-Außenpolitik unter besonderer Berücksichtigung der Frage nach dem Spielraum der DDR-Deutschlandpolitik 1964–1969, (Diss.) München 1977.
295. M. LEMKE, Die Deutschlandpolitik der DDR zwischen Moskauer Oktroi und Bonner Sogwirkung, in: 100, 181–185.
296. DERS. (Hrsg.), Sowjetisierung und Eigenständigkeit in der SBZ/ DDR (1949 – 1953), Köln 1999.
297. DERS., Sowjetische Interessen und ostdeutscher Wille. Divergenzen zwischen den Berlinkonzepten von SED und UdSSR in der Expositionsphase der zweiten Berlinkrise, in: B. CIESLA/M. LEMKE/TH. LINDENBERGER (Hrsg.), Sterben für Berlin? Die Berliner Krisen 1948 : 1958, Berlin 2000, 203–219.
298. R. LÖWENTHAL/B. MEISSNER (Hrsg.), Der Sowjetblock zwischen Vormachtkontrolle und Autonomie, Köln 1984.
299. S. MAMPEL/K. C. THALHEIM (Hrsg.), Die DDR – Partner oder Satellit der Sowjetunion?, München 1980.
300. B. MEISSNER, Rußland, die Westmächte und Deutschland. Die sowjetische Deutschlandpolitik 1943–1953, Hamburg 1953.

301. DERS., Die völkerrechtlichen Beziehungen zwischen der DDR und der Sowjetunion auf dem Hintergrund der Bündnisverträge, in: 299, 143–168.

302. F. OLDENBURG, Die Autonomie des Musterknaben. Zum politischen Verhältnis DDR – UdSSR, in: 298, 153–197.

303. DERS., Eine endliche Geschichte. Zum Verhältnis DDR – UdSSR 1970 bis 1990, in: 92, 163–174.

304. DERS., Das entgleiste Bündnis. Zum Verhältnis DDR – Sowjetunion im Zeichen von Perestrojka und „neuem Denken", in: 271, 199–219.

305. DERS./G. WETTIG, Der Sonderstatus der DDR in den europäischen Ost-West-Beziehungen, Köln 1979.

306. B. VON PLATE, Außenpolitik und internationale Beziehungen, in: H. RAUSCH (Hrsg.), DDR. Das politische, wirtschaftliche und soziale System, 7. Aufl. München 1988.

307. K.-H. SCHMIDT, Dialog über Deutschland. Studien zur Deutschlandpolitik von KPdSU und SED (1960–1979), Baden-Baden 1998.

308. G. WETTIG, Bereitschaft zu Einheit in Freiheit? Die sowjetische Deutschlandpolitik 1945–1955, München 1999.

6. Beziehungen zu einzelnen Staaten und Organisationen

309. K. BIRNBAUM/I. PETERS (Hrsg.), Zwischen Abgrenzung und Verantwortungsgemeinschaft. Zur KSZE-Politik der beiden deutschen Staaten 1984–1989, Baden-Baden 1991.

310. H.-J. DÖRING, „Es geht um unsere Existenz". Die Politik der DDR gegenüber der Dritten Welt am Beispiel von Mosambik und Äthiopien, Berlin 1999.

311. U. ENGEL/H.-G. SCHLEICHER, Die beiden deutschen Staaten in Afrika: Zwischen Konkurrenz und Koexistenz 1949–1990, Hamburg 1998.

312. J. HACKER, Die Stellung der DDR im Warschauer Pakt, in: 89, 187–220.

313. H. HOFF, „... Largely the Prisoners of Dr. Adenauer's Policy". Großbritannien und die DDR (1949–1973), in: 324, 185–206.

314. C. HORSTMEIER, Die DDR und Belgien (1949–1972), in: 324, 309–327.

315. B. IHME-TUCHEL, Das „nördliche Dreieck": Die Beziehungen zwischen der DDR, der Tschechoslowakei und Polen in den Jahren 1954 bis 1962, Köln 1994.

316. V. INGIMUNDARSON, Targeting the Periphery: The Role of Iceland in East German Foreign Policy, 1949–89, in: Cold War History 1 (2001), 113–140.

317. J. KRÜGER, Die Volksrepublik China in der außenpolitischen Strategie der DDR (1949–1989), in: K. HENG-YÜ/M. LEUTNER (Hrsg.), Deutschland und China, München 1994, 43–58.

318. W. J. KUHNS, The German Democratic Republic in the Third World, (Diss.) Pennsylvania State University 1985.

319. K.-CH. LAMMERS, Nachbarschaft und Nicht-Anerkennung. Probleme der Beziehungen zwischen Dänemark und der DDR (1949–1973), in: 324, 273–289.

320. J. LILL, Völkerfreundschaft im Kalten Krieg? Die politischen, kulturellen und ökonomischen Beziehungen der DDR zu Italien 1949–1973, Frankfurt am Main u. a. 2001.

321. CH. OSTERMANN, Die USA und die DDR (1949–1989), in: 324, 165–183.

322. U. PFEIL (Hrsg.), La République Démocratique Allemande et l'Occident, Asnières 2000.

323. DERS., Die DDR und Frankreich (1949–1973), in: 324, 207–235.

324. DERS. (Hrsg.), Die DDR und der Westen. Transnationale Beziehungen 1949–1989, Berlin 2001.

325. CH. PÖTHIG, Italien und die DDR. Die politischen, ökonomischen und kulturellen Beziehungen von 1949 bis 1980, Frankfurt am Main u. a. 2000.

326. K. POLKEHN, Die DDR und Palästina, in: APuZ B 38 (1999), 32–39.

327. D. PUTENSEN, Im Konflikt zwischen Ost und West. Finnland, der Kalte Krieg und die deutsche Frage (1947–1973), Berlin 2000.

328. B. SCHÄFER, Der Vatikan in der DDR-Außenpolitik (1962–1989), in: 324, 257–271.

329. K.-P. SCHMIDT, Die Europäische Gemeinschaft aus Sicht der DDR (1957–1989), Hamburg 1991.

330. TH. STEFFEN GERBER, Das Kreuz mit Hammer, Zirkel, Ährenkranz. Die Beziehungen der Schweiz und der DDR in den Jahren 1949–1972, Berlin 2002.

331. A. TIMM, Hammer, Zirkel, Davidstern. Das gestörte Verhältnis der DDR zu Zionismus und Staat Israel, Bonn 1997.

332. A. TROCHE, Ulbricht und die Dritte Welt. Ost-Berlins „Kampf" gegen die Bonner „Alleinvertretungsanmaßung", Erlangen/Jena 1996.

333. A. Uschakow, Die DDR im RGW – juristische Fragen, in: 89, 143–166.

334. G. M. Winrow, The Foreign Policy of the GDR in Africa, Cambridge u. a. 1990.

335. J. Wüstenhagen, „Blick durch den Vorhang": Die SBZ/DDR und die Integration Westeuropas (1946–1972), Baden-Baden 2001.

336. K. Ziemer, Die Beziehungen zwischen der DDR und der Volksrepublik Polen in den 80er Jahren, in: H. Timmermann (Hrsg.), Diktaturen in Europa im 20. Jahrhundert – der Fall DDR, Berlin 1996, 653–664.

7. Zur Debatte um Souveränität und Abhängigkeit der DDR vor dem Hintergrund des Kalten Krieges

337. Th. Blanton, When did the Cold War End?, in: CWIHP Bulletin 10 (March 1998), Washington D.C. 1998, 184–191.

338. J. L. Gaddis, On Moral Equivalency and Cold War History, in: Ethics & International Affairs 10 (1996), 131–148.

339. Ders., We Now Know. Rethinking Cold War History, Oxford/ New York 1997.

340. Ders., On Starting All Over Again: A Naïve Approach to the Study of the Cold War, in: 349, 27–42.

341. J. M. Hanhimäki, Ironies and Turning Points: Détente in Perspective, in: 349, 326–342.

342. M. Leffler, The Cold War: What Do „We Know Now"?, in: AHR 104 (1999), 501–524.

343. Ders., Bringing it Together: The Parts and the Whole, in: 349, 43–63.

344. V. Mastny, The Cold War and Soviet Insecurity, Oxford/New York 1996.

345. T. Smith, New Bottles for New Wine: A Pericentric Framework for the Study of the Cold War, in: Diplomatic History 24 (2000), 567–591.

346. W. R. Smyser, From Yalta to Berlin. The Cold War Struggle over Germany, New York 1999.

347. G.-H. Soutou, La guerre de Cinquante Ans. Le conflit Est-Ouest 1943–1990, Paris 2001.

348. M. Trachtenberg, A Constructed Peace. The Making of the European Settlement 1945–1963, Princeton 1999.

349. O. A. Westad (Hrsg.), Reviewing the Cold War. Approaches, Interpretations, Theory, London 2000.

350. J. W. YOUNG, Cold War Europe 1945–1991. A political History, 2. Aufl. London u. a. 1996.

351. V. ZUBOK, Why Did the Cold War End in 1989? Explanations of „The Turn", in: 349, 343–367.

352. DERS./C. PLESHAKOV, Inside the Kremlin's Cold War. From Stalin to Krushchev, Cambridge/London 1996.

Register

Personenregister

Sachregister

Enzyklopädie deutscher Geschichte

Themen und Autoren

Mittelalter

Agrarwirtschaft, Agrarverfassung und ländliche Gesellschaft im Mittelalter   Gesellschaft
(Werner Rösener) 1992. EdG 13
Adel, Rittertum und Ministerialität im Mittelalter (Werner Hechberger)
Die Stadt im Mittelalter (N. N.)
Armut im Mittelalter (Otto Gerhard Oexle)
Geschlechtergeschichte des Mittelalters (Hedwig Röckelein)
Die Juden im mittelalterlichen Reich (Michael Toch) 2. Aufl 2003. EdG 44

Wirtschaftlicher Wandel und Wirtschaftspolitik im Mittelalter   Wirtschaft
(Michael Rothmann)

Wissen als soziales System im Frühen und Hochmittelalter (Johannes Fried)   Kultur, Alltag,
Die geistige Kultur im späteren Mittelalter (Johannes Helmrath)   Mentalitäten
Die ritterlich-höfische Kultur des Mittelalters (Werner Paravicini)
2. Aufl. 1999. EdG 32

Die mittelalterliche Kirche (Michael Borgolte) 1992. EdG 17   Religion und
Religiöse Bewegungen im Mittelalter (N. N.)   Kirche
Grundformen der Frömmigkeit im Mittelalter (Arnold Angenendt) 2003.
EdG 68

Die Germanen (Walter Pohl) 2000. EDG 57   Politik, Staat,
Die Slawen in der deutschen Geschichte des Mittelalters (Thomas Wünsch)   Verfassung
Das römische Erbe und das Merowingerreich (Reinhold Kaiser)
2. Aufl. 1997. EdG 26
Das Karolingerreich (N. N.)
Die Entstehung des Deutschen Reiches (Joachim Ehlers) 2. Aufl. 1998. EdG 31
Königtum und Königsherrschaft im 10. und 11. Jahrhundert (Egon Boshof)
2. Aufl. 1997. EdG 27
Der Investiturstreit (Wilfried Hartmann) 2. Aufl. 1996. EdG 21
König und Fürsten, Kaiser und Papst nach dem Wormser Konkordat
(Bernhard Schimmelpfennig) 1996. EdG 37
Deutschland und seine Nachbarn 1200–1500 (Dieter Berg) 1996. EdG 40
Die kirchliche Krise des Spätmittelalters (Heribert Müller)
König, Reich und Reichsreform im Spätmittelalter (Karl-Friedrich Krieger)
1992. EdG 14
Fürstliche Herrschaft und Territorien im späten Mittelalter (Ernst Schubert)
1996. EdG 35

Frühe Neuzeit

Bevölkerungsgeschichte und historische Demographie 1500–1800   Gesellschaft
(Christian Pfister) 1994. EdG 28
Umweltgeschichte der Frühen Neuzeit (Christian Pfister)

Bauern zwischen Bauernkrieg und Dreißigjährigem Krieg (André Holenstein)
1996. EdG 38
Bauern 1648–1806 (Werner Troßbach) 1992. EdG 19
Adel in der Frühen Neuzeit (Rudolf Endres) 1993. EdG 18
Der Fürstenhof in der Frühen Neuzeit (Rainer A. Müller) 1995. EdG 33
Die Stadt in der Frühen Neuzeit (Heinz Schilling) 1993. EdG 24
Armut, Unterschichten, Randgruppen in der Frühen Neuzeit
(Wolfgang von Hippel) 1995. EdG 34
Unruhen in der ständischen Gesellschaft 1300–1800 (Peter Blickle)
1988. EdG 1
Frauen- und Geschlechtergeschichte 1500–1800 (Heide Wunder)
Die Juden in Deutschland vom 16. bis zum Ende des 18. Jahrhunderts
(J. Friedrich Battenberg) 2001. EdG 60

Wirtschaft   Die deutsche Wirtschaft im 16. Jahrhundert (Franz Mathis) 1992. EdG 11
Die Entwicklung der Wirtschaft im Zeitalter des Merkantilismus 1620–1800
(Rainer Gömmel) 1998. EdG 46
Landwirtschaft in der Frühen Neuzeit (Walter Achilles) 1991. EdG 10
Gewerbe in der Frühen Neuzeit (Wilfried Reininghaus) 1990. EdG 3
Kommunikation, Handel, Geld und Banken in der Frühen Neuzeit (Michael
North) 2000. EdG 59

Kultur, Alltag,   Medien in der Frühen Neuzeit (Stephan Füssel)
Mentalitäten   Bildung und Wissenschaft vom 15. bis zum 17. Jahrhundert (Notker Hammer-
stein) 2003. EdG 64
Bildung und Wissenschaft in der Frühen Neuzeit 1650–1800
(Anton Schindling) 2. Aufl. 1999. EdG 30
Die Aufklärung (Winfried Müller) 2002. EdG 61
Lebenswelt und Kultur des Bürgertums in der Frühen Neuzeit (Bernd Roeck)
1991. EdG 9
Lebenswelt und Kultur der unterständischen Schichten in der Frühen Neuzeit
(Robert von Friedeburg) 2002. EdG 62

Religion und   Die Reformation. Voraussetzungen und Durchsetzung (Olaf Mörke)
Kirche   Konfessionalisierung im 16. Jahrhundert (Heinrich Richard Schmidt)
1992. EdG 12
Kirche, Staat und Gesellschaft im 17. und 18. Jahrhundert (Michael Maurer)
1999. EdG 51
Religiöse Bewegungen in der Frühen Neuzeit (Hans-Jürgen Goertz)
1993. EdG 20

Politik, Staat   Das Reich in der Frühen Neuzeit (Helmut Neuhaus) 2. Aufl. 2003. EdG 42
und Verfassung   Landesherrschaft, Territorien und Staat in der Frühen Neuzeit (Joachim Bahlcke)
Die Landständische Verfassung (Kersten Krüger) 2003. EdG 67
Vom aufgeklärten Reformstaat zum bürokratischen Staatsabsolutismus
(Walter Demel) 1993. EdG 23
Militärgeschichte des späten Mittelalters und der Frühen Neuzeit
(Bernhard Kroener)

Staatensystem,   Das Reich im Kampf um die Hegemonie in Europa 1521–1648 (Alfred Kohler)
internationale   1990. EdG 6
Beziehungen   Altes Reich und europäische Staatenwelt 1648–1806 (Heinz Duchhardt)
1990. EdG 4

19. und 20. Jahrhundert

Demographie des 19. und 20. Jahrhunderts (Josef Ehmer)   Gesellschaft
Umweltgeschichte des 19. und 20. Jahrhunderts (N.N.)
Adel im 19. und 20. Jahrhundert (Heinz Reif) 1999. EdG 55
Geschichte der Familie im 19. und 20. Jahrhundert (Andreas Gestrich)
1998. EdG 50
Urbanisierung im 19. und 20. Jahrhundert (Klaus Tenfelde)
Soziale Schichtung, soziale Mobilität und sozialer Protest im 19. und
20. Jahrhundert (N.N.)
Von der ständischen zur bürgerlichen Gesellschaft (Lothar Gall)
1993. EdG 25
Die Angestellten seit dem 19. Jahrhundert (Günter Schulz) 2000. EdG 54
Die Arbeiterschaft im 19. und 20. Jahrhundert (Gerhard Schildt)
1996. EdG 36
Frauen- und Geschlechtergeschichte im 19. und 20. Jahrhundert
(Karen Hagemann)
Die Juden in Deutschland 1780–1918 (Shulamit Volkov) 2. Aufl. 2000. EdG 16
Die Juden in Deutschland 1914–1945 (Moshe Zimmermann) 1997. EdG 43

Die Industrielle Revolution in Deutschland (Hans-Werner Hahn)   Wirtschaft
1998. EdG 49
Die deutsche Wirtschaft im 20. Jahrhundert (Wilfried Feldenkirchen)
1998. EdG 47
Agrarwirtschaft und ländliche Gesellschaft im 19. Jahrhundert (Stefan Brakensiek)
Agrarwirtschaft und ländliche Gesellschaft im 20. Jahrhundert (Ulrich Kluge)
Gewerbe und Industrie im 19. und 20. Jahrhundert (Toni Pierenkemper)
1994. EdG 29
Handel und Verkehr im 19. Jahrhundert (Karl Heinrich Kaufhold)
Handel und Verkehr im 20. Jahrhundert (Christopher Kopper) 2002. EdG 63
Banken und Versicherungen im 19. und 20. Jahrhundert (Eckhard Wandel)
1998. EdG 45
Staat und Wirtschaft im 19. Jahrhundert (bis 1914) (Rudolf Boch)
Staat und Wirtschaft im 20. Jahrhundert (Gerold Ambrosius) 1990. EdG 7

Kultur, Bildung und Wissenschaft im 19. Jahrhundert (Hans-Christof Kraus)   Kultur, Alltag und
Kultur, Bildung und Wissenschaft im 20. Jahrhundert (Frank-Lothar Kroll)   Mentalitäten
2003. EdG 65
Lebenswelt und Kultur des Bürgertums im 19. und 20. Jahrhundert
(Andreas Schulz)
Lebenswelt und Kultur der unterbürgerlichen Schichten im 19. und
20. Jahrhundert (Wolfgang Kaschuba) 1990. EdG 5

Formen der Frömmigkeit in einer sich säkularisierenden Gesellschaft (Karl Egon   Religion und
Lönne)   Kirche
Kirche, Politik und Gesellschaft im 19. Jahrhundert (Gerhard Besier)
1998. EdG 48
Kirche, Politik und Gesellschaft im 20. Jahrhundert (Gerhard Besier)
2000. EdG 56

Der Deutsche Bund und das politische System der Restauration 1815–1866   Politik, Staat,
(Jürgen Müller)   Verfassung
Verfassungsstaat und Nationsbildung 1815–1871 (Elisabeth Fehrenbach)
1992. EdG 22

Politik im deutschen Kaiserreich (Hans-Peter Ullmann) 1999. EdG 52
Die Weimarer Republik. Politik und Gesellschaft (Andreas Wirsching)
2000. EdG 58
Nationalsozialistische Herrschaft (Ulrich von Hehl) 2. Auflage 2001. EdG 39
Die Bundesrepublik Deutschland. Verfassung, Parlament und Parteien
(Adolf M. Birke) 1996. EdG 41
Militärgeschichte des 19. und 20. Jahrhunderts (Ralf Pröve)
Die Sozialgeschichte der Bundesrepublik Deutschland (Axel Schildt)
Die Sozialgeschichte der DDR (Arnd Bauerkämper)
Die Innenpolitik der DDR (Günther Heydemann) 2003. EdG 66

Staatensystem,   Die deutsche Frage und das europäische Staatensystem 1815–1871
internationale   (Anselm Doering-Manteuffel) 2. Aufl. 2001. EdG 15
Beziehungen   Deutsche Außenpolitik 1871–1918 (Klaus Hildebrand) 2. Aufl. 1994. EdG 2
Die Außenpolitik der Weimarer Republik (Gottfried Niedhart) 1999. EdG 53
Die Außenpolitik des Dritten Reiches (Marie-Luise Recker) 1990. EdG 8
Die Außenpolitik der Bundesrepublik Deutschland (Hermann Graml)
Die Außenpolitik der DDR (Joachim Scholtyseck) 2003. EDG 69

Hervorgehobene Titel sind bereits erschienen.

Stand: (August 2003)